로스쿨

형법각론

박광민 · 문채규 · 원혜욱 · 한영수 · 박강우

세창출판사

국립중앙도서관 출판사도서목록(CIP)

(로스쿨) 형법각론 = Law school criminal law / 박광민, 문채규, 원혜욱, 한영수, 박강우.
-- 서울 : 세창출판사, 2009
p. ; cm

색인수록
ISBN 978-89-8411-282-7 93360 : ₩20000

형법 각론[刑法各論]

364.2-KDC4
345-DDC21 CIP2009002472

머 리 말

우리나라 법률가 양성시스템의 획기적 전환을 초래할 로스쿨(법학전문대학원)이 오랜 산고 끝에 2009년 3월 개원하였다. 개원 후 아직 6개월이 채 지나지 않아 로스쿨 시스템의 완성과 미래의 발전을 위한 노력은 이제부터 시작이라고 하여도 좋을 것이다. 그러나 현재 로스쿨에 입학한 학생들의 면면을 살펴보면, 다양한 학부전공과 상이한 경력을 지닌 우수한 인재들로 구성되어 있고, 분명한 목표의식과 남다른 성취의욕을 갖고 수업에 적극적으로 임하고 있어 고무적인 일이라 할 수 있다.

주지하는 바와 같이 법률가는 법적 분쟁사안을 스스로 해결할 수 있는 능력을 갖추어야 한다. 우수한 법률가를 양성하고자 하는 로스쿨에서의 교육도 학생들이 법적 분쟁사안을 스스로 해결할 수 있는 논리적 사고능력을 배양하는 데 주력해야 한다. 로스쿨 학생들이 스스로 법적 분쟁사안을 효율적으로 해결할 수 있는 지식과 능력을 갖추기 위해서는 스스로 사고하고 문제해결의 해법을 찾아가는 능동적인 학습방법을 유도하는 수업방식이 요구된다. 이에 따라 로스쿨 교재도 기존의 학부수업에 사용되던 교과서들과는 달리, 학생들이 스스로 쟁점을 찾아낼 수 있도록 다양한 관점에서 질문을 제시하여 학생들 스스로가 전문적이고 효율적으로 사례를 해결할 수 있도록 유도하여야 한다. 이러한 로스쿨 교재개발의 필요성에 공감한 우리 5개 대학 로스쿨 형법 교수들은 한국연구재단(종전의 한국학술진흥재단)의 법학전문대학원 형법각론 교재개발 지원사업에 참여하였으며, 그 연구결과물을 수정하고 보완하여 이 책을 출간하게 되었다.

이 책을 집필하면서 가장 주안점을 두었던 것은 로스쿨 학생들의 자기 주도적 학습을 유도하는 데 있었다. 이를 위해 이 책은 기본사례, 판례이해, 이론탐구, 심화학습의 순으로 구성되었다. 기본사례는 형법각론 분야의 주요 대법원판례의 사실관계를 바탕으로 만들었으며, 판례이해는 대상판결의 판결요지를 이해할 수 있도록 유도하는 질문들이 제시되고, 이론탐구는 관련 구성요건의 이론적 쟁점을 정리할 수 있도록 유도하는 질문들이 제시되어 있다. 심화학습은 해당 구성요건과 관련하여 이론탐구 부분에서 다루지 않은 다른 주요 쟁점들을 다루고 있다.

따라서 이 책을 제대로 학습하기 위해서는 기본사례를 먼저 읽고, 스스로 법적 쟁점을 찾는 연습을 하는 것이 좋다. 그런 다음 대상판결의 판결요지와 판결이유를 살펴보면서 판례이해 부분에 제시된 질문에 답하면서 판례의 주요 논지를 이해하는 것이 필요하다. 또한 이론탐구 부분에서는 해당 구성요건과 연관된 주요 이론들을 체계적으로 정리함으로써 사례해결을 위한 논증을 스스로 할 수 있는 능력을 배양해야 한다. 마지막으로 심화학습 부분에서는 위와 동일한 방법으로 학생 스스로 기본사례를 만들어보고, 관련 판례의 논지를 이해하고, 이론적 쟁점들을 정리하는 방식으로 자기 주도적 학습을 하는 것이 필요하다.

이 책은 기본적으로 로스쿨 형법각론 수업을 위한 교재로 만들어졌다. 그러나 이 책의 구성과 내용의 특성상 기존 법과대학의 형법사례연습 또는 세미나 수업을 위한 교재로도 충분히 활용될 수 있으며, 기존의 사법시험 2차를 준비하는 수험생들에게도 실전연습용 수험서로서도 충분히 유용성을 지니고 있다고 생각한다.

끝으로 출판계의 어려운 여건에도 불구하고 기꺼이 출판을 허락해주시고, 이처럼 멋진 책이 출판될 수 있도록 최선의 노력을 기울여 주신 세창출판사의 이방원 사장님, 임길남 상무님 이하 편집부 여러분께 진심으로 감사드린다.

독자 여러분의 건승을 기원드리며….

2009년 8월

공저자 일동

차 례

제 1 편 인격적 법익에 대한 죄

제 2 편 재산적 법익에 대한 죄

제 3 편 사회적 법익에 대한 죄

제 4 편 국가적 법익에 대한 죄

| 제 1 편 |

인격적 법익에 대한 죄

제1장 살인의 죄

1. 사 례

대학병원 신경외과 전문의인 甲은 길에서 쓰러져 뇌출혈을 일으킨 응급환자 A를 성공적으로 수술하여 회복을 기다리고 있었다. 다만, A는 스스로 호흡을 할 수 없어 일정 기간 산소호흡기를 부착해야 하는 상태이다. A에 대한 수술이 진행되는 동안 병원에서는 A의 보호자를 수소문하였고, A의 아들인 乙(22세)과 연락이 되었다. 그런데 병원에 온 乙은 경제적인 어려움으로 인해 A를 병원에 입원시킬 수 없다고 하면서, 퇴원을 요청하였다. 甲은 A가 현재 회복중이고 집으로 가서 산소호흡기를 제거하게 되면 사망할 수도 있다는 사실을 고지하면서 퇴원을 만류하였다. 그럼에도 乙은 당장 생계도 어렵기 때문에 병원에 입원시킬 수가 없다고 하면서 극구 A를 퇴원시키겠다고 하자, 甲은 할 수 없이 A의 퇴원을 허락하였다. 퇴원해서 집으로 돌아온 A는 호흡곤란으로 사망하였다.

| 대상판결 |

1. 대법원 2004.6.24. 선고 2002도995 판결
2. 서울지법 남부지원 1998.5.15. 선고 98고합92 판결

2. 판결요지

[1] 살인죄에 있어서의 고의는 반드시 살해의 목적이나 계획적인 살해의 의도가 있어야 하는 것은 아니고 자기의 행위로 인하여 타인의 사망의 결과를 발생시킬 만한 가능성 또는 위험이 있음을 인식하거나 예견하면 족한 것이고 그 인식 또는 예견은 확정적인 것은 물론 불확정적인 것이더라도 소위 미필적 고의로서 살인의 범의가 인정된다.

[2] 형법 제30조의 공동정범이 성립하기 위하여는 주관적 요건인 공동가공의 의사와 객관적 요건으로서 그 공동의사에 기한 기능적 행위지배를 통하여 범죄를 실행하였을 것이 필요하고, 여기서 공동가공의 의사란 타인의 범행을 인식하면서도 이를 제지함이 없이 용인하는 것만으로는 부족하고 공동의 의사로 특정한 범죄행위를 하기 위하여 일체가 되어 서로 다른 사람의 행위를 이용하여 자기의 의사를 실행에 옮기는 것을 내용으로 하는 것이어야 한다.

[3] 보호자가 의학적 권고에도 불구하고 치료를 요하는 환자의 퇴원을 강청하여 담당 전문의와 주치의가 치료중단 및 퇴원을 허용하는 조치를 취함으로써 환자를 사망에 이르게 한 행위에 대하여 보호자, 담당 전문의 및 주치의가 부작위에 의한 살인죄의 공동정범으로 기소된 사안에서, 담당 전문의와 주치의에게 환자의 사망이라는 결과 발생에 대한 정범의 고의는 인정되나 환자의 사망이라는 결과나 그에 이르는 사태의 핵심적 경과를 계획적으로 조종하거나 저지 · 촉진하는 등으로 지배하고 있었다고 보기는 어려워 공동정범의 객관적 요건인 이른바 기능적 행위지배가 흠결되어 있다는 이유로 작위에 의한 살인방조죄만 성립한다.

[4] 어떠한 범죄가 적극적 작위에 의하여 이루어질 수 있음은 물론 결과의 발생을 방지하지 아니하는 소극적 부작위에 의하여도 실현될 수 있는 경우에, 행위자가 자신의 신체적 활동이나 물리적 · 화학적 작용을 통하여 적극적으로 타인의 법익 상황을 악화시킴으로써 결국 그 타인의 법익을 침해하기에 이르렀다면, 이는 작위에 의한 범죄로 봄이 원칙이고, 작위에 의하여

악화된 법익 상황을 다시 되돌이키지 아니한 점에 주목하여 이를 부작위범으로 볼 것은 아니며, 나아가 악화되기 이전의 법익 상황이, 그 행위자가 과거에 행한 또 다른 작위의 결과에 의하여 유지되고 있었다 하여 이와 달리 볼 이유가 없다.

3. 판례이해

판결이유를 살펴보고 다음의 질문에 대해 검토하시오.

(1) 기본사례와 대상판결의 사실관계를 비교하면 어떤 차이점이 있는가?

(2) A의 퇴원을 허락하였기 때문에 A가 사망하였다면, 퇴원을 허락한 甲에게 A의 사망에 대해 형사상 책임을 인정할 수 있는가?

(3) 甲에게 형사상 책임을 인정한다면, 치료중단 및 퇴원결정 행위를 A의 사망에 대한 적극적 행위인 '작위'라고 할 것인가 혹은 기대되는 행위를 하지 않은 '부작위'라고 할 것인가?

(4) 성경에 나오는 "사마리아인에 대한 비유(소위 '사마리아인법')"를 甲의 행위와 비교하였을 때 형사상 책임을 인정할 수 있는 근거에 차이가 있는가?

(5) A의 퇴원을 요청하여 결과적으로 아버지를 사망에 이르게 한 乙을 살인죄로 처벌할 수 있는가? 살인죄의 책임을 물을 수 있다면, 乙은 살인죄의 (공동)정범인가, 아니면 방조범인가?

(6) 乙이 대상판결과 달리 A의 처가 아니고 아들이라면, 乙에게 甲과 동일한 형사책임을 인정할 것인가 혹은 가중된 형사책임을 인정할 것인가?

4. 이론탐구

(1) 작위와 부작위의 구별에 대한 검토

범죄는 보통 적극적인 행위인 작위에 의해 실행되지만 경우에 따라서는 결과의 발생을 방지하지 않는 부작위에 의하여도 실행될 수 있다. 작위와 부작위를 구별하여 논의해야 하는 행위유형과, 작위와 부작위의 구별기준에 대해 검토하시오.

(2) 부작위로 가담한 행위의 형사책임에 대한 검토

2인 이상이 살해행위에 가담하는 경우 공범의 관계가 성립한다. 살인죄에 있어서 부작위로 가담한 행위를 공동정범으로 인정할 것인가 혹은 방조범으로 인정할 것인가에 대해 검토하시오.

(3) 살인죄의 객관적 구성요건에 대한 검토

살인죄의 미수가 성립되는 유형으로는 살해행위의 실행에 착수하였으나 사망의 결과가 발생하지 않는 경우와 살해행위와 사망 사이에 인과관계가 인정되지 않는 경우를 들 수 있다. 살인죄의 성립을 인정하기 위한 요건인 인과관계를 예를 들어 검토하시오.

(4) 살인죄의 주관적 구성요건에 대한 검토

살인죄가 성립하기 위해서는 주관적 구성요건으로 살인에 대한 고의가 성립요건이 되는데, 살인의 고의에는 확정적 고의뿐 아니라 미필적 고의도 포함된다. 살인의 미필적 고의의 유형 및 인식 있는 과실과의 구별기준에 대해 검토하시오.

(5) 의사의 치료중단과 살인죄의 성립여부

의사의 치료행위의 중단에 의해 환자가 사망하였다면, 이를 부작위에 의한 살인죄로 인정해야 하는가 혹은 살인죄의 방조범으로 인정해야 하는가에 대해 검토하시오.

(6) 존속살해죄의 가중처벌에 대한 위헌성의 검토

직계비속이 직계존속을 살해하면 존속살해죄로 가중처벌된다. 직계존속에 대한 개념과 존속살해죄에 대한 가중처벌이 헌법에 합치되는가를 검토하시오.

(7) 사례에서 甲과 乙의 죄책은?

5. 심화학습

(1) 살인죄의 객체

대법원은 2007.6.29. 선고 2005도3832 판결에서 "① 사람의 생명과 신체의 안전을 보호법익으로 하고 있는 형법의 해석으로는 규칙적인 진통을 동반하면서 분만이 개시된 때(소위 진통설 또는 분만개시설)가 사람의 시기(始期)라고 봄이 타당하다. ② 제왕절개 수술의 경우 '의학적으로 제왕절개 수술이 가능하였고 규범적으로 수술이 필요하였던 시기(時期)'는 판단하는 사람 및 상황에 따라 다를 수 있어, 분만개시 시점 즉, 사람의 시기(始期)도 불명확하게 되므로 이 시점을 분만의 시기(時期)로 볼 수는 없다"고 판시하고 있다. 이 판례를 참고하여 사람의 시기와 종기에 대한 학설 및 판례의 견해를 검토하시오.

(2) 살인죄의 위법성조각사유

① 살인죄에 대해서는 형법총론에 규정된 일반적 위법성조각사유가 제한적으로 적용된다. 살인죄에 적용되지 않는 위법성조각사유에 대해 검토하시오.

② 안락사를 위법성조각사유로 인정할 수 있는가를 검토하시오.

(3) 자살방조죄

대법원은 2005.6.10. 선고 2005도1373 판결과 1992.7.24. 선고 92도1148 판결에서 "형법 제252조 제2항의 자살방조죄는 자살하려는 사람의 자살행위를 도와주어 용이하게 실행하도록 함으로써 성립되는 것으로서, 그 방법에는 자살도구인 총, 칼 등을 빌려주거나 독약을 만들어 주거나 조언 또는 격려를 한다거나 기타 적극적, 소극적, 물질적, 정신적 방법이 모두 포함된다 할 것이나, 이러한 자살방조죄가 성립하기 위해서는 그 방조 상대방의 구체적인 자살의 실행을 원조하여 이를 용이하게 하는 행위의 존재 및 그 점에 대한 행위자의 인식이 요구된다"고 판시하고 있다. 이 판례에서 볼 수 있듯이 우리나라는 자살방조죄를 독립적인 범죄구성요건으로 규정하고 있다.

① 자살방조죄에서 방조를 인정할 수 있는 행위의 범위에 대해 검토하시오.

② 자살하고 있는 자를 보호해야 할 의무 있는 자가 방치하여 자살의 결과가 완성되었다면 자살방조죄로 처벌해야 하는가 혹은 부작위에 의한 살인죄로 처벌해야 하는가를 검토하시오.

참고문헌

- 김성룡, "치료행위중단에 있어서 작위와 부작위의 구별," 형사판례연구 제13권, 2005
- 김재윤, "안락사 허용론에 대한 고찰," 형사법연구 제26호(특집호), 2006
- 김종덕, "태아에 대한 가해행위의 처벌과 한계," 형사법연구 제20권 제1호, 2008
- 김태명, "과실로 태아를 모체 내에서 사망하게 한 조산사의 죄책," 저스티스 제108호 (2008.12)
- 김호기, "살인죄에 있어서 불능미수와 장애미수의 구별," 형사법연구 제19권 제3호(하), 2007
- 이석배, "연명치료중단의 기준과 절차," 형사법연구 제21권 제2호, 2009
- 조상제, "의사의 응급의료의무와 치료의무," 형사판례연구 제8권, 2000
- 최성창, "살인죄의 범의," 형사판례연구 제3권, 1995

제2장 상해와 폭행의 죄

I. 상해의 죄

I-1. 상해의 개념

1. 사 례

甲은 A를 자신이 경영하는 식당에 불러내어 22:00부터 그 다음날 02:30까지 사이에 회칼로 죽여버리겠다거나 소주병을 깨어 찌를 듯한 태도를 보이면서 계속하여 협박하다가 손바닥으로 A의 얼굴과 목덜미를 수회 때렸다. 이에 A가 극도의 공포감을 이기지 못하고 기절하였다가 甲이 불러온 119 구급차 안에서야 겨우 정신을 차렸다.

| 대상판결 |

대법원 1996.12.10. 선고 96도2529 판결

2. 판결요지

오랜 시간 동안의 협박과 폭행을 이기지 못하고 실신하여 범인들이 불러온 구급차 안에서야 정신을 차리게 되었다면, 외부적으로 어떤 상처가 발생하지 않았다고 하더라도 생리적 기능에 훼손을 입어 신체에 대한 상해가 인정된다.

3. 판례이해

상해죄에서의 '상해행위'에 포함되는 행위의 범위에 대해서는 상해죄의 보호법익과 관련하여 견해가 서로 달라질 수 있다. 대법원의 판례를 살펴본 후에 A에게 협박과 폭행을 행사하여 A를 실신시킨 甲의 행위가 상해행위에 해당하는가 검토하시오.

4. 이론탐구

(1) 상해의 개념에 대한 검토

① 형법상 상해의 의의에 대해서는 생리적 기능훼손이라는 견해, 신체의 완전성을 침해하는 것이라는 견해, 생리적 기능의 훼손과 신체외관의 중대한 변화라고 하는 견해가 대립하고 있다. 각각의 견해가 주장하는 논거에 대해 검토하시오.

② 다수설과 판례에 의할 때 상해에 포함되는 행위의 유형에 대해 검토하시오.

(2) 중상해죄에 대한 검토

형법 제258조에는 상해로 인하여 중한 결과가 발생하였을 경우 가중처벌하는 중상해죄를 규정하고 있다. 중상해죄가 성립하기 위한 요건을 유형별로 검토하시오.

(3) 상해치사죄의 성립요건에 대한 검토

① 상해치사죄는 결과적 가중범에 해당하는 범죄유형이다. 결과적 가중범이 성립하기 위한 요건에 대해 검토하시오.

② 결과적 가중범에 대해 공범이 성립하는가에 대해서는 긍정설과 부정설의 견해가 대립하고 있다. 대립되는 견해의 논거를 검토하시오.

③ 교사자가 상해를 교사하였는데 피교사자가 상해치사죄의 결과를 발생시킨 경우 교사자에게 인정할 수 있는 형사책임의 범위에 대해서는 학설과 판례의 견해가 대립하고 있다. 대립되는 견해와 그 근거에 대해 검토하시오.

(4) 사례에서 甲의 죄책은?

5. 심화학습 : 의사의 치료행위와 상해죄의 성립여부

(1) 판결요지

산부인과 전문의 수련과정 2년차인 의사가 자신의 시진, 촉진결과 등을 과신한 나머지 피해자의 병증이 자궁외 임신인지, 자궁근종인지를 판별하기 위한 초음파검사 등 정밀한 진단방법을 실시하지 아니한 채 피해자의 병명을 자궁근종으로 오진하고 이에 근거하여 의학에 대한 전문지식이 없는 피해자에게 자궁적출술의 불가피성만을 강조하였을 뿐 위와 같은 진단상의 과오가 없었으면 당연히 설명받았을 자궁외 임신에 관한 내용을 설명받지 못한 피해자로부터 수술승낙을 받았다면 위 승낙은 부정확 또는 불충분한 설명을 근거로 이루어진 것으로서 수술의 위법성을 조각할 유효한 승낙이라고 볼 수 없다.

(2) 의사의 치료행위를 상해죄로 처벌할 수 없다는 것에 대해서는 이견(異見)이 없다. 그러나 의사의 치료행위가 상해죄로 처벌되지 않는 근거에 대해서는 다양한 견해가 제시되고 있다. 그러한 견해에 대해 검토하시오.

(3) 상해행위를 정당화할 수 있는 일반적인 위법성조각사유에 대해 검토하시오.

참고판례 및 문헌

- 대법원 1993.7.27. 선고 92도2345 판결
- 김영환, "의료행위의 형법해석학적 문제점," 형사판례연구 제2권, 1994
- 조상제, "결과적 가중범의 공범 인정 여부 – 상해치사죄의 교사범 –," 형사판례연구 제12권, 2004
- 천진호, "치료행위에 있어서 환자동의의 형법적 의의," 비교형사법 연구 제10권 제2호, 2008

I-2. 동시범의 특례

1. 사 례

甲과 乙은 서로 알지 못하는 사이로, A에 대해 악감정을 가지고 있었다. 甲과 乙은 서로 의사의 연락 없이 각각 A에 대해 폭행의 고의를 가지고 있다가 마침 A가 혼자 있는 것을 본 甲은 13:00경에 A의 복부를 가격하였다. 甲에게 폭행을 당한 A는 고통을 느끼며 의자에 누워 있었다. 15:00경 A가 의자에 누워 있는 것을 본 乙은 A를 밀어 땅바닥에 떨어지게 함으로써 이미 부상하여 있던 A로 하여금 사망에 이르게 하였다. 그런데 A가 사망한 원인이 甲의 가격에 의한 것인지 혹은 乙의 행위에 의한 것인지 판명되지 않았다.

| 대상판결 |

대법원 2000.7.28. 선고 2000도2466 판결

2. 판결요지

시간적 차이가 있는 독립된 상해행위나 폭행행위가 경합하여 사망의 결과가 일어나고 그 사망의 원인된 행위가 판명되지 않은 경우에는 공동정범의 예에 의하여 처벌할 것이다.

3. 판례이해

판결이유를 살펴보고 다음의 질문에 대해 검토하시오.

甲과 乙은 서로 의사의 연락 없이 순차적으로 A에게 폭행을 가하여 소위 '동시범'의 형태로 범죄를 실행하였다. 이처럼 의사의 연락 없이 순차적으로 A에 대해 폭행을 가하여 A를 사망에 이르게 한 甲과 乙에 대해 A의 사망에 대한 형사책임을 인정할 수 있는가?

4. 이론탐구

(1) 형법 제263조는 상해행위의 '동시범'에 대한 처벌을 규정하고 있다. 동시범의 특례가 적용되기 위한 요건에 대해 검토하시오.

(2) 형법 제263조의 동시범의 특례는 상해행위에 대해서만 적용될 수 있는가 혹은 폭행치상, 상해치사, 폭행치사에도 적용될 수 있는가에 대해 검토하시오.

(3) 형법 제263조와 형법 제19조를 비교하여 검토하시오.

(4) 사례에서 甲과 乙의 죄책은?

참고문헌

• 김성룡, "상해죄의 동시범의 대안으로서 '싸움에 참가한 죄'의 도입 필요성," 형사정책 제20권 제2호, 2008
• 배종대, "상해죄의 동시범특례," 고시연구(1994.6)

II. 폭행의 죄

II-1. 폭행의 개념

1. 사 례

甲은 1996년 4월부터 1997년 12월까지 A의 집으로 전화를 하여 "트롯트 가요앨범진행을 가로챘다, 일본노래를 표절했다, 사회에 매장시키겠다" 라고 수회에 걸쳐 폭언을 하고, 하루에 수십회 반복하여 그 피해자에게 "강도 같은 년, 표절가수다" 라는 등의 폭언을 하면서 욕설을 하였다. 이후 A가 전화번호를 바꾸자 전화번호를 알아내어 "전화번호 다시 바꾸면 가만 두지 않겠다" 라는 등으로 폭언을 하였으며, 1999년 9월 2일에는 A의 전화자동응답기에 "또라이년, 병신 같은 년, 사기꾼 같은 년, 강도년" 이라고 녹음하였다.

| 대상판결 |

대법원 2003.1.10. 선고 2000도5716 판결

2. 판결요지

[1] 형법 제260조에 규정된 폭행죄는 사람의 신체에 대한 유형력의 행사를 가리키며, 그 유형력의 행사는 신체적 고통을 주는 물리력의 작용을 의미하므로 신체의 청각기관을 직접적으로 자극하는 음향도 경우에 따라서는 유형력에 포함될 수 있다.

[2] 피해자의 신체에 공간적으로 근접하여 고성으로 폭언이나 욕설을 하거나 동시에 손발이나 물건을 휘두르거나 던지는 행위는 직접 피해자의 신체에 접촉하지 아니하였다 하더라도 피해자에 대한 불법한 유형력의 행사로서 폭행에 해당될 수 있는 것이지만, 거리상 멀리 떨어져 있는 사람에게 전화기를 이용하여 전화하면서 고성을 내거나 그 전화 대화를 녹음 후 듣게 하는 경우에는 특수한 방법으로 수화자의 청각기관을 자극하여 그 수화자로 하여금 고통스럽게 느끼게 할 정도의 음향을 이용하였다는 등의 특별한 사정이 없는 한 신체에 대한 유형력의 행사를 한 것으로 보기 어렵다.

3. 판례이해

폭행죄에서의 폭행은 사람에 대한 신체적 유형력의 행사를 의미한다. 신체에 대한 유형력의 행사에 해당하는 폭행의 유형에 대해 검토하시오.

4. 이론탐구

(1) 형법에는 여러 범죄의 구성요건으로 폭행이라는 개념이 사용되고 있다. 형법에 규정된 각각의 폭행의 유형 및 범죄성립요건으로서의 폭행의 정도에 대해 검토하시오.

(2) 사례에서 甲의 죄책은?

참고문헌

• 진계호, "상해죄와 폭행죄의 관계," 고시연구(1989.5)

II-2. 특수폭행죄

1. 사 례

甲은 견인료납부를 요구하면서 교통관리직원인 A가 甲이 운전하고 있는 승용차의 앞을 가로막자, A의 다리 부분을 위 승용차 앞범퍼 부분으로 들이받고 약 1m 정도 진행하여 A를 땅바닥에 넘어뜨렸다.

| 대상판결 |

대법원 1997.5.30. 선고 97도597 판결

2. 판결요지

「폭력행위 등 처벌에 관한 법률」 제3조 제1항에 있어서 '위험한 물건'이라 함은 흉기는 아니라고 하더라도 널리 사람의 생명, 신체에 해를 가하는 데 사용할 수 있는 일체의 물건을 포함한다고 풀이할 것이므로, 본래 살상용 · 파괴용으로 만들어진 것뿐만 아니라 다른 목적으로 만들어진 칼 · 가위 · 유리병 · 각종공구 · 자동차 등은 물론 화학약품 또는 사주된 동물 등도 그것이 사람의 생명 · 신체에 해를 가하는 데 사용되었다면 본조의 '위험한 물건'이라 할 것이며, 한편 이러한 물건을 '휴대하여'라는 말은 소지뿐만 아니라 널리 이용한다는 뜻도 포함하고 있다.

3. 판례이해

(1) 형법 제261조에는 폭행방법에 의해 가중처벌되는 특수폭행죄를 규정하고 있다. 특수폭행죄의 성립요건에 대해 검토하시오.

(2) 자동차가 형법 제261조의 '위험한 물건'에 해당하는가? 자동차가 '위험한 물건'에 해당한다면, 자동차를 운전하여 A를 들이받은 것도 자동차를 '휴대하여' 폭행한 것으로 해석할 수 있는가?

4. 이론탐구

(1) 형법상의 특수폭행죄와 「폭력행위 등 처벌에 관한 법률」 위반죄와의 관계에 대해 검토하시오.

(2) 사례에서 甲의 죄책은?

5. 심화학습

(1)폭행죄에 대한 위법성조각사유의 일반에 대해 검토하시오.

(2)상관의 명령에 의한 행위와 교사의 징계행위가 폭행죄에 해당하는가를 검

토하시오.

참고판례 및 문헌

- 대법원 2005.5.26. 선고 2005도945 판결
- 대법원 2004.6.10. 선고 2001도5380 판결
- 강용현, "자동차를 이용한 폭행과 '위험한 물건의 휴대'," 형사판례연구 제7권, 1999
- 이인영, "사회상규의 의미와 정당행위의 포섭범위," 형사판례연구 제13권, 2005
- 이형국, "특수폭행죄," 고시계(1994.12)

제3장 과실치사상의 죄

1. 사 례

구치소 간부인 甲은 본인의 당직 중에 A가 수용된 이후 헛소리를 하고 구토를 하며, 하루 종일 식은땀을 흘리고 온몸을 떨면서 입에서 거품을 내는 등 전신발작을 일으키고 일회용 컵 반컵 분량의 피와 이물질을 토하며 바지에 대변을 보고 피오줌을 누며 수회에 걸쳐 화장실을 들락거리면서 넘어지고 혼자 중얼거리는 등 심각한 이상 징후가 계속 관찰되는 상태에 있었다는 보고를 받았다. 그러나 甲은 A의 상태에 대하여 상급자 또는 의무과장에게 보고하여 적절한 지시를 받아 필요한 조치를 취하고, 그것이 불가능할 경우에는 A를 신속히 외부 병원으로 후송하여 전문가인 의사의 진료를 받게 하는 등 적절한 조치를 취할 의무가 있음에도 불구하고, 근무자에게 피해자가 휴식을 취할 수 있도록 하고 혈압 등을 수시로 체크하도록 지시하는 조치만을 취한 채 A를 장기간 방치하여 A가 사망하였다.

| 대상판결 |

대법원 2007.5.31. 선고 2006도3493 판결

2. 판결요지

[1] 업무상과실치사상죄에 있어서의 업무란 사람의 사회생활면에 있어서의 하나의 지위로서 계속적으로 종사하는 사무를 말하고, 여기에는 수행하는 직무 자체가 위험성을 갖기 때문에 안전배려를 의무의 내용으로 하는 경우는 물론 사람의 생명 · 신체의 위험을 방지하는 것을 의무내용으로 하는 업무도 포함된다 할 것이다.

[2] 행형법 및 교도관직무규칙의 규정과 구치소라는 수용시설의 특성에 비추어 보면, 공휴일 또는 야간에 소장을 대리하는 당직간부에게는 구치소에 수용된 수용자들의 생명 · 신체에 대한 위험을 방지할 법령상 내지 조리상의 의무가 있다고 할 것이고, 이와 같은 의무를 직무로서 수행하는 교도관들의 업무는 업무상과실치사죄에서 말하는 업무에 해당한다.

3. 판례이해

(1) A에게 적절한 조치를 취하지 않아 A를 사망에 이르게 한 甲에 대해 형사책임을 인정할 수 있는가?

(2) 甲에게 A의 사망에 대한 책임을 인정한다면, 甲의 업무로 인하여 가중처벌할 수 있는가?

4. 이론탐구

(1) 과실범의 성립요건에 대한 검토

① 과실범의 성립요건인 주의의무위반에 대해 검토하시오.

② 과실범의 성립요건인 과실행위와 결과 사이의 인과관계에 대해 검토하시오.

(2) 업무상 과실치사상죄에 대한 검토

① 업무상 과실치사상죄에 있어서의 업무의 개념요소 및 유형에 대해 검토하시오.

② 업무상 과실에서 가장 대표적인 유형인 자동차운전자의 주의의무 및 의사의 주의의무에 대해 검토하시오.

(3) 사례에서 甲의 죄책은?

참고문헌

• 박상기, "의료과실과 과실인정조건," 형사판례연구 제7권, 1999

• 최호진, "분업적 의료행위에 따른 형사책임의 분배 – 특히 수직적 의료분업을 중심으로," 형사법연구 제30호, 2007

제4장 낙태의 죄

1. 사　례

산부인과 의사인 甲은 임신 28주 상태인 A에 대하여 약물에 의한 유도분만의 방법으로 낙태시술을 하였으나, 태아가 살아서 미숙아 상태로 출생하자 그 미숙아에게 염화칼륨을 주입하여 사망하게 하였다.

| 대상판결 |

대법원 2005.4.15. 선고 2003도2780 판결

2. 판결요지

[1] 낙태죄는 태아를 자연분만기에 앞서서 인위적으로 모체 밖으로 배출하거나 모체 안에서 살해함으로써 성립하고, 그 결과 태아가 사망하였는지 여부는 낙태죄의 성립에 영향이 없다.

[2] 산부인과 의사인 피고인이 약물에 의한 유도분만의 방법으로 낙태시술을 하였으나 태아가 살아서 미숙아 상태로 출생하자 그 미숙아에게 염화칼륨

을 주입하여 사망하게 한 사안에서, 염화칼륨 주입행위를 낙태를 완성하기 위한 행위에 불과한 것으로 볼 수 없고, 살아서 출생한 미숙아가 정상적으로 생존할 확률이 적다고 하더라도 그 상태에 대한 확인이나 최소한의 의료행위도 없이 적극적으로 염화칼륨을 주입하여 미숙아를 사망에 이르게 하였다면 피고인에게는 미숙아를 살해하려는 범의가 인정된다.

3. 판례이해

낙태를 시도하였으나 살아서 출생한 미숙아를 사망하게 한 甲의 행위에 대해 형사책임을 인정할 수 있는가?

4. 이론탐구

(1) 낙태죄의 보호법익이 무엇인가에 대해서는 태아의 생명을 중시할 것인가 혹은 산모의 권리를 중시할 것인가에 의해 견해가 대립하고 있다. 낙태죄의 보호법익에 대해 검토하시오.

(2) 낙태죄와 살인죄를 구별하는 기준은 행위의 객체이다. 양죄의 행위의 객체인 태아와 사람의 개념을 비교 · 검토하시오.

(3) 사례에서 甲의 죄책은?

5. 심화학습

현재 우리나라에서는 불법적으로 행한 낙태행위에 대해서도 처벌하는 사례가 거의 없기 때문에 낙태죄의 규정이 사문화된 것이 아닌가 하는 문제가 제기되고 있다. 낙태죄의 규정을 존치시키기 위해서는 정당한 낙태를 제외한 낙태행위에 대해서는 형법을 적용하여 처벌해야 할 것이다. 법률이 허용하고 있는 정당한 낙태행위의 요건에 대해 검토하시오.

참고문헌

- 김종덕, "태아성 치사상의 처벌에 관한 입법론," 비교형사법연구 제10권 제1호, 2008
- 박혜진, "분만 전 태아의 법적 지위와 형법적 보호가능성," 비교형사법연구 제10권 제1호, 2008
- 이영란, "한국의 낙태실태와 형법상 낙태죄," 한국형사법학의 새로운 지평(유일당 오선주 교수 정년기념논문집), 2001
- 전지연, "낙태와 살인," 형사판례연구 제14권, 2006

제5장 유기와 학대의 죄

I. 유기의 죄

1. 사 례

甲은 A와 4년여 동안 동거하기도 하면서 내연관계를 맺어오던 중 A가 치사량의 필로폰을 복용하여 의자에 쓰러져 있었음에도 불구하고, 외관상으로는 A가 치사량의 필로폰을 복용하여 쓰러져 있었는지 혹은 피곤하여 쉬기 위해 의자에 누워있었는지 명확하지 않은 상태에서 A를 구조하지 않아 사망하였다.

| 대상판결 |

대법원 2008.2.14. 선고 2007도3952 판결

2. 판결요지

[1] 유기죄가 성립하기 위하여는 행위자가 형법 제271조 제1항이 정한 바에 따라 '노유, 질병 기타 사정으로 인하여 부조를 요하는 자를 보호할 법률상 또는 계약상 의무 있는 자'에 해당하여야 할 뿐만 아니라, 요부조자에 대한 보호책임의 발생원인이 된 사실이 존재한다는 것을 인식하고, 이에 기한

부조의무를 해태한다는 의식이 있음을 요한다.

[2] 형법 제271조 제1항에서 말하는 법률상 보호의무 가운데는 민법 제826조 제1항에 근거한 부부간의 부양의무도 포함되며, 나아가 법률상 부부는 아니지만 사실혼 관계에 있는 경우에도 위 민법 규정의 취지 및 유기죄의 보호법익에 비추어 위와 같은 법률상 보호의무의 존재를 긍정하여야 하지만, 사실혼에 해당하여 법률혼에 준하는 보호를 받기 위하여는 단순한 동거 또는 간헐적인 정교관계를 맺고 있다는 사정만으로는 부족하고, 그 당사자 사이에 주관적으로 혼인의 의사가 있고 객관적으로도 사회관념상 가족질서적인 면에서 부부공동생활을 인정할 만한 혼인생활의 실체가 존재하여야 한다.

3. 판례이해

(1) 甲에게는 A를 구조해야 할 의무가 있는가?

(2) A를 방치하여 사망에 이르게 한 甲에게 A의 사망에 대해 형사책임을 인정할 수 있는가?

4. 이론탐구

(1) 형법 제271조 제1항에는 유기죄의 주체로 노유, 질병, 기타 사정으로 인하여 부조를 요하는 자를 '보호할 법률상 또는 계약상 의무 있는 자'를 규정하고 있다. 유기죄 주체의 근거가 되는 보호의무의 의의와 범위에 대해 검토하시오.

(2) 유기죄의 행위가 성립하기 위한 요건으로 장소적 이전이 필요한가에 대해 검토하시오.

(3) 하나의 행위에 의해 유기치사죄와 부작위에 의한 살인죄가 성립하는 경우에 양죄의 관계에 대해 검토하시오.

(4) 사례에서 甲의 죄책은?

5. 심화학습

유기죄는 생명 · 신체의 안전을 보호법익으로 하는 범죄이다. 그렇다면 보호의 정도와 관련하여 유기죄가 구체적 위험범의 형태인가 혹은 추상적 위험범의 형태인가에 대해 검토하시오.

참고문헌

- 류전철, "유기죄에 대한 해석론의 비판적 고찰," 비교형사법연구 제6권 제2호, 2004
- 최우찬, "유기치사죄와 부작위에 의한 살인죄 및 양심범과의 관계," 형사판례연구 제1권, 1993

II. 학대의 죄

1. 사 례

甲(남)은 17세의 A(여)와 8년에 걸쳐 비정상적인 성관계를 유지하였다.

| 대상판결 |

대법원 2000.4.25. 선고 2000도223 판결

2. 판결요지

형법 제273조 제1항에서 말하는 '학대'라 함은 육체적으로 고통을 주거나 정신적으로 차별대우를 하는 행위를 가리키고, 이러한 학대행위는 형법의 규정체제상 학대와 유기의 죄가 같은 장에 위치하고 있는 점 등에 비추어 단순히 상대방의 인격에 대한 반인륜적 침해만으로는 부족하고 적어도 유기에 준할 정도에 이르러야 한다.

3. 판례이해

17세인 A와 비정상적 성관계를 유지한 甲에 대해 형법상의 책임을 인정할 수 있는가?

4. 이론탐구

(1) 아동학대죄의 행위의 주체는 피학대자를 보호 · 감독하는 자이어야 한다. 보호 · 감독의 근거에 대해서 검토하시오.
(2) 아동학대죄에 있어서 '학대'의 개념에 대해서는 견해가 대립하고 있다. 유기와의 관계를 고려하여 학대의 범위에 대해 검토하시오.
(3) 사례에서 甲의 죄책은?

참고문헌

• 곽병선, "아동학대의 형사정책적 대응," 법학연구(한국법학회, 2008.8)

제6장 체포와 감금의 죄

1. 사 례

甲은 자신의 승용차로 피해여성 A를 목적지까지 태워주겠다며 승차하게 한 후, 목적지가 아닌 다른 방향으로 운전하자 A는 차에서 내려달라고 요구하였다. A의 하차요구에도 불구하고 甲은 자신의 차량을 시속 약 60~70km로 진행하였다. 이에 A는 차량에서 빠져나오기 위해서 질주하던 차의 문을 열고 바닥으로 뛰어내렸으며, 이로 인하여 심하게 다쳐 결국 사망하였다.

| 대상판결 |

대법원 2000.2.11. 선고 99도5286 판결

2. 판결요지

[1] 감금죄는 사람의 행동의 자유를 그 보호법익으로 하여 사람이 특정한 구역에서 나가는 것을 불가능하게 하거나 또는 심히 곤란하게 하는 죄로서 이와 같이 사람이 특정한 구역에서 나가는 것을 불가능하게 하거나 심히 곤란하

게 하는 그 장해는 물리적, 유형적 장해뿐만 아니라 심리적, 무형적 장해에 의하여서도 가능하고, 또 감금의 본질은 사람의 행동의 자유를 구속하는 것으로 행동의 자유를 구속하는 그 수단과 방법에는 아무런 제한이 없어서 유형적인 것이거나 무형적인 것이거나를 가리지 아니하며, 감금에 있어서의 사람의 행동의 자유의 박탈은 반드시 전면적이어야 할 필요도 없다.

[2] 승용차로 피해자를 가로막아 승차하게 한 후 피해자의 하차 요구를 무시한 채 당초 목적지가 아닌 다른 장소를 향하여 시속 약 60km 내지 70km의 속도로 진행하여 피해자를 차량에서 내리지 못하게 한 행위는 감금죄에 해당하고, 피해자가 그와 같은 감금상태를 벗어날 목적으로 차량을 빠져나오려다가 길바닥에 떨어져 상해를 입고 그 결과 사망에 이르렀다면 감금행위와 피해자의 사망 사이에는 상당인과관계가 있다고 할 것이므로 감금치사죄에 해당한다.

3. 판례이해

판결이유를 살펴보고 다음의 질문에 대해 검토하시오.

(1) 감금죄의 보호법익은 무엇인가?

(2) 감금죄의 본질과 수단 및 방법은?

(3) 차량을 시속 약 60~70km로 운전한 甲의 행위가 A를 감금한 행위가 되는 이유는 무엇인가?

(4) 甲의 감금행위와 A의 사망 사이에는 인과관계가 성립하는가?

4. 이론탐구

(1) 체포감금죄의 보호법익과 행위객체

1) 체포감금죄의 보호법익으로서 '신체활동의 자유'의 개념을 정의하라.

2) 피해자의 잠재적인 신체활동의 자유도 체포감금죄의 보호법익에 해당하는가?

3) 피해자의 잠재적인 신체활동도 체포감금죄의 행위객체가 될 수 있다면, 과연 어느 범위까지 이를 인정할 것인가?

① 최광의설의 논거를 검토하고, 비판논거도 함께 제시하라.

② 광의설의 논거를 검토하고, 비판논거도 함께 제시하라.

③ 협의설의 논거를 검토하고, 비판논거도 함께 제시하라.

(2) 체포감금죄의 실행행위

1) 체포와 감금의 개념을 비교하여 설명하라.

2) 체포와 감금의 수단과 방법에 대하여 설명하라.

3) 감금죄의 기수가 성립하기 위하여 감금시간은 최소한 어느 정도 경과해야 하는가?

(3) 감금치사죄의 성립요건

1) 결과적 가중범인 감금치사죄의 성립요건을 설명하라.

2) 감금행위가 미수에 그치더라도 감금치사죄가 성립하기 위한 조건은 무엇인가?

(4) 甲의 운전행위가 A에 대한 감금치사죄가 성립하는 이유는 무엇인가?

5. 심화학습

강도죄나 강간죄에 수반된 체포 · 감금행위의 죄수관계에 대해서 살펴보라.

참고문헌

• 최우찬, "감금죄와 강간죄의 관계," 형사판례연구 제2호, 1994

제7장 협박과 강요의 죄

I. 협박의 죄

1. 사 례

A는 대학설립을 추진하면서 대학부지 내 택지 및 상가지역 중 2,000평을 분양해주겠다고 약정하고 乙로부터 6억원을 받았다. 그러나 대학설립계획이 재원부족으로 무산될 위기에 처하자 乙은 6억원을 반환받을 방법을 모색하던 중, 자신의 절친한 친구이자 모 경찰서 보안과 소속 경찰관인 甲에게 부탁하여 A가 돈을 돌려주게 해달라고 했다. 이에 甲은 A에게 전화하여 "나는 모 경찰서 정보과에 근무하는 형사다. 乙이 내 집안 동생인데, 돈을 언제까지 해 줄 것이냐? 빨리 안 해주면 상부에 보고하여 문제를 삼겠다"고 말하였다. 그러나 A는 법정에 증인으로 출석하여 당시 甲의 전화를 받고도 자신은 잘못이 없으므로 전혀 두려움을 느끼지 않았다고 진술하였다.

| 대상판결 |

대법원 2007.9.28. 선고 2007도606 전원합의체 판결

2. 판결요지

[1] **[다수의견]** 협박죄가 성립하려면 고지된 해악의 내용이 행위자와 상대방의 성향, 고지 당시의 주변 상황, 행위자와 상대방 사이의 친숙의 정도 및 지위 등의 상호관계, 제3자에 의한 해악을 고지한 경우에는 그에 포함되거나 암시된 제3자와 행위자 사이의 관계 등 행위 전후의 여러 사정을 종합하여 볼 때에 일반적으로 사람으로 하여금 공포심을 일으키게 하기에 충분한 것이어야 하지만, 상대방이 그에 의하여 현실적으로 공포심을 일으킬 것까지 요구하는 것은 아니며, 그와 같은 정도의 해악을 고지함으로써 상대방이 그 의미를 인식한 이상, 상대방이 현실적으로 공포심을 일으켰는지 여부와 관계없이 그로써 구성요건은 충족되어 협박죄의 기수에 이르는 것으로 해석하여야 한다. 결국 협박죄는 사람의 의사결정의 자유를 보호법익으로 하는 위험범이라 봄이 상당하고, 협박죄의 미수범 처벌조항은 해악의 고지가 현실적으로 상대방에게 도달하지 아니한 경우나, 도달은 하였으나 상대방이 이를 지각하지 못하였거나 고지된 해악의 의미를 인식하지 못한 경우 등에 적용될 뿐이다.

[반대의견] 해악의 고지에 의해 현실적으로 공포심을 일으켰는지 여부나 그 정도는 사람마다 다를 수 있다고 하더라도 이를 판단할 수 없다거나 판단을 위한 객관적인 척도나 기준이 존재하지 않는다고 단정할 것은 아니며, 사람이 현실적으로 공포심을 일으켰는지 여부를 판단할 만한 객관적인 기준 및 개별 사건에서 쌍방의 입증과 그에 의하여 인정되는 구체적인 사정 등을 모두 종합하여, 당해 협박행위로 상대방이 현실적으로 공포심을 일으켰다는 점이 증명된다면 협박죄의 기수에 이르렀다고 인정하고, 이에 대한 증명이 부족하거나 오히려 상대방이 현실적으로 공포심을 일으키지 않았다는 점이 증명된다면 협박죄의 미수에 그친 것으로 인정하면 될 것이다. 기수에 이르렀는지에 대한 의문을 해결하기 어렵다고 하여 모든 경우에 기수범으로 처벌하는 것은 오히려 "의심스러울 때는 피고인의 이익으로"라는 법원칙 등 형사법의 일반원칙과도 부합하지 아니하며 형벌과잉의 우려

를 낳을 뿐이다. 결국, 현행 형법의 협박죄는 침해범으로서 일반적으로 사람으로 하여금 공포심을 일으킬 수 있는 정도의 해악의 고지가 상대방에게 도달하여 상대방이 그 의미를 인식하고 나아가 현실적으로 공포심을 일으켰을 때에 비로소 기수에 이르는 것으로 보아야 한다.

[2] 정보보안과 소속 경찰관이 자신의 지위를 내세우면서 타인의 민사분쟁에 개입하여 빨리 채무를 변제하지 않으면 상부에 보고하여 문제를 삼겠다고 말한 사안에서, 객관적으로 상대방이 공포심을 일으키기에 충분한 정도의 해악의 고지에 해당하므로 현실적으로 피해자가 공포심을 일으키지 않았다 하더라도 협박죄의 기수에 이르렀다고 본 사례.

[3] 권리행사나 직무집행의 일환으로 상대방에게 일정한 해악을 고지한 경우, 그 해악의 고지가 정당한 권리행사나 직무집행으로서 사회상규에 반하지 아니하는 때에는 협박죄가 성립하지 아니하나, 외관상 권리행사나 직무집행으로 보이더라도 실질적으로 권리나 직무권한의 남용이 되어 사회상규에 반하는 때에는 협박죄가 성립한다고 보아야 할 것인바, 구체적으로는 그 해악의 고지가 정당한 목적을 위한 상당한 수단이라고 볼 수 있으면 위법성이 조각되지만, 위와 같은 관련성이 인정되지 아니하는 경우에는 그 위법성이 조각되지 아니한다.

[4] 정보보안과 소속 경찰관이 자신의 지위를 내세우면서 타인의 민사분쟁에 개입하여 빨리 채무를 변제하지 않으면 상부에 보고하여 문제를 삼겠다고 말한 사안에서, 상대방이 채무를 변제하고 피해 변상을 하는지 여부에 따라 직무집행 여부를 결정하겠다는 취지이더라도 정당한 직무집행이라거나 목적 달성을 위한 상당한 수단으로 인정할 수 없어 정당행위에 해당하지 않는다고 한 사례.

3. 판례이해

판례의 다수의견과 반대의견을 다음과 같이 구별하여 각각의 논거를 제시해보시오.

(1) 협박죄의 기수가 성립하려면 고지된 해악의 내용이

1) 일반적으로 사람으로 하여금 공포심을 일으키게 하기에 충분한 것이면 된다.

2) 상대방이 현실적으로 공포심을 일으켜야 한다.

(2) 협박죄는 법익의 보호정도에 비추어

1) 위험범이다. (구체적 위험범? 추상적 위험범?)

2) 침해범이다.

(3) 협박죄의 미수범처벌규정(형법 제286조)의 입법취지는 해악의 고지가

1) 상대방에게 도달하여 상대방이 그 의미를 인식하였으나 현실적으로 공포심을 일으키지는 아니한 경우를 미수범으로 처벌하도록 함으로써 피해자의 피해 정도 등을 고려한 적정한 양형을 도출하고자 하는 의도이다.

2) 현실적으로 상대방에게 도달하지 아니한 경우나, 도달은 하였으나 전혀 지각하지 못한 경우 또는 고지된 해악의 의미를 상대방이 인식하지 못한 경우를 미수범으로 처벌하기 위함이다.

4. 이론탐구

선행학습에 열거된 논문들과 각종 형법각론 교과서를 참조하여 사례해결에 필요한 이론들의 요점을 다음과 같이 구별하고 각각의 논거들을 정리해보시오.

(1) 협박죄의 보호법익

1) '개인의 의사형성(결정)의 자유'로 보는 다수설은 개인의 의사형성(결정)의 자유를
   ① 구체적으로 개인의 의사형성에 외부로부터의 간섭을 받지 않을 자유로 이해한다.
   ② 두려움 또는 공포로부터의 자유로 이해한다.

2) '개인의 법적 안전에 대한 신뢰'로 보는 소수설의 논거는 무엇이며, 그에 대한 다수설의 평가는 어떠한지 살펴보시오.

(2) 협박의 개념과 내용

1) 협박의 개념을 '일정한 해악의 고지'로 이해한다면, 여기서 고지된 해악은
   ① 상대방이 공포심을 일으킬 정도의 해악이어야 한다.
   ② 일반인이 공포심을 일으킬 정도의 해악이면 된다.
   ③ 사람의 의사형성에 영향을 미칠 정도의 해악의 고지이면 충분하다.

2) 협박의 내용으로서 고지된 해악은
   ① 적어도 형법상의 구성요건에 해당하는 범죄행위일 필요가 있다.
   ② 그 종류와 내용이 문제되지 아니하며, 1)의 조건(공포심을 느낄 수 있는 정도의 해악의 고지)만 충족하면 된다.

(3) 위험범과 침해범의 구별

1) 침해범설의 논거를 살펴보고, 아래의 질문에 답하시오.
   ① 어떤 법익이 현실적으로 침해되어야 한다는 것인가?
   ② 고지된 해악이 실행될 위험을 야기한 것이 문제이지, 공포심을 느끼게 했다는 것 자체가 문제되는 것은 아니지 않는가? (비교: 공포영화)
   ③ 침해되는 법익의 내용을 강요죄(형법 제324조)의 그것과 비교하면 구체적으로 어떤 차이가 있는가?

④ 협박받은 당사자의 의사형성(결정)의 자유가 침해되어야 한다면, 이와 같은 내심의 자유에 대한 침해여부를 판단할 수 있는 객관적 기준은 존재하는가?

⑤ 현실적으로 공포심을 느꼈는지 여부와 같은 피해자의 내심의 정서적 반응에 따라 협박죄의 기수여부가 결정된다면, 공정하고 불편부당한 법적용이 과연 가능할까?

⑥ 침해범설은 위험범설에 비하여 협박죄의 미수범처벌규정의 적용범위를 더 넓게 본다고 할 수 있다. 그 실익은?

⑦ 협박죄를 침해범으로 해석하는 것이 입법취지에 부합하는가?

2) 위험범설의 논거를 살펴보고, 아래의 질문에 답하시오.

① 협박죄의 기수가 성립되기 위해서 어떤 위험을 야기해야 한다는 것인가? 법익침해에 대한 구체적 위험을 의미하는가, 아니면 추상적 위험을 의미하는가?

② 위험범설을 취하면서 협박(고지된 해악)의 유형 및 내용은 제한이 없다고 한다면 가벌성의 범위가 무한 확대될 가능성은 없는가?

③ 미수범처벌조항(형법 제286조)을 두고 있는 우리나라 형법체계상 협박죄를 위험범보다는 침해범으로 보는 것이 더 합리적인 해석이 아닌가?

④ 협박죄를 위험범으로 볼 경우 미수범처벌규정의 적용범위가 애매하게 되는 것은 아닌가? 협박죄의 미수범이 성립되는 경우를 구체적으로 나열해 보시오.

⑤ 협박죄를 침해범이 아닌, 위험범으로 해석하는 실익은 무엇인가?

(4) 협박죄의 기수시기

1) 협박죄를 침해범으로 보는 경우 협박죄의 기수시기는?

2) 협박죄를 위험범으로 보는 경우 협박죄의 기수시기는?

(5) 사례해결

1) A가 돈을 갚지 않으면 상부에 보고하겠다는 甲의 전화내용이 형법상의 협박

의 개념 속에 포섭될 수 있는가?

2) 만일 甲의 전화내용이 객관적으로 일반인이 느끼기에 공포심을 불러일으킬 수 있는 해악의 고지로 본다면, 甲에게 협박죄의 기수범의 책임을 물을 수 있는가?

3) 甲에게 협박죄의 기수 또는 미수의 책임을 물을 수 있다면, 乙의 죄책은?

5. 심화학습

(1) 협박죄에 관한 각국의 입법례를 비교하라.

(2) '협박'의 개념을 유형별로 비교 분석하라.

(3) 형사고소를 하겠다고 말하는 것도 협박죄의 구성요건에 해당하는가?

참고문헌

- 이주일, "협박죄의 기수시기에 대한 평론," 외법논집 제30집(2008.5)
- 최동열, "협박죄의 기수에 이르기 위하여 상대방이 현실적으로 공포심을 일으킬 것을 요하는지 여부," 대법원판례해설 제74호(2008 하반기)
- 하태훈, "협박죄의 범죄구성요건 유형," 형사판례연구 제16호, 2008
- 허일태, "협박죄의 성질과 기수시기," 동아법학 41호(2008.2)

II. 강요의 죄

1. 사 례

계급이 상사인 군인 甲은 밤 2시경에 취침 중에 있던 소속부대원 전원을 깨워 연병장에 집합시킨 다음 약 2시간에 걸쳐 속옷차림으로 서 있게 하였고, 다음날 상병 A가 화단 조정에 관한 브리핑을 하지 않았다는 이유로 그에게 약 50분간 '머리박아'(속칭 원산폭격)를 시켰고, 이병 B의 청소상태가 불량하다는 이유로 그에게 2시간에 걸쳐 양손을 깍지 낀 상태에서 팔굽혀펴기 약 50-60회 정도를 하게 하였으며, 일병 C가 후임 이병을 도와주지 않았다는 이유로 그에게 약 40분간 '머리박아'를 시켰다.

| 대상판결 |

① 대법원 2006.4.27. 선고 2003도4151 판결

② 고등군사법원 2003.6.24. 선고 2002노351 판결

2. 판결요지

[1] 상사 계급의 피고인이 그의 잦은 폭력으로 신체에 위해를 느끼고 겁을 먹은 상태에 있던 부대원들에게 청소불량 등을 이유로 40분 내지 50분간 머리박아(속칭 '원산폭격')를 시키거나 양손을 깍지 낀 상태에서 약 2시간 동안 팔굽혀펴기를 50-60회 정도 하게 한 행위가 형법 제324조에서 정한 강요죄에 해당한다고 한 사례.

[2] 형법 제20조 소정의 '사회상규에 위배되지 아니하는 행위'라 함은 법질서 전체의 정신이나 그 배후에 놓여 있는 사회윤리 내지 사회통념에 비추어

용인될 수 있는 행위를 말하고, 어떠한 행위가 사회상규에 위배되지 아니하는 정당한 행위로서 위법성이 조각되는 것인지는 구체적인 사정 아래서 합목적적, 합리적으로 고찰하여 개별적으로 판단되어야 하므로, 이와 같은 정당행위를 인정하려면, 첫째 그 행위의 동기나 목적의 정당성, 둘째 행위의 수단이나 방법의 상당성, 셋째 보호이익과 침해이익과의 법익균형성, 넷째 긴급성, 다섯째 그 행위 외에 다른 수단이나 방법이 없다는 보충성 등의 요건을 갖추어야 한다.

[3] 상사 계급의 피고인이 부대원들에게 얼차려를 지시할 당시 얼차려의 결정권자도 아니었고 소속 부대의 얼차려 지침상 허용되는 얼차려도 아니라는 등의 이유로, 피고인의 얼차려 지시행위를 형법 제20조의 정당행위로 볼 수 없다고 한 사례.

3. 판례이해

판결이유를 살펴보고 다음의 질문에 대해 검토하시오.

(1) 군대에서 부하에게 얼차려를 시키는 행위가 형법 제324조의 강요죄의 구성요건에 해당하기 위해서는 어떤 요건이 필요한가? (군인사법 제47조의2, 군인복무규율 제15조 제1항, 구타 및 가혹행위 근절지침, 소속부대의 얼차려 지침 참조)

1) 甲은 소속부대원들에게 '얼차려'를 결정할 지위에 있었는가?

2) 소속부대원들에게 있어서 甲의 '얼차려'는 형법 제324조의 '의무 없는 일'에 속하는가?

3) 甲의 얼차려 명령에는 형법 제324조의 '폭행'이나 '협박'이 수반되었는가?

(2) 군대에서 행해지는 상급자의 연병장 집합명령, 머리박아명령, 팔굽혀펴기명령 등의 얼차려는 사회상규에 위배되지 아니하는 정당행위로서 위법성이 조각

되지 않는가?

4. 이론탐구

(1) 강요죄의 보호법익

1) 강요죄(제324조)와 권리행사방해죄(제323조)의 보호법익을 각각 검토하고 그 차이점을 설명하라.

2) 강요죄의 보호법익과 협박죄의 보호법익의 공통점과 차이점을 설명하라.

3) 강요죄가 형법 제37장 '권리행사를 방해하는 죄'에 규정되어 있는 이유는 무엇일까?

(2) 강요의 수단

1) 강요죄의 수단인 폭행과 협박의 개념을 설명하라.

2) 군대상관의 얼차려에는 '폭행이나 협박'이 수반되는가?

(3) 강요의 내용

1) 권리행사를 방해한다는 의미는 무엇인가?

2) 의무 없는 일을 시킨다는 뜻은 무엇인가?

(4) 강요죄의 기수시기

1) 폭행이나 협박에 의하여 권리행사가 방해되거나 의무 없는 일이 이행되어야 강요죄의 기수가 성립하는가? (대법원 1993.7.27. 선고 93도901 판결 참조)

2) 단순히 의무 없는 일을 요구하는 것으로도 강요죄의 기수가 성립하는가?

(5) 甲의 각각의 행위는 강요죄의 구성요건에 해당한다고 하더라도 위법성조각사

유(기타 사회상규에 위배되지 아니하는 정당행위)에 해당할 가능성은 없는가?

5. 심화학습

중강요죄(제326조)와 인질강요죄(제324조의2)의 구성요건을 살펴보고, 단순 강요죄(제324조)의 구성요건과 비교하여 설명하라.

참고문헌

- 이형주, "폭력에 의한 권리행사방해죄(강요죄)," 월간고시 통권 211호(1991.7)
- 정영일, "강요죄와 공갈죄의 관계 등," 고시계 통권 496호(1998.6)

제8장 약취와 유인의 죄

1. 사 례

甲은 피해자 A(10세 여아)의 친부로서 정신지체 2급 장애로 인하여 사물을 변별할 능력이나 의사를 결정할 능력이 미약한 자다. 그런데 甲의 부인 B가 교통사고를 당하여 사망하자 甲은 장인 C의 농사를 도와주며 생활하면서 A의 양육을 C에게 맡겼다. 그러나 甲은 C가 B의 교통사고 배상금 등을 관리하면서 자신에게 용돈을 조금씩만 주고 자신을 학대한다고 생각하고 민사소송을 통하여 B의 교통사고 배상금을 C에게서 찾아 乙의 도움을 받아 처가로부터 독립하여 생계를 유지하면서 A를 양육하기로 마음먹고, 乙과 공모하여 귀가하던 A를 乙소유의 승용차에 강제로 태운 후 고아원에 가서 A의 수용문제를 상담하고 그 사이 잠든 A를 乙의 개사육장에서 잠시 재우는 등 오전 11시 30분부터 저녁 8시 40분 경찰에 검거될 때까지 데리고 다녔다.

| 대상판결 |

대법원 2008.1.31. 선고 2007도8011 판결

2. 판결요지

[1] 미성년자를 보호감독하는 자라 하더라도 다른 보호감독자의 감호권을 침해하거나 자신의 감호권을 남용하여 미성년자 본인의 이익을 침해하는 경우에는 미성년자 약취 · 유인죄의 주체가 될 수 있다.

[2] 외조부가 맡아서 양육해 오던 미성년인 자(子)를 자의 의사에 반하여 사실상 자신의 지배하에 옮긴 친권자에 대하여 미성년자 약취 · 유인죄를 인정한 사례.

3. 판례이해

판결이유를 살펴보고 다음의 질문에 대해 검토하시오.

(1) A의 친부(親父)인 甲이 A에 대한 미성년자 약취 · 유인죄(형법 제287조)의 행위 주체가 될 수 있는가?

(2) 甲이 자신의 처인 B의 교통사고 보상금을 장인인 C로부터 돌려받으려 했다고 해서 '영리목적 약취 · 유인죄'(특정범죄가중처벌 등에 관한 법률 제5조의2 제4항)의 '영리목적'이 될 수 있는가?

(3) 검찰이 특가법(영리목적 약취 · 유인) 위반에서 형법상의 미성년자 약취 · 유인의 죄로 공소장변경을 한 이유는? (원심판결: 대전고등법원 2007.9.5. 선고 2007노214 판결 참조)

4. 이론탐구

(1) 약취 · 유인의 죄의 보호법익

1) 약취 · 유인의 죄의 보호법익은 무엇인가?

2) 형법 제287조에 규정된 미성년자 약취 · 유인의 죄의 입법취지를 설명하라 (대법원 2003.2.11.선고 2002도7115 판결 참조).

(2) 미성년자 약취 · 유인의 죄의 행위주체와 행위객체

1) 피해자인 미성년자 이외의 모든 사람이 행위주체가 될 수 있는가?

2) 민법상 성년으로 의제되는 기혼 미성년자도 이 죄의 행위객체가 될 수 있는가?

(3) 약취 · 유인의 개념

1) 약취의 개념을 설명하라.

2) 유인의 개념을 설명하라.

(4) 특가법상의 가중처벌규정

1) 영리목적 미성년자 약취 · 유인의 죄를 가중하여 처벌하는 특가법상의 구성요건을 형법 제288조 제1항과 비교하여 검토하라.

2) 특가법상 영리목적 미성년자 약취 · 유인의 죄를 가중하여 처벌하는 입법취지는 무엇인가? 그에 대한 입법론적 비판논거는?

(5) 사례해결

1) 피해자 A의 친부인 甲은 미성년자 약취 · 유인의 죄의 행위주체가 될 수 있는가?

2) 甲과 乙에게 약취 · 유인의 고의 이외에 '영리목적'이 있었다고 말할 수 있

을까?

3) 甲에게 위법성조각사유가 있다고 볼 수 있을까?

4) 甲에게 책임을 물을 수 있을까?

5. 심화학습

부녀매매죄(형법 제288조 제2항)와 「성매매알선 등 행위의 처벌에 관한 법률」 제2조 제3호의 '성매매 목적의 인신매매'의 성립요건을 비교 검토하라.

참고문헌

• 심재무, "약취 · 유인죄의 정비방안," 형사법연구 제22호(2004 겨울) 특집호

제9장 강간과 추행의 죄

I. 강간죄의 행위객체: 부녀

1. 사 례

甲, 乙, 丙은 밤 12시 30분 H호텔 부근에서 호객행위를 하고 있던 A를 합동하여 강간하였다. 그런데 피해자 A는 남성의 성기구조를 갖춘 남자로 태어나 남자 중학교까지 졸업하였으나 어릴 때부터 여자 옷을 즐겨 입고 여자놀이를 즐겨하는 등 여성으로서의 생활을 동경하고 여성으로서의 성에 귀속감을 느낀 나머지 오랫동안 여장남자로 행세하다가 수년 전 일본의 한 병원에서 성전환수술을 받았다. 그래서 외관상으로는 여성적인 신체구조를 갖추고 있었으며, 보통의 여자와 같이 남자와 성생활을 할 수 있었고, 사건 당시 H호텔 부근에서 남자들을 대상으로 성매매행위를 하여 생계를 유지하는 등 여성으로서의 사회생활을 하고 있었다.

| 대상판결 |

대법원 1996.6.11. 선고 96도791 판결

2. 판결요지

[1] 형법 제297조는 '폭행 또는 협박으로 부녀를 강간한 자'라고 하여 객체를 부녀에 한정하고 있고 위 규정에서 부녀라 함은 성년이든 미성년이든, 기혼이든 미혼이든 불문하며 곧 여자를 가리키는 것이다. 무릇 사람에 있어서 남자, 여자라는 성(性)의 분화는 정자와 난자가 수정된 후 태아의 형성 초기에 성염색체의 구성(정상적인 경우 남성은 xy, 여성은 xx)에 의하여 이루어지고, 발생과정이 진행됨에 따라 각 성염색체의 구성에 맞추어 내부생식기인 고환 또는 난소 등의 해당 성선(性腺)이 형성되고, 이어서 호르몬의 분비와 함께 음경 또는 질, 음순 등의 외부성기가 발달하며, 출생 후에는 타고난 성선과 외부성기 및 교육 등에 의하여 심리적, 정신적인 성이 형성되는 것이다. 그러므로 형법 제297조에서 말하는 부녀, 즉 여자에 해당하는지 여부도 위 발생학적인 성인 성염색체의 구성을 기본적인 요소로 하여 성선, 외부성기를 비롯한 신체의 외관은 물론이고 심리적, 정신적인 성, 그리고 사회생활에서 수행하는 주관적, 개인적인 성역할(성전환의 경우에는 그 전후를 포함하여) 및 이에 대한 일반인의 평가나 태도 등 모든 요소를 종합적으로 고려하여 사회통념에 따라 결정하여야 한다.

[2] 피고인이 어릴 때부터 정신적으로 여성에의 성귀속감을 느껴 왔고 성전환수술로 인하여 남성으로서의 내 · 외부성기의 특징을 더 이상 보이지 않게 되었으며 남성으로서의 성격도 대부분 상실하여 외견상 여성으로서의 체형을 갖추고 성격도 여성화되어 개인적으로 여성으로서의 생활을 영위해 가고 있다 할지라도, 기본적인 요소인 성염색체의 구성이나 본래의 내 · 외부성기의 구조, 정상적인 남자로서 생활한 기간, 성전환 수술을 한 경위, 시기 및 수술 후에도 여성으로서의 생식능력은 없는 점, 그리고 이에 대한 사회 일반인의 평가와 태도 등 여러 요소를 종합적으로 고려하여 보면 사회통념상 여자로 볼 수는 없다고 본 사례.

3. 판례이해

판결이유를 살펴보고 다음의 질문에 대해 검토하시오.

(1) 대상판결은 강간죄의 행위객체를 어떻게 정의하고 있는가?

(2) 형법 제297조의 '부녀', 즉 여자에 해당하는지 여부에 대한 판단기준은 무엇인가?

(3) 여성으로의 성전환수술자가 강간죄의 행위객체가 될 수 있는가?

4. 이론탐구

(1) 강간죄의 행위객체로서의 부녀의 의미

1) 형법상 강간죄의 행위객체인 부녀의 개념을 설명하라.

2) 강간죄의 객체를 부녀로 한정하고 있는 입법취지는 무엇인가?

3) 이른바 간성(間性), 성전환증, 의상도착증, 동성연애자와 관련하여 부녀의 의미를 살펴보라.

(2) 강간죄의 객체로서의 '부녀'의 판단기준

1) 부녀의 판단기준으로서 생물학적 요소에 대해 검토하라.

① 성염색체의 구성

② 생식가능성

2) 부녀의 판단기준으로서 정신적 · 사회적 요소에 대해 검토하라.

3) 성 결정에 있어서 생물학적인 요소와 정신적 · 사회적 요소를 모두 고려하여 최종적으로는 사회통념에 따라야 한다는 의미에 대해 살펴보라(대법원 2006.6.22. 2004스42 전원합의체 결정 참조).

⑶ 강간죄의 행위객체를 확대하려는 견해

1) 여성으로의 성전환수술자의 포섭가능성에 대해 검토하라.

2) 아내강간의 인정여부에 대한 학설과 판례의 견해를 살펴보라.

3) 강간죄의 객체를 '부녀'에서 '사람'으로 개정하려는 입법론의 논거와 그 문제점에 대해 검토하라.

5. 심화학습

특별법상의 강간죄 가중처벌규정을 검토하라.

(1) 성폭력범죄의 처벌 및 피해자보호 등에 관한 법률

(2) 청소년의 성보호에 관한 법률

참고문헌

- 김태명, "성전환을 둘러싼 법적 문제점에 대한 검토," 저스티스 통권 제71호(2003.10)
- 김혜정, "시대의 변화에 따른 강간죄의 객체 및 행위태양에 관한 재구성," 비교형사법연구 제9권 1호, 2007
- 박기석, "부부강간행위의 강간죄 성립여부," 형사정책연구 제15권 제4호(2004 겨울호)
- 정현미, "성전환수술자의 강간죄의 객체 여부," 형사판례연구 제6호, 1998

II. 강간죄의 행위양태: 폭행 · 협박에 의한 강간

1. 사 례

甲은 자신이 운영하는 노래방에서 영업도중 찾아온 친구 乙 및 丙과 보도방에서 불러온 도우미 여성(22세) A와 어울려 술을 마시다가 친구들이 먼저 귀가한 이후 A와 1시간 더 연장하자고 요청하여 단둘이 노래방에 있던 중, A를 강간할 마음을 먹고 시간이 다 되었다면서 돌아가려는 A의 팔을 잡아끌어 막은 후 소파에 밀어붙이고, 울면서 "사람 살려"라고 저항하는 A를 눕히고 배 위에 올라타서 양손으로 A의 양어깨를 눌러 반항을 억압한 다음 옷을 벗기고 1회 간음하여 A로 하여금 약 5일간의 치료를 요하는 외음부찰과상 등을 입게 하였다. (당시 甲과 A가 있었던 노래방의 방실 출입문에는 시정장치가 없었고, 외부로 통하는 출입문도 잠그지 않은 상태였다. 甲은 A와 성교하는 과정에서 어깨를 누르는 정도의 물리력을 행사한 바는 있으나, 그 외에 A를 때리거나 위협적인 말로 협박하지도 않았으며, A도 몸을 일으켜 그 장소에서 탈출하려고 하거나 소리를 질러 구조를 요청하는 등 적극적으로 반항한 흔적도 없었다.)

| 대상판결 |

대법원 2005.7.28. 선고 2005도3071 판결

2. 판결요지

[1] 강간죄가 성립하기 위한 가해자의 폭행 · 협박이 있었는지 여부는 그 폭행 · 협박의 내용과 정도는 물론 유형력을 행사하게 된 경위, 피해자와의 관계, 성교 당시와 그 후의 정황 등 모든 사정을 종합하여 피해자가 성교 당시 처하였던 구체적인 상황을 기준으로 판단하여야 하며, 사후적으로 보아

피해자가 성교 이전에 범행 현장을 벗어날 수 있었다거나 피해자가 사력을 다하여 반항하지 않았다는 사정만으로 가해자의 폭행·협박이 피해자의 항거를 현저히 곤란하게 할 정도에 이르지 않았다고 섣불리 단정하여서는 안 된다.

[2] 강간행위에 관한 피해자의 진술이 신빙성이 있고 행위 당시 상황 등에 비추어 피고인과의 성교 당시 피고인의 폭행으로 인하여 피해자가 항거하기 현저히 곤란한 상태에 이르렀던 것으로 봄이 상당하다는 등의 이유로, 강간치상의 공소사실을 무죄로 본 원심판결을 파기한 사례.

3. 판례이해

판결이유를 살펴보고 다음의 질문에 대해 검토하시오.

(1) 원심판결이 피고인 甲에게 무죄를 선고한 이유는 무엇인가?

(2) "피해자 A가 당시 피고인과 단둘이 노래방 안에 있었던 점을 고려할 때 피고인의 폭행으로 인하여 피해자는 항거하기 현저히 곤란한 상태에 이르렀던 것으로 봄이 상당하다"는 대상판결을 살펴보면, 강간죄의 구성요건인 '폭행·협박'의 유무에 대한 대법원의 판단기준이 무엇이라고 생각하는가?

(3) 甲의 행위가 강간치상죄에 해당한다는 논거는 무엇인가?

4. 이론탐구

(1) 강간죄에서의 폭행·협박의 정도

1) 강간의 수단인 폭행·협박의 개념을 설명하라.

2) 강간의 수단인 폭행 · 협박의 정도에 관하여 대립되어 있는 학설의 논거를 비교 검토하라.

① 폭행 · 협박의 정도를 가장 좁게 해석하려는 학설의 논거

② 폭행 · 협박의 정도를 완화해서 조금 넓게 보려는 학설의 논거

(2) 강간죄를 구성할 정도의 폭행 · 협박의 유무에 대한 판단기준

1) 판례가 제시하고 있는 이른바 종합적 판단기준으로는 어떤 요소들이 고려대상인가?

① 객관적인 폭행 · 협박의 정도

② 피해자의 반항정도

③ 강간 후의 피해자의 태도

④ 피해자와 가해자와의 관계

2) 이러한 판례의 태도에 대한 비판논거는?

(3) 甲의 행위의 강간죄 성립여부

1) 아래의 사실을 바탕으로 甲의 행위가 강간죄에 해당하는지 여부를 검토하라.

① 피해자 A의 저항이 격렬하지 않았다.

② 성교행위 후에 피해자 A는 적극적으로 구조를 요청하지 않았다.

③ 노래방이라는 좁은 공간에서 노래방 주인인 甲과 보도방 종업원인 A가 단둘이 있었다.

④ 피해자 A의 입장에서는 피고인 甲이 노래방으로 불러주어야 돈을 벌 수 있었다.

2) 객관적으로 강한 유형력의 행사는 없었지만, 피해자에게 필사적인 항거를 하지 못하게 하는 강한 심리적 압박이 있었다면 강간죄의 성립을 인정할 수 있을까?

5. 심화학습

(1)강간죄를 구성할 정도의 폭행 · 협박에 대한 입증이 부족하다고 판단한 판례의 사실관계를 살펴보고 그 타당성 여부를 검토하라(대법원 2004.6.25. 선고 2004 도2611 판결 참조).

(2)강간행위의 수단인 폭행 · 협박의 정도를 완화하여 강간죄의 성립을 인정한 판례의 사실관계를 살펴보고 그 타당성 여부를 검토하라(대법원 2004.8.20. 선고 2004 도3164 판결 참조).

(3)강제추행죄의 폭행 · 협박의 정도는 강간죄의 그것과 비교하여 어느 정도여야 하는지 살펴보라(대법원 1999.4.23. 선고 99 도958 판결 참조).

참고문헌

- 박상기, "강간죄와 폭행 · 협박의 정도," 형사판례연구 제4호, 1996
- 변종필, "강간죄의 폭행 · 협박에 관한 대법원의 해석론과 그 문제점," 비교형사법연구 제8권 제2호, 2006
- 윤승은, "강간죄의 구성요건으로서의 폭행 · 협박의 정도," 형사판례연구 제14호, 2006
- 조국, "아내강간의 성부와 강간죄에서의 '폭행 · 협박'의 정도에 대한 재검토," 형사정책 제13권 제1호, 2001

III. 준강간죄의 '항거불능의 상태'

1. 사 례

甲은 A(37세, 여)의 집 안방에서 A에게 험악한 인상을 지으며 말을 듣지 않으면 마치 주먹으로 때릴 듯이 손을 들었다가 내리는 등의 행동을 보이면서 A에게 겁을 주면서 A의 속옷을 벗기고 가슴과 음부를 수회 만지며 상체를 껴안아 넘어뜨린 뒤 간음하려고 하였으나, A가 크게 소리를 질러 A의 딸이 오는 바람에 미수에 그쳤다. 피해자 A는 지능이 매우 낮고, 지난 10년 동안 정신분열병으로 정신과치료를 받아온 의료보호환자였다. 정신장애 2급 내지 3급 수준의 정신지체 장애자로서 평소 다른 사람의 간단한 위력의 행사에 의해서도 겁을 많이 먹는 편이었다. 그러나 집에서 식사를 준비하며 가벼운 빨래를 하는 등의 집안 살림이나 인근가게에서 식료품을 사오는 일 등을 할 수 있었다.

| 대상판결 |

대법원 2003.10.24. 선고 2003도5322 판결

2. 판결요지

[1] 「성폭력범죄의 처벌 및 피해자보호 등에 관한 법률」 제8조는 신체장애 또는 정신상의 장애로 항거불능인 상태에 있음을 이용하여 여자를 간음하거나 사람을 추행한 자를 형법 제297조, 제298조의 강간 또는 강제추행의 죄에 정한 형으로 처벌하도록 규정하고 있고, 위 법률 제12조에 의하여 제8조의 미수범도 처벌되는바, 위 법률 제8조에 정한 죄는 정신적 또는 신체적 사정으로 인하여 성적인 자기방어를 할 수 없는 사람에게 성적 자기결정권을 보호해 주는 것을 보호법익으로 하고 있고, 위 법률규정에서의 항거불

능의 상태라 함은 심리적 또는 물리적으로 반항이 절대적으로 불가능하거나 현저히 곤란한 경우를 의미한다고 보아야 할 것이므로, 위 법률 제8조의 구성요건에 해당하기 위해서는 피해자가 신체장애 또는 정신상의 장애로 인하여 성적인 자기방어를 할 수 없는 항거불능의 상태에 있었어야 하고, 이러한 요건은 형법 제302조에서 미성년자 또는 심신미약자에 대하여 위계 또는 위력으로써 간음 또는 추행을 한 자의 처벌에 관하여 따로 규정하고 있는 점에 비추어 더욱 엄격하게 해석하여야 한다.

[2] 피해자가 정신상의 장애가 있기는 하였으나 그로 인하여 항거불능의 상태에 있었던 것으로 보기는 어렵다고 한 사례.

3. 판례이해

판결이유를 살펴보고 다음의 질문에 대해 검토하시오.

(1) 형법 제299조(준강간, 준강제추행)의 '항거불능의 상태'의 개념과 성폭력특별법 제8조(장애인에 대한 간음 등)의 '항거불능인 상태'의 개념을 각각 설명하라 (형법 제299조의 항거불능상태의 개념에 대해서는 대법원 2000.5.26. 선고 98도3257 판결 참조).

(2) 성폭력특별법의 '항거불능인 상태'와 형법 제302조의 '심신미약'의 상태는 서로 어떻게 다르다는 것인가? (대법원 2004.5.27. 선고 2004도1449 판결 참조)

(3) 판례가 장애여성 피해자인 A의 항거불능상태를 부정하는 근거는 무엇인가?

(4) 판례가 항거불능의 상태를 매우 좁게 해석하는 근거는 무엇인가?

(5) 성폭력특별법 제8조 위반이 아니라고 하더라도 형법 제302조의 적용을 받을 수 있을까?

4. 이론탐구

(1) 형법 제299조, 형법 제302조, 성폭력특별법 제8조

1) 각 구성요건을 비교하고, 그 공통점과 차이점을 제시하라.

2) 각 보호법익을 비교하고, 그 공통점과 차이점을 제시하라.

(2) 항거불능의 상태

1) 형법 제299조의 '항거불능의 상태'의 개념을 정의하라.

2) 성폭력특별법 제8조의 '항거불능인 상태'의 개념을 정의하라.

3) 입법론적 관점에서 형법 제299조(준강간, 준강제추행)가 있음에도 불구하고, 성폭력특별법 제8조(장애인에 대한 간음 등)의 규정을 별도로 마련한 이유는 무엇인가?

(3) 장애인에 대한 성폭력범죄

1) 장애인에 대한 성폭력범죄의 특수성을 설명하라.

2) 피해자가 신체장애자가 아닌 정신장애자인 경우의 특수성을 설명하라.

3) 정신장애인의 '항거불능인 상태'의 구체적인 의미는?

(4) 甲의 행위가 성폭력특별법 제8조, 형법 제299조, 형법 제302조의 구성요건에 해당하는지 여부를 각각 검토하라.

5. 심화학습

(1) 강간죄의 실행의 착수시기와 준강간죄의 실행의 착수시기(대법원 2000.1.14. 선고 99도5187 판결 참조)를 비교하여 그 차이점을 설명하라.

(2) 형법 제305조가 미성년자의제강간 · 강제추행의 죄에 대하여 "제297조, 제298조, 제301조 또는 제301조의2의 예에 의한다"고 규정하고 있을 뿐 미수범처벌규정(형법 제300 조)을 명시하고 있지 않는 상황에서 미수범처벌여부에 대한 판례의 해석론을 검토하라(대법원 2007.3.15. 선고 2006 도9453 판결 참조).

참고문헌

- 김혜정, "성폭력범죄에 있어서 '항거불능인 상태'의 의미," 형사판례연구 제14호, 2006
- 윤동호, "성(性)형법의 체계적 정비방안," 비교형사법연구 제10권 제1호, 2008
- 황은영, "성폭력범죄에 대한 실효적 대응방안," 법조 제57권 제1호(2008.1)

제10장 명예에 관한 죄

I. 명예훼손죄

I-1. 명예훼손죄

1. 사 례

甲은 자신이 망(亡) A의 친생자가 아니라는 사실을 알고 있음에도 불구하고 호적에 자신이 망 A의 친생자로 기재되어 있음을 기화로 자신이 B의 친장손인 것으로 행세하였다. 甲과 망 A의 관계에 대해 의문을 가진 주간신문의 기자 乙과의 전화인터뷰에서도 자신이 망 A의 친생자라고 주장하였다. 그러나 乙은 이러한 사실을 기사화하지는 않았다.

| 대상판결 |

대법원 2000.5.16. 선고 99도5622 판결

2. 판결요지

통상 기자가 아닌 보통 사람에게 사실을 적시할 경우에는 그 자체로서 적시된 사실이 외부에 공표되는 것이므로 그 때부터 곧 전파가능성을 따져 공연성 여부를 판단하여야 할 것이다. 그러나 그와는 달리 기자를 통해 사실을 적시하는 경우에는 기사화되어 보도되어야만 적시된 사실이 외부에 공표된다고 보아야 할 것이므로 기자가 취재를 한 상태에서 아직 기사화하여 보도하지 아니한 경우에는 전파가능성이 없다고 할 것이어서 공연성이 없다고 봄이 상당하다.

3. 판례이해

(1) 친생자가 아님에도 불구하고 망 A의 친생자라고 주장하는 甲의 행위를 망 A의 법익을 침해하는 행위로 인정할 수 있는가?

(2) 甲의 행위에 의해 B의 명예가 훼손된 것으로 볼 수 있는가?

(3) 기자에게 자신이 망 A의 친생자라고 주장하였으나, 기자가 신문에 그러한 사실을 기사화하지 않은 경우 甲의 거짓주장을 처벌할 수 있는가?

(4) 기자가 甲의 거짓주장을 기사화하였다면 甲을 처벌할 수 있는가?

4. 이론탐구

(1) 명예훼손죄가 성립하기 위해서는 진실한 사실 혹은 허위의 사실을 적시하여야 한다. 명예훼손죄의 성립요건인 '사실'과 '사실의 적시'를 구체적으로 검토하여 설명하시오.

(2) 명예훼손죄가 성립되기 위한 요건으로 요구되는 '공연성'의 상태에 대해 우

리나라 판례는 전파성이론을 인정하고 있다. 판례가 따르고 있는 전파성이론의 문제점에 대해 검토하시오.

(3) 판례는 상대방과 피해자와의 관계 등을 고려하여 전파성이론을 인정하기도 하고 부정하기도 한다. 전파가능성을 판단하는 객관적 기준에 대해 검토하시오.

(4) 명예훼손죄와 사자의 명예훼손죄는 범죄소추요건이 서로 다르다. 그 차이에 대해 설명하시오.

(5) 사례에서 甲의 죄책은?

참고문헌

- 김우진, "명예훼손죄에 있어서의 공연성," 형사판례연구 제9권, 2001
- 오영근, "명예훼손죄의 공연성," 형사판례연구 제1권, 1993
- 주승희, "현행 사이버 명예훼손죄 법리의 문제점 및 개선방안 관련 최근 논의 검토," 형사정책연구 제20권 제1호 특집Ⅱ, 2009

I-2. 출판물 등에 의한 명예훼손죄

1. 사 례

일간신문사 기자 甲은 종합대학 학생회장이었던 A가 변사체로 발견되자 이에 대한 사건을 취재하는 과정에서 목격자가 경찰서에서 진술한 조서의 사본을 넘겨받았다. 사본에는 A가 변사체로 발견되기 직전 남자 1명, 여자 1명과 함께 배를 타고 간 사실이 적시되어 있었고, 甲은 A의 사망 직전에 동행한 여자의 신분에 강한 의혹을 제기하면서 "A가 사망 직전에 마지막으로 동행한 사람은 남자인 백아무개와 안기부 여직원인 도아무개였다"라고 기사화하였다. 그러나 실제로 동행한 여자가 안기부 직원인지 여부는 명백하게 드러나지 않았다.

| 대상판결 |

대법원 1996.8.23. 선고 94도3191 판결

2. 판결요지

내용 중에 일부 허위사실이 포함된 신문기사를 보도한 사안에서, 기사 작성의 목적이 공공의 이익에 관한 것이고 그 기사 내용을 작성자가 진실하다고 믿었으며 그와 같이 믿은 데에 객관적인 상당한 이유가 있다면 명예훼손죄의 위법성이 부인된다.

3. 판례이해

(1) 甲이 안기부직원 도아무개가 A가 사망 직전 동행한 사람이었다고 기사화한 것이 '도아무개'에 대한 명예훼손이 될 수 있는가?

(2) 신문이라는 매체를 이용하여 타인의 명예를 훼손하는 경우 일반 명예훼손죄와 다르게 처벌해야 하는가? 다르게 처벌해야 한다면 그 이유는 무엇인가?

(3) 甲이 적시한 사실이 공익을 위한 진실한 사실인 경우 甲을 처벌할 수 있는가?

4. 이론탐구

(1) 출판물에 의한 명예훼손죄는 언론의 자유를 보장할 것인가 혹은 개인의 명예를 보호할 것인가가 충돌하는 영역에 위치하고 있다. 언론의 보도의 자유란 언론매체를 통하여 의사를 표현하고 사실을 전달함으로써 여론형성에 참여할 수

있는 자유를 의미한다고 한다. 그렇다면 언론의 보도내용이 진실한 사실인 경우에도 출판물에 의한 명예훼손죄의 성립을 인정할 수 있는가?

(2) 출판물에 의한 명예훼손죄의 성립요건인 '비방의 목적'과 형법 제310조가 성립하기 위한 요건인 '오로지 공공의 이익'과의 관계에 대해 검토하시오.

(3) 형법 제310조의 성립요건인 '진실한 사실의 적시'에 대해 검토하시오. 특히 허위의 사실이 포함된 사실에 대해서도 형법 제310조를 적용할 수 있는가를 중심으로 검토하시오.

(4) 기자를 이용하여 타인을 비방하고자 허위의 사실을 기사로 제공하여 허위의 사실임을 알지 못하는 기자로 하여금 이를 신문에 게재하게 한 경우, 기사를 제공한 자에 대한 처벌의 근거에 대해 검토하시오.

(5) 사례에서 甲의 죄책은?

5. 심화학습

(1) 허위의 사실을 진실한 사실로 착각하고 오로지 공공의 이익을 위하여 사실을 적시한 경우 형법 제310조에 의해 위법성이 조각될 수 있는가에 대해 검토하시오.

(2) 진실한 사실을 오로지 공공의 이익을 위한다는 생각으로 적시하였는데, 공공의 이익이 없는 경우 형법 제310조에 의해 위법성이 조각될 수 있는가에 대해 검토하시오.

(3) 형법 제310조의 소송법적 효과에 대해서는 견해가 서로 대립되고 있다. 제310조의 효과에 대해 검토하시오.

참고문헌

• 권오걸, "형법 제310조의 적용범위," 형사판례연구 제15권, 2007
• 박상기, "출판물에 의한 명예훼손죄," 형사판례연구 제3권, 1995
• 오경식, "출판물에 의한 명예훼손," 형사판례연구 제6권, 1998

II. 모 욕 죄

1. 사 례

甲은 공영방송 시사프로그램에서 교사인 A를 대상으로 하여 방영한 「엄마의 외로운 싸움」을 시청한 직후 위 프로그램이 위 A의 입장에서 편파적으로 방송하였다는 이유로 그 곳에 설치된 컴퓨터를 이용하여 공영방송 홈페이지에 접속하여 프로그램 시청자 의견란에 불특정 다수인이 볼 수 있도록 "A선생님 대단하십니다", "학교 선생님이 불법주차에 그렇게 소중한 자식을 두고 내리시다니… 그렇게 소중한 자식을 범법행위의 변명의 방패로 쓰시다니 정말 대단하십니다. 한 가지 더 견인을 우려해 아이를 두고 내리신 건 아닌지…"라는 글을 작성 · 게시하였다.

| 대상판결 |

대법원 2003.11.28. 선고 2003도3972 판결

2. 판결요지

[1] 모욕죄에서 말하는 모욕이란 사실을 적시하지 아니하고 사람의 사회적 평가를 저하시킬 만한 추상적 판단이나 경멸적 감정을 표현하는 것이다.

[2] 피고인이 방송국 시사프로그램을 시청한 후 방송국 홈페이지의 시청자 의견란에 작성·게시한 글 중 특히, "그렇게 소중한 자식을 범법행위의 변명의 방패로 쓰시다니 정말 대단하십니다"는 등의 표현은 그 게시글 전체를 두고 보더라도, 그 출연자인 피해자에 대한 사회적 평가를 훼손할 만한 모욕적 언사이다.

3. 판례이해

(1) 인터넷을 이용하여 A의 행동에 대해 비방하는 글을 게재한 甲의 행위를 처벌할 수 있는가?

(2) 甲이 인터넷을 이용한 것이 아니라 A에게 개별적으로 동일한 내용으로 비방을 하였다면, 甲을 처벌할 수 있는가?

4. 이론탐구

(1) 모욕죄의 모욕과 명예훼손죄의 사실의 적시를 비교·검토하시오.

(2) 모욕죄의 성립요건인 '공연성'에 대해 검토하시오.

(3) 모욕죄에 대해 형법 제310조가 적용될 수 있는가를 검토하시오.

(4) 사례에서 甲의 죄책은?

》 참고문헌

• 김상호, "형법상 모욕과 비방," 저스티스 103호(2008.4)

제11장 신용, 업무와 경매에 관한 죄

I. 신용훼손죄

1. 사 례

甲은 ◯◯은행 본점 앞으로 "A가 대출금 이자를 연체하여 위 은행의 △△지점의 지점장이 3,000만원의 연체이자를 대납하였다"는 등의 내용을 기재한 편지를 보냈다. 그러나 실제로는 지점장이 위 연체이자를 대납한 사실이 없다.

| 대상판결 |

대법원 2006.12.7. 선고 2006도3400 판결

2. 판결요지

피고인이 피해자에 관한 허위의 내용을 기재한 편지를 은행에 송부함으로써 은행의 오인 또는 착각 등을 일으켜 위계로써 피해자의 신용을 훼손하였다.

3. 판례이해

허위의 사실을 유포한 甲의 행위를 A의 신용을 저하시킨 행위로 인정할 수 있는가?

4. 이론탐구

(1) 신용훼손죄가 성립하기 위한 요건인 '허위사실의 유포'와 '위계'에 대해 검토하시오.
(2) 허위의 사실을 유포한 경우 명예훼손죄와 신용훼손죄의 관계에 대해 검토하시오.
(3) 사례에서 甲의 죄책은?

참고문헌

• 이형국, "신용훼손죄와 업무방해죄," 고시계 제386호(1989.4)

II. 업무방해죄

1. 사 례

다수의 주택건설업자들이 많은 필지에 대해서 매매계약을 체결하였다고 주장하면서 공동택지용지 수의공급신청을 하는 상황에서 매매당사자들이 계약

일자를 택지개발예정지구 지정공고일 이전으로 조작하여 수의공급신청을 할 경우 대한주택공사의 입장에서는 토지매도인을 소환할 권한도 없고 일일이 이들을 찾아다니거나 협조를 요청하여 매매계약일자를 확인할 수 있는 인적, 시간적 여유도 없었던 점을 이용하여 甲은 업무담당자 A에게 허위의 주장을 하면서 이에 부합하는 허위의 소명자료를 첨부하여 제출하였다. A는 신청된 서류의 수리 여부를 결정하는 업무담당자로서 관계 규정이 정한 바에 따라 그 요건의 존부에 관하여 나름대로 충분히 심사를 하였음에도 신청사유 및 소명자료가 허위임을 발견하지 못하여 그 신청을 수리하게 되었다.

| 대상판결 |

대법원 2007.12.27.선고 2007도5030 판결

2. 판결요지

상대방으로부터 신청을 받아 상대방이 일정한 자격요건 등을 갖춘 경우에 한하여 그에 대한 수용 여부를 결정하는 업무에 있어서는 신청서에 기재된 사유가 사실과 부합하지 않을 수 있음을 전제로 그 자격요건 등을 심사·판단하는 것이므로, 그 업무담당자가 사실을 충분히 확인하지 아니한 채 신청인이 제출한 허위의 신청사유나 허위의 소명자료를 가볍게 믿고 이를 수용하였다면 이는 업무담당자의 불충분한 심사에 기인한 것으로서 신청인의 위계가 업무방해의 위험성을 발생시켰다고 할 수 없어 위계에 의한 업무방해죄를 구성하지 않지만, 신청인이 업무담당자에게 허위의 주장을 하면서 이에 부합하는 허위의 소명자료를 첨부하여 제출한 경우 그 수리 여부를 결정하는 업무담당자가 관계 규정이 정한 바에 따라 그 요건의 존부에 관하여 나름대로 충분히 심사를 하였음에도 신청사유 및 소명자료가 허위임을 발견하지 못하여 그 신청을 수리하게 될 정도에 이르렀다면, 이는 업무담당자의 불충분한 심사가 아

니라 신청인의 위계행위에 의하여 업무방해의 위험성이 발생한 것이어서 위계에 의한 업무방해죄가 성립한다.

3. 판례이해

(1) A가 제출된 서류를 충분히 검토하였음에도 불구하고 신청서류가 허위임을 발견하지 못하고 그 신청을 수리하였다면 허위서류를 제출한 甲이 대한주택공사의 업무를 방해한 것으로 볼 수 있는가?

(2) A가 제출된 서류를 충분히 검토하지 못하였기 때문에 서류의 허위임을 발견하지 못하고 그 신청을 수리한 경우라면 허위서류를 제출한 甲을 처벌할 수 있는가?

4. 이론탐구

(1) 형법상 업무방해죄의 보호법익이 되는 업무의 개념과 범위에 대해 검토하시오. 범위와 관련하여 특히 다음의 상황에 대해 검토하시오.

1) 정당한 소유자로부터 주차장을 새로 임대받은 사람이 있지만, 그 주차장을 원래의 소유자로부터 임대 또는 전대받아 사실상 운영하는 사람의 업무를 업무방해죄의 보호법익으로 볼 수 있는가? (대법원 2008.3.14. 선고 2007도11181)

2) 회사 운영권의 양도 · 양수 합의의 존부 및 효력에 관한 다툼이 있는 상황에서 양수인이 비정상적으로 위 회사의 임원변경등기를 마치고 행하는 업무를 업무방해죄의 보호법익으로 볼 수 있는가? (대법원 2007.8.23. 선고 2006도

3687)

(2) 업무방해죄는 그 행위의 방법으로 허위사실의 유포, 위계, 위력 등을 규정하고 있다. 위계와 위력에 의한 업무방해에 대해 예를 들어 설명하시오.

(3) 사례에서 甲의 죄책은?

5. 심화학습

(1) 노동쟁의와 업무방해

1) 대법원은 1992.9.22. 선고 92도1855 판결에서 회사가 위장취업을 했다는 이유로 동료 노동자를 해고하자 甲은 출근시간에 지장을 주지 않는 아침 7시 30분경부터 7시 50분경까지 노조원 20여명을 모아놓고 "동료의 해고를 철회하라, 사장이 배짱이면 노동자는 깡다구다"라는 등의 구호를 외치면서 소란을 피우게 하면서 집회를 주도한 사실이 위력에 의한 업무방해죄에 해당하는가의 여부를 판단하고 있다. 이 사안과 같이 법적절차에 따라 허가를 받은 것은 아니지만 다른 노동자의 노무작업에 직접적으로 영향을 주지 않는 행위를 불법한 쟁의행위라 하여 업무방해죄의 성립을 인정할 수 있는가?

2) 조업을 계속하려는 자에 대한 평화적 설득, 구두와 문서에 의한 언어적 설득 혹은 소극적 작업거부 등을 정당한 쟁의행위라 할 것인가 혹은 업무방해죄의 성립을 인정할 수 있는가?

(2) 컴퓨터 등에 의한 업무방해

대법원은 2007.3.16. 선고 2006도6663 판결에서 대학측이 정보지원센터에서 교학처로 전보발령하였기 때문에 웹서버를 관리, 운영할 권한이 없는 상태에서 웹서버에 접속하여 홈페이지 관리자의 비밀번호를 무단으로 변경한 행위에 대해 컴퓨터 등에 의한 업무방해죄가 성립되는가를 판단하고 있다. 이

사안과 같이 컴퓨터를 이용하여 업무를 방해하는 범죄가 성립되기 위해서는 특정한 행위가 전제된다. 형법이 규정하고 있는 컴퓨터 등에 의한 업무방해죄가 성립되기 위한 행위의 유형을 예를 들어 설명하시오.

참고문헌

- 변종필, "업무방해죄에서 업무의 개념과 범위," 형사판례연구 제16권, 2008
- 심희기, "노동자집단의 평화적인 집단적 노무제공의 거부행위와 위력업무방해죄," 형사판례연구 제7권, 1999
- 이정훈, "컴퓨터등장애 업무방해죄의 성립요건," 비교형사법연구 제8권 제1호, 2006

제12장 비밀침해의 죄

1. 사 례

甲은 광반도체 생산판매업체인 A회사의 영업담당이사로 근무하다가 급여 및 근무조건에 대한 불만을 품고 퇴사한 직후 당시 A회사의 경쟁업체이던 B회사의 영업담당 상무이사로 입사하게 되자 A회사의 제품관련 기술 및 영업상 자료들을 향후 B회사의 생산 및 판매자료로 활용할 것을 마음먹고, 퇴직회사의 기술상 · 영업상 자료를 검은색 서류가방에 가지고 나왔으며, A회사의 부사장이자 기술고문으로 근무하던 乙이 주도적으로 첨단제조공법을 개발했음에도 불구하고 인센티브를 받지 못하여 불만이 있는 것을 알고 A회사보다 월등한 급여조건을 내세워 B회사의 기술고문으로 영입하면서 乙이 A회사에서 약 6년간 연구 · 개발하였던 각종 LED에 대한 연구 기술자료인 각종 실험데이터 분석자료, 설계도면, 스펙 · 실험치, 각종 재료가공품 견적서 등이 컴퓨터파일 형태로 저장되어 있는 乙 소유의 노트북 컴퓨터를 가지고 나오게 하여 이를 모두 B회사에 제공하게 하였다. 그런데 이 자료들은 B회사에서 제조하지 아니하는 제품에 관한 것이어서 B회사에 큰 도움을 주지 못했다. 또한 그 자료 중 일부는 이론적으로만 성립 가능한 것일 뿐 실제 생산에는 적용할 수 없는 기술에 관한 것이었으며, 다른 일부는 생산기술과는 상관없이 누구나 샘플만 확보하면 실험을 통하여 얻을 수 있는 자료로서 시제품을 실험한 결과를 집계한 것에 불과한 것이었다.

| 대상판결 |

대법원 2008.2.15. 선고 2005도6223 판결

2. 판결요지

[1] 구 「부정경쟁방지 및 영업비밀보호에 관한 법률」(2004.1.20. 법률 제7095 호로 개정되기 전의 것) 제2조 제2호의 영업비밀이란 일반적으로 알려져 있지 아니하고 독립된 경제적 가치를 가지며, 상당한 노력에 의하여 비밀로 유지·관리된 생산방법, 판매방법 기타 영업활동에 유용한 기술상 또는 경영상의 정보를 말하고, 이때 정보가 "독립된 경제적 가치를 가진다"는 의미는, 그 정보의 보유자가 그 정보의 사용을 통해 경쟁자에 대하여 경쟁상의 이익을 얻을 수 있거나 또는 그 정보의 취득이나 개발을 위해 상당한 비용이나 노력이 필요하다는 것인바, 어떠한 정보가 위와 같은 요건을 모두 갖추었다면, 위 정보가 바로 영업활동에 이용될 수 있을 정도의 완성된 단계에 이르지 못하였거나, 실제 제3자에게 아무런 도움을 준 바 없거나, 누구나 시제품만 있으면 실험을 통하여 알아낼 수 있는 정보라고 하더라도, 위 정보를 영업비밀로 보는 데 장애가 되는 것은 아니다.

[2] 사원이 회사를 퇴사하면서 부품과 원료의 배합비율과 제조공정을 기술한 자료와 회사가 시제품의 품질을 확인하거나 제조기술 향상을 위한 각종 실험을 통하여 나타난 결과를 기재한 자료를 가져간 경우 이는 절도에 해당하고, 위 자료는 구 「부정경쟁방지 및 영업비밀보호에 관한 법률」(2004.1.20. 법률 제7095 호로 개정되기 전의 것)에 규정한 영업비밀에 해당한다고 한 사례.

3. 판례이해

판결이유를 살펴보고 다음의 질문에 대해 검토하시오.

(1) 퇴직회사의 기술상 · 영업상 자료들을 서류가방에 넣어 가지고 나온 행위는 절도죄에 해당하는가?

(2) 「부정경쟁방지 및 영업비밀보호에 관한 법률」상의 '영업비밀'의 개념을 정의하라.

(3) 영업비밀의 개념을 정의함에 있어서 어떤 정보가 "독립된 경제적 가치를 지닌다"는 의미는 무엇인가?

4. 이론탐구

(1) 업무상 비밀누설죄(형법 제317조)

1) 업무상 비밀누설죄의 보호법익은 무엇인가?

2) 업무상 비밀누설죄의 행위주체는 누구인가?

3) 업무상 비밀누설죄의 행위객체인 '비밀'의 개념은?

4) 업무상 비밀누설죄와 공무상 비밀누설죄(형법 제127조) 및 외교상의 비밀누설죄(형법 제113조)의 구성요건을 각각 비교하여 공통점과 차이점을 제시하라.

(2) 영업비밀의 침해

1) 「부정경쟁방지 및 영업비밀보호에 관한 법률」상 영업비밀로 보호받기 위해서는

① 공연히 알려져 있지 않을 것,

② 독립된 경제적 가치를 가질 것,

③ 비밀로서 관리되고 있을 것,

④ 생산방법 · 판매방법 기타 영업활동에 유용할 것,

⑤ 기술상 또는 경영상의 정보일 것 등이 요구된다.

이와 같은 각각의 요건들을 자세히 검토하고, 형법상의 비밀침해의 죄에서 말하는 '비밀'과 어떤 차이점이 있는지 설명하라.

2) 영업비밀의 침해과정에서 절도죄의 성립가능성에 대해 검토하라.

3) 영업비밀의 침해행위가 업무상배임죄를 구성할 가능성에 대하여 검토하라.

4) 특허법상 비밀누설의 죄(특허법 제229조, 제229조의2)와 비교하여 공통점과 차이점을 설명하라.

(3) 甲과 乙의 죄책을 논하라.

5. 심화학습

(1) 甲의 직속상관인 육군소령 A가 소관업무에 관한 보고를 육군본부 등에 대신 발송할 수 있도록 하는 등 업무상 필요에 의해 아이디와 비밀번호를 예하 장교와 사병들에게 공지시킴에 따라 甲도 이를 알게 되었음을 기화로, 2회에 걸쳐 허용된 접근권한을 초과하여 甲의 컴퓨터로 A의 아이디와 비밀번호를 입력하여 육군의 웹 메일과 핸드오피스 시스템에 접속한 후 A 명의로 대장인 1군사령관에게 "몸조심해라"라는 취지의 이메일을 보낸 행위의 죄책을 논하라(대법원 2005.11.25. 선고 2005 도870 판결 참조).

(2) 비밀번호가 설정되어 있는 전자기록인 A의 컴퓨터본체를 손으로 뜯어내고 그 안에 들어 있는 하드디스크를 떼어낸 뒤, 다른 컴퓨터에 연결하여 하드디스크에 저장되어 있는 파일 중 파일검색을 하여 피해자 A의 메신저 대화 내용과 이메일 등을 출력하여 그 내용을 알아낸 행위의 죄책을 논하라(서울동부지법 2007.7.5. 선고 2007 노318 판결 참조).

참고문헌

- 최호진, “기업의 영업비밀에 대한 형사법적 보호,” 형사법연구 제25호, 2006
- 한상훈, “영영비밀침해에 대한 형사처벌의 가능성과 개선방안,” 국민대 법학논총 제14집, 2002

제13장 주거침입의 죄

I. 주거침입죄

I-1. 주거침입의 보호법익, 행위객체, 기수시기

1. 사 례

2일 전에 이미 A를 강간하였던 甲은 대문을 몰래 열고 들어가 A가 거주하는 방과 그 집 담장 사이의 좁은 통로에서 창문을 통하여 A의 방안을 엿보았다.

| 대상판결 |

대법원 2001.4.24. 선고 2001도1092 판결

2. 판결요지

[1] 주거침입죄는 사실상의 주거의 평온을 보호법익으로 하는 것으로 거주자가 누리는 사실상의 주거의 평온을 해할 수 있는 정도에 이르렀다면 범죄

구성요건을 충족하는 것이라고 보아야 하고, 주거침입죄에 있어서 주거라 함은 단순히 가옥 자체만을 말하는 것이 아니라 그 위요지를 포함한다.

[2] 이미 수일 전에 2차례에 걸쳐 피해자를 강간하였던 피고인이 대문을 몰래 열고 들어와 담장과 피해자가 거주하던 방 사이의 좁은 통로에서 창문을 통하여 방안을 엿본 경우, 주거침입죄에 해당한다.

3. 판례이해

판결이유를 살펴보고 다음의 질문에 대해 검토하시오.

(1) 판례는 주거침입죄의 보호법익을 무엇으로 정의하고 있는가?

(2) 판례는 주거침입죄에 있어서 '주거'의 개념은 단순히 가옥 자체뿐만 아니라 그 '위요지'도 포함한다고 판시하였다. 여기서 '위요지'란 무슨 뜻인가? 위요지가 되기 위한 조건은 무엇인가? (대법원 2005.10.7. 선고 2005도5351 판결 참조)

(3) 창문을 통해 방안을 엿본 행위가 주거침입죄가 성립되는 이유를 설명하라(비교판례: 대법원 2003.10.24. 선고 2003도4417 판결).

4. 이론탐구

(1) 주거침입죄의 보호법익

1) 보호법익을 '주거권'으로 보는 학설의 논거를 설명하고, 비판논거도 함께 제시하라.

① 구주거권설: "오직 가장 또는 호주만이 주거의 출입에 대한 허가권을 가지고 있다."

② 신주거권설: "모든 주거구성원이 주거의 출입에 대한 허가권을 가지고 있다."

2) 보호법익을 '주거의 사실상 평온'으로 보는 학설의 논거를 설명하고, 비판논거도 함께 제시하라.

3) 주거의 종류를 구분하여 개인의 사적 장소와 공중이 자유로이 출입할 수 있는 개방된 장소 등을 각각 구별하여 개별적으로 주거침입죄의 보호법익을 정하여야 한다는 학설의 논거를 설명하고, 비판논거도 함께 제시하라.

4) 다수설과 판례는 주거침입죄의 보호법익을 무엇으로 보고 있는가?

(2) 주거침입죄의 행위객체

1) 주거침입죄의 행위객체인 '주거', '건조물', '방실'의 개념을 설명하라.

2) 기본사례의 '담장과 방 사이의 좁은 통로'는 이 중 어디에 해당하는가?

(3) 주거침입죄의 기수시기

1) 주거침입죄의 기수시기에 관한 제 학설의 논거를 설명하고, 비판논거도 함께 제시하라.

① 일부침입설

② 전부침입설

2) 주거침입죄의 기수시기와 관련하여 다수설과 판례는 어떤 입장을 취하고 있는가? (대법원 2006.9.14. 선고 2006도2824 판결과 대법원 1995.9.15. 선고 94도2561 판결 비교 검토)

3) 甲이 대문으로 몰래 들어온 행위와 담장과 방 사이의 좁은 통로에서 창문을 통해 방안을 엿본 행위를 구별하여 甲의 행위의 주거침입죄 기수여부를 논하라.

5. 심화학습

주거침입죄의 행위객체인 '주거', '건조물', '방실'의 개념이 문제가 되었던 판례들을 조사하라.

참고문헌

• 강용현, "주거침입죄의 범의와 기수시기," 형사판례연구 제4호, 1996
• 오영근, "주거침입죄의 성립범위," 형사판례연구 제8호, 2000
• 이재상, "주거침입죄의 기수시기와 침입의 의의," 이화여대 법학논집 제2권 제2호, 1998

I-2. 주거침입의 실행행위

1. 사　례

甲은 부동산개발업체인 A회사의 전무로서 약 4년간 근무하다가 직원고용 문제로 A회사 대표이사 B와 갈등을 빚은 후 지금은 사실상 해고된 상태다. 甲은 해고된 것에 앙심을 품고 A회사의 서류 등을 가지고 나올 생각으로 과거 자신이 사용하던 A회사의 사무실(기획실)에 들어갔다. 그 사무실은 A회사가 甲 명의로 임차하여 甲이 전무로서 회사업무처리를 하기 위하여 독점적으로 사용하게 하던 장소였으며, 임차비용은 A회사가 지불하고 있었다. 사건 당일 A회사의 직원들은 甲의 사무실출입을 제지하기 위하여 이 사무실로 통하는 건물 6층 방화문을 잠가 두었으나, 甲과 함께 그 곳에 갔던 乙이 그 건물 5층 베란다 난간을 딛고 6층 베란다로 올라가 잠겨진 6층의 방화문을 열어주었다. 그래서 甲은 자신이 평상시 사용하던 사무실 출입문의 비밀번호를 사용하여 시건장치를 열고 그 안으로 들어갔다.

| 대상판결 |

대법원 2007.8.23. 선고 2007도2595 판결

2. 판결요지

주거침입죄는 사실상의 주거의 평온을 보호법익으로 하는 것이므로 그 거주자 또는 관리자가 건조물 등에 거주 또는 관리할 권한을 가지고 있는가 여부는 범죄의 성립을 좌우하는 것이 아니고, 그 거주자나 관리자와의 관계 등으로 평소 그 건조물에 출입이 허용된 사람이라 하더라도 주거에 들어간 행위가 거주자나 관리자의 명시적 또는 추정적 의사에 반함에도 불구하고 감행된 것이라면 주거침입죄는 성립하며, 출입문을 통한 정상적인 출입이 아닌 경우 특별한 사정이 없는 한 그 침입 방법 자체에 의하여 위와 같은 의사에 반하는 것으로 보아야 한다.

3. 판례이해

판결이유를 살펴보고 다음의 질문에 대해 검토하시오.

(1) 甲의 변호인은 방실침입의 대상인 A회사의 사무실(기획실)은 "甲의 명의로 임차하여 甲이 독점적으로 점유 · 사용하던 甲의 사무실이므로 주거침입죄를 구성하지 아니한다"고 주장하였다. 이에 대한 법원의 판단은 무엇인가? (이 사건의 1심판결인 서울중앙지방법원 2006.8.17. 선고 2005고합451, 2005고합489 [병합] 판결 참조)

(2) 대상판결은 "평소 그 건조물에 출입이 허용된 사람이라 하더라도 주거에 들어간 행위가 거주자나 관리자의 명시적 또는 추정적 의사에 반함에도 불구하

고 감행된 것이라면 주거침입죄는 성립한다"고 보고 있다. 그런데 평소 甲의 출입이 자유롭던 사무실(기획실)의 현재의 거주자나 관리자는 누구이며, 甲의 출입이 A회사의 의사에 반한다는 사실을 어떻게 알 수 있는가? (참조판례: 대법원 1995.9.15. 선고 94도3336 판결)

4. 이론탐구

(1) 주거침입죄의 실행행위인 '침입'의 개념을 정의하라.

(2) 거주자(관리자)의 의사에 따른 주거침입행위의 성부를 논하라.

1) 거주자의 의사에 반하여 주거에 들어간 경우

① 명시적 의사에 반하는 경우

② 추정적 의사에 반하는 경우

2) 부정한 목적으로 다음과 같은 장소에 출입한 행위

① 공중에게 개방되어 있는 관공서, 은행, 백화점, 호텔

② 공중출입이 허용된 장소

③ 평소 그 주거에 출입할 권한 있는 장소

3) 기망에 의한 착오로 거주자(관리자)가 출입을 승낙한 경우

① 긍정설의 논거

② 부정설의 논거

(3) 甲이 평소 자신이 독점적으로 사용하던 A회사 사무실의 출입행위가 주거침입죄에 해당하는 이유를 설명하라.

5. 심화학습

(1) 주거침입죄의 구성요건에 해당하지만 위법성이 조각된 판례들을 조사하라.

(2) 퇴거불응죄(형법 제319조 제2항)의 성립요건을 검토하고, 이와 관련된 판례를 조사하라.

참고문헌

• 하태훈, "승낙의 의사표시의 흠결과 주거침입죄의 성부," 형사판례연구 제6호, 1998

제 2 편

재산적 법익에 대한 죄

제1장 총 설

I. 재물과 재산상의 이익

1. 사 례

甲은 자신이 근무하던 H회사의 연구개발실에서 그 곳 노트북 컴퓨터에 저장되어 있는 직물원단고무코팅시스템의 설계도면을 A2 용지에 2장을 출력하여 가지고 나왔다. 그런데 그 설계도면은 H회사의 업무로서 甲이 작성한 것이며, 그 시스템은 H회사가 독자적으로 개발했고, 외부에 알려져 있지 아니하여 회사의 입장에서 경제적 가치를 가지고 있는 것이고, H회사가 상당한 노력을 기울여 이를 비밀로 관리하여 왔다. 검찰은 이를 '설계도면'을 절취한 것으로 하여 甲을 절도죄로 기소하였다.

| 대상판결 |

대법원 2002.7.12.선고 2002도745 판결

2. 판결요지

[1] 절도죄의 객체는 관리가능한 동력을 포함한 '재물'에 한한다 할 것이고, 또

절도죄가 성립하기 위해서는 그 재물의 소유자 기타 점유자의 점유 내지 이용가능성을 배제하고 이를 자신의 점유하에 배타적으로 이전하는 행위가 있어야만 할 것인바, 컴퓨터에 저장되어 있는 '정보' 그 자체는 유체물이라고 볼 수도 없고, 물질성을 가진 동력도 아니므로 재물이 될 수 없다 할 것이며, 또 이를 복사하거나 출력하였다 할지라도 그 정보 자체가 감소하거나 피해자의 점유 및 이용가능성을 감소시키는 것이 아니므로 그 복사나 출력 행위를 가지고 절도죄를 구성한다고 볼 수도 없다.

[2] 피고인이 컴퓨터에 저장된 정보를 출력하여 생성한 문서는 피해 회사의 업무를 위하여 생성되어 피해 회사에 의하여 보관되고 있던 문서가 아니라, 피고인이 가지고 갈 목적으로 피해 회사의 업무와 관계없이 새로이 생성시킨 문서라 할 것이므로, 이는 피해 회사 소유의 문서라고 볼 수는 없다 할 것이어서, 이를 가지고 간 행위를 들어 피해 회사 소유의 문서를 절취한 것으로 볼 수는 없다.

3. 판례이해

판결이유를 살펴보고 다음의 질문에 대해 검토하시오.

(1) 컴퓨터에 저장된 정보가 절도죄의 객체로서 재물에 해당하는가를 재물의 개념에 대한 유체성설과 관리가능성설의 입장에서 검토하시오.

(2) 컴퓨터에 저장된 정보를 얻기 위해서 이를 복사하거나 출력하는 행위는 절도죄의 객관적 구성요건요소인 절취행위에 해당하는가?

(3) 컴퓨터 속의 정보를 빼내갈 목적으로 종이에 출력하여 가져간 경우 그 정보가 기재된 그 문서에 대한 절도죄가 성립하는가? (참조판례 : 대법원 1996.8.23. 선고 95도192 판결)

(4) 이 사안과는 달리 만약 甲이 정보를 저장해 둔 디스켓이나 정보를 출력해 둔

서면을 가져갔다면 절도죄가 성립하는가? (참조판례 : 대법원 1986.9.23. 선고 86도1205 판결)

4. 이론탐구

(1) 재물의 개념

1) 형법 제346조는 "관리할 수 있는 동력은 재물로 간주한다"고 규정하고 있다. 이 규정의 해석과 관련하여 유체성설과 관리가능성설이 대립하고 있다. 유체성설과 관리가능성설의 주장논거를 살펴보고 자신의 입장을 밝혀보시오.

2) 판례의 기본 입장은 어떠한지를 위의 기본사례와 [참조판례 : 대법원 1998.6.23. 선고 98도700 판결]을 통해서 살펴보시오.

(2) 재물의 범위

1) 채권 기타 권리는 유체물인가 아닌가를 밝히고, 더 나아가 이러한 권리가 화체된 어음·수표·상품권 등은 유체물인 재물인가 아닌가?

2) 위의 사례에서 정보가 재물이 아니라면 이는 재물의 개념에 관한 학설대립 중 어느 입장에 따른 것이며 그 논거는 무엇인가?

(3) 재물의 재산적 가치

1) 재산죄의 객체인 재물은 반드시 경제적 재산가치, 즉 금전적 교환가치가 있어야 하는가?

2) 이에 대한 판례의 태도는 어떠한가를 [참조판례 : 대법원 1996.5.10. 선고 95도3057 판결] 등을 통하여 살펴보시오.

(4) 재산상의 이익

1) 재산상의 이익이란 재물 이외의 일체의 재산적 가치 · 이익을 말한다. 그렇다면 불법한 이익 · 매춘부와의 정교도 재산상의 이익이 되는가를 재산상의 이익에 관한 견해의 차이점에 유의하면서 논해보시오.

2) 이에 관한 판례의 기본입장은 어떠한가를 [참조판례 : 대법원 1999.6.22. 선고 99도1029 판결] 등을 통하여 살펴보시오.

5. 심화학습

(1) 부동산이 절도죄의 객체가 될 수 있는가?

(2) 법률에서 소유 또는 소지가 금지되어 있는 위조통화, 마약, 불법소지 무기 등도 절도죄의 객체가 될 수 있는가?

(3) 최근 사이버공간에서 거래되고 있는 '온라인게임 아이템'은 재물인지 재산상의 이익인지를 논해보고, 어느 유형의 재산범죄의 행위객체가 되는가를 살펴보시오.

참고문헌

- 김규장, "타인의 전화기의 무단사용과 절도죄의 성부," 형사재판의 제문제 제2권, 1999
- 이주현, "컴퓨터에 저장된 정보에 대한 절도죄의 성립여부," 대법원판례해설 43호, 2002년 하반기
- 하태영, "한국형법에 있어서 '재물개념'의 논쟁사," 비교형사법연구 제5권 제2호(특집호), 2003

II. 재산죄의 보호법익

1. 사 례

1 甲은 자신의 조카 A의 금은 세공공장에 방문하였다가 우연히 가공을 위해 놓여있는 다이아몬드를 발견했다. 때마침 빚 독촉에 시달리던 甲은 다이아몬드를 팔아 자신의 채무를 변제할 목적으로 이를 몰래 가지고 나왔다. 그런데 이 다이아몬드는 甲의 조카인 A가 B로부터 가공의뢰를 받아 보관하고 있던 것이다.

2 乙은 피해자 C의 점포에서 종업원으로 종사하던 중 위 C가 금고 열쇠와 오토바이 열쇠를 맡기고 금고 안의 돈은 배달될 가스 대금으로 지급할 것을 지시한 후 외출하였던 상황을 틈타 점포의 금고 안에 든 200,000원을 꺼내어 점포 내에 있던 오토바이를 타고 도주하였다.

| 대상판결 |

1 대법원 1980.11.11. 선고 80도131 판결
2 대법원 1982.3.9. 선고 81도3396 판결

2. 판결요지

[1] 친족상도례에 관한 규정은 범인과 피해물건의 소유자 및 점유자 모두 사이에 친족관계가 있는 경우에만 적용되는 것이고 절도범인이 피해물건의 소유자나 점유자의 어느 일방과 사이에서만 친족관계가 있는 경우에는 그 적용이 없다. (한편) 절도죄는 재물의 점유를 침탈함으로 인하여 성립하는 범죄이므로 재물의 점유자가 절도죄의 피해자가 되는 것이나 절도죄는 점유

자의 점유를 침탈함으로 인하여 그 재물의 소유자를 해하게 되는 것이므로 재물의 소유자도 절도죄의 피해자로 보아야 할 것이다.

[2] 민법상 점유보조자(점원)라고 할지라도 그 물건에 대하여 사실상 지배력을 행사하는 경우에는 형법상 보관의 주체로 볼 수 있으므로 이를 영득한 경우에는 절도죄가 아니라 횡령죄에 해당한다.

3. 판례이해

판결이유를 살펴보고 다음의 질문에 대해 검토하시오.

(1) 절취행위에 의하여 침해되는 법익은 소유권 등의 본권(本權)인가 아니면 점유(占有)인가를 본권설과 점유설의 입장에서 검토하시오.

(2) 기본사례 [1]의 제1심과 원심은 다이아몬드의 점유자인 A와 甲 사이에 친족상도례가 적용되어 절도죄가 성립하지 않는다고 하였으나, 대법원은 절도죄를 인정하였다. 대법원 판결의 타당성 여부를 검토하시오.

(3) 기본사례 [1]에서 甲이 절취한 도품을 제3자인 X가 다시 절취하였다면 재산죄의 보호법익에 대한 견해들에 따라 X의 절취행위에 대한 평가가 달라질 수 있는가? (참조판례 : 대법원 1966.12.20. 선고 66도1437 판결)

(4) 기본사례 [2]의 원심은 乙의 행위에 대하여 절도죄를 인정하였으나, 대법원은 절도죄가 아니라 횡령죄를 인정하였다. 절도죄의 점유와 횡령죄의 점유의 차이점에 유의하면서 대법원 판결의 타당성 여부를 검토하시오.

4. 이론탐구

(1) 절도죄의 보호법익

절도죄는 타인의 재물을 절취하는 범죄로, 순수한 재물죄이고 탈취죄에 속한다. 이러한 절도죄의 보호법익에 대하여는 소유권설, 점유설, 소유권 및 점유설 등이 대립하고 있다. 각 학설의 논거를 살펴보고 자신의 입장을 밝혀보시오.

(2) 소유권설

절도죄의 보호법익은 소유권이라고 하는 견해이다. 이 견해는 ① 절도죄는 타인의 소유권을 침해 또는 위태롭게 함에 본질이 있다는 점, ② 현행형법이 절도죄의 객체를 '타인이 점유하는 재물'이라고 규정하지 않고 단지 '타인의 재물'이라고만 규정하고 있는 점, ③ 구형법하에서는 자기의 소유물도 타인의 점유하에 있는 한 절도의 객체가 될 수 있었으나 현행형법은 이러한 경우를 절도죄와는 달리 권리행사방해죄의 규정을 신설하여 규율하고 있으므로, 절도죄의 보호법익에 점유까지 파악할 여지가 없다는 점 등을 들고 있다.

1) 이러한 소유권설에 의하면 절도죄에 있어서 점유의 성격은 어떻게 파악할 수 있는가?
2) 또한 소유권설에 의하면 소유가 금지된 금제품에 대해서 절도죄의 성립을 인정할 수 있는가?

(3) 점유설

절도죄의 보호법익은 관념적 권리인 소유권이 아니라 재물에 대한 사실상의 지배인 점유 자체라고 하는 견해이다. 이 견해는 ① 현대사회는 재물에 대한 사실상의 지배가 경제질서의 기초가 되어 있으므로 소유권 보호에 앞서서 점유 그 자체를 보호할 때에 재물의 재산적 질서를 유지할 수 있고, ② '타인의 재물'은 원래 타인이 점유하는 재물을 의미하는 것이므로 타인의 소유물이라고 해석할 이유가 없으며, ③ 탈취죄는 타인의 점유침해에 본질이 있다는 점을 그 논거로 한다.

1) 이러한 점유설에 의하면 절도죄에 있어서 단순한 점유침해의 의사만으로도 절도죄를 구성할 수 있는가 아니면 소유권 또는 이에 준하는 본권을 침해하는 의사도 갖추어야만 절도죄를 구성하는가? (참조판례 : 대법원 1992.9.8. 선고 91도3149 판결)
2) 또한 이에 의하면 절도범인이 점유하고 있는 자기 소유물을 탈환하는 경우와 손괴의 의사로 타인의 재물을 취거한 경우 그리고 단순한 '사용절도'의 경우에도 절도죄를 인정할 수 있는가?

(4) 소유권 및 점유설

절도죄의 보호법익은 기본적으로는 소유권이지만 부차적으로는 점유 자체도 보호해야 한다는 견해이다. 이 견해는 ① 불법적 방법에 의해서 점유를 상실한 소유권은 사실상 권리로서의 실효를 얻을 수 없으므로 소유권 외에 점유 자체도 보호할 필요가 있으며, ② 횡령죄는 소유권을, 권리행사방해죄는 점유를 보호하고 있으므로 절도죄는 소유권과 점유를 보호한다는 것이 재산죄의 체계에도 맞는다는 점을 논거로 한다.

1) 이러한 소유권 및 점유설에 의하면 절도죄에 있어서 점유의 성격은 어떻게 파악되는가?
2) 또한 이에 의하면 명백하게 위법한 점유도 형법이 보호해야 하는가?

5. 심화학습

(1) 형법상의 점유는 구성요건의 기능과 내용에 따라 보호객체(법익)로서의 점유, 침해주체로서의 점유, 침해대상으로서의 점유로 구분할 수 있다. 각각의 경우 해당되는 재산죄는 어떤가를 살펴보시오.

(2) 점유의 개념요소로는 주관적 요소인 지배의사, 객관적 요소인 지배사실 및 주관적 요소와 객관적 요소의 범위를 확대 또는 제한하는 사회적 · 규범적 요소를 들고 있다. 그 중 사회적 · 규범적 요소에 의해서 점유의 범위가 확대 또는 제한되는 구체적 예를 들어보시오.

(3) 죽은 사람(死者)의 점유를 인정할 수 있느냐에 관해서는 학설이 대립되고 있다. 각 학설의 논거와 판례의 입장을 살펴보고 자신의 견해를 밝히시오.

(4) 같은 재물에 대하여 다수인이 사실상의 지배를 하고 있는 경우를 공동점유라고 하는데, 공동점유자의 1인이 단독점유로 옮긴 경우 누구의 점유를 침해한 것이냐가 문제된다. 대등관계의 공동점유와 상하관계의 공동점유 등으로 나누어 구체적으로 살펴보시오.

참고문헌

- 박양빈, "절도죄의 보호법익," 단국대학교 법학논총 21권, 1995
- 이주일, "절도죄의 보호법익에 대한 재검토," 외법논집 제28집, 2007
- 하태훈, "형법상의 점유개념," 형사판례연구 3호, 1996

III. 친족상도례

1. 사 례

甲은 A의 혼인외의 자로서 별도의 인지절차를 거치지 않고 있었다. 그러던 중 A의 건강상태가 악화되자 유산을 물려받지 못할 것을 걱정한 甲은 평소 면식이 있던 B은행 지점장인 乙에게 "아버지가 병환중이어서 대신 왔다"고 하여 A가 은행으로부터 임차하여 사용해 오던 대여금고의 문을 열어줄 것을 부탁하고 이를 통해서 A명의의 양도성예금증서를 다른 공동상속인들 몰래 처분하였다. 이후 甲은 재판상 인지의 확정판결을 받았다.

| 대상판결 |

대법원 1997.1.24. 선고 96도1731 판결

2. 판결요지

형법 제344조, 제328조 제1항 소정의 친족간의 범행에 관한 규정이 적용되기 위한 친족관계는 원칙적으로 범행 당시에 존재하여야 하는 것이지만, 부가 혼인외의 출생자를 인지하는 경우에 있어서는 민법 제860조에 의하여 그 자의 출생시에 소급하여 인지의 효력이 생기는 것이며, 이와 같은 인지의 소급효는 친족상도례에 관한 규정의 적용에도 미친다고 보아야 할 것이므로, 인지가 범행 후에 이루어진 경우라고 하더라도 그 소급효에 따라 형성되는 친족관계를 기초로 하여 친족상도례의 규정이 적용된다.

3. 판례이해

판결이유를 살펴보고 다음의 질문에 대해 검토하시오.

(1) 형법상의 친족상도례의 법률적 성격에 대하여 학설과 판례의 입장을 고려하여 검토하시오.

(2) 형법상의 친족상도례가 적용되는 친족 내지 가족이라는 정의와 범위는 민법

상의 개념과 동일한 것인가 다른 것인가? (부자관계와 같이 오늘날의 자연과학적 인 방법에 의하여 판별이 가능한 사실관계의 존부와는 별도로 민법상의 부자관계의 존부에 따라 형법의 적용범위가 달라지는 것이 과연 타당한가?) (참조판례: 대법원 1980.4.22. 선고 80도485 판결)

(3) 혼인외의 출생자에 대하여 범행 후에 인지가 이루어진 경우 친족상도례는 소급하여 적용될 수 있는가?

(4) 친족상도례에 관한 규정은 범인과 피해물건의 소유자 및 점유자 중 어느 일방에만 친족관계가 존재하는 경우에 친족상도례를 적용할 수 있는가? (대법원 1980.11.11. 선고 80도131 판결 참조)

4. 이론탐구

(1) 친족 사이의 재산죄는 친족이라는 신분을 고려하여 그 범죄성이나 처벌에 있어 일반인의 범죄와 비교하여 범인을 유리하게 특별취급하는 특례를 강학상 친족상도례라고 한다. 이는 친족간의 가족적 정의를 존중하여 가급적 가정 내부에 법이 간섭하지 말자는 점에 근거하고 있다. 이러한 친족상도례의 법적 성격에 대하여 검토하시오.

(2) 적용범위

1) 대상범죄: 친족상도례의 규정이 적용되는 대상범죄에 관하여 형법은 권리행사방해죄에서 규정하면서 절도죄, 사기죄, 공갈죄, 횡령죄, 배임죄 및 장물죄에 준용하고 있다. 즉, 강도죄와 손괴죄를 제외한 재산범죄에 적용된다. 그렇다면 형법상의 친족상도례에 관한 규정은 특별법상의 재산범죄에도 적용될 수 있는가?

2) 장물죄에서의 친족간의 특례조항(제365조)은 다른 재산범죄와의 차이점은

무엇인가?

3) 범인이나 피해자가 다른 가(家)에 입양한 후에도 친족상도례를 적용할 수 있는가? 그리고 사실혼 또는 내연관계에 있는 자에 대하여도 친족상도례의 규정을 적용할 수 있는가?

5. 심화학습

(1) 친족관계에 대한 착오에 있어서도 형법 제15조 제1항이 적용될 수 있는가?

(2) 손자가 할아버지 소유 농업협동조합 예금통장을 절취하여 이를 현금자동지급기에 넣고 조작하는 방법으로 예금 잔고를 자신의 거래은행 계좌로 이체한 경우 친족상도례의 적용여부는?

참고문헌

- 강동범, "예금이체에 의한 컴퓨터사용 사기죄에 있어 친족상도례의 적용," 이화여자대학교 법학논집 제11권 제2호, 2007
- 이천현, "친족관계에 따른 형법상의 효과: 문제점과 개선방안을 중심으로," 형사정책연구 12권 2호, 2001
- 정성근, "친족상도례," 고시연구(1994.5)

제2장 권리행사를 방해하는 죄

I. 권리행사방해죄

1. 사 례

甲은 유한회사 낭주택시에 레간자 택시를 지입하여 운행하면서 일일입금 및 공과금을 납부하지 아니하여 위 회사로부터 위 택시의 반환을 요구받던 중, 1999.11.14. 위 택시를 위 회사 차고지에 입고하였다. 그 다음날 甲은 21:30경 위 회사 차고지에 주차되어 있던 피고인 소유의 위 택시를 점유권자인 위 회사의 승낙 없이 취거하였다.

| 대상판결 |

대법원 2003.5.30. 선고 2000도5767 판결

2. 판결요지

피고인이 택시를 회사에 지입하여 운행하였다고 하더라도, 피고인이 회사와 사이에 위 택시의 소유권을 피고인이 보유하기로 약정하였다는 등의 특별한 사정이 없는 한, 위 택시는 그 등록명의자인 회사의 소유이고 피고인의 소

유는 아니라고 할 것이므로 회사의 요구로 위 택시를 회사 차고지에 입고하였다가 회사의 승낙을 받지 않고 이를 가져간 피고인의 행위는 권리행사방해죄에 해당하지 않는다.

3. 판례이해

판결이유를 살펴보고 다음의 질문에 대해 검토하시오.

(1) 지입의 법적 요건과 효과를 설명하라.

1) 지입차의 대외적 소유권과 대내적 소유권은 어떻게 다른가?

2) 지입제도와 명의신탁의 차이점은 무엇인가?

3) 지입차주의 지입료납부의무의 법적 성질은?

(2) 甲의 행위는 형법상 어떠한 죄에 해당할 여지가 있는가?

1) 권리행사방해죄의 행위객체와 절도죄의 행위객체의 차이는?

(3) 위 대법원의 판례요지의 논거를 분석하고 그 당부를 논하라.

4. 이론탐구

(1) 권리행사방해죄의 행위객체

1) 제323조에서 말하는 '자기의 물건'은 자기소유의 물건을 의미하는가?

2) 자기소유의 물건인데 공무소로부터 보관명령을 받거나 공무소의 명령으로 타인이 관리하는 물건인 경우에도 본죄가 성립하는가?

3) 주식회사의 대표이사가 대표이사의 지위에 기하여 직무집행행위로서 타인이 점유하는 회사물건을 취거한 경우 본죄가 성립하는가? (대법원 1992.1.21. 선고 91도1170 판결)

4) 명의대여약정에 따른 신청에 의하여 발급한 영업허가증과 사업자등록증을 명의대여자가 가지고 간 경우 본죄가 성립하는가? (대법원 2004.3.12. 선고 2002도5090 판결)

5) 회사명의로 소유권등기가 경료된 굴삭기, 자동차, 선박 등을 회사의 과점주주나 부사장이 가져간 경우 본죄가 성립하는가? (대법원 1985.9.10. 선고 85도899 판결, 대법원 1984.6.26. 선고 83도2413 판결, 대법원 1974.11.12. 선고 74도1632 판결)

6) 타인에게 매도담보한 재물을 사용하고 있는 채무자가 이를 제3자에 대한 자기채무의 변제조로 제공한 경우 본죄가 성립하는가? (대법원 선고일자 불명 4294형상470 판결)

⑵ 타인의 권리의 목적이 된 물건

1) 담보물권인 공장근저당권이 설정된 선반기계 등을 이중담보로 제공하기 위하여 이를 다른 장소로 옮긴 경우 본죄가 성립하는가? (대법원 1994.9.27. 선고 94도1439 판결)

2) 본죄의 물건은 채권자가 점유할 것을 요하는가? 예컨대 대물변제의 예약권을 가지는 경우(대법원 1968.6.18. 선고 68도616 판결)나 가압류된 물건(대법원 1962.1.11. 선고 4294형상537 판결)도 타인의 권리의 목적이 된 물건에 해당하는가?

⑶ 취거란 점유자나 권리자의 의사에 반하여 재물의 점유를 자기나 제3자에게 옮기는 것이라 했는데, 권리자의 하자있는 의사표시에 기한 점유이전도 취거에 해당하는가? (대법원 1988.2.23. 선고 87도1952 판결)

(4) 타인의 권리의 목적이 된 자기소유의 토지를 제3자에게 매도하여 소유권이전 등기를 한 경우 본죄가 성립하는가? (대법원 1972.6.27. 선고 71도1702 판결)

(5) 현실적으로 권리행사방해의 결과가 발생하여야 기수가 되는가? 아니면 권리행사방해의 추상적 위험이나 구체적 위험이 발생하면 족한가?

5. 심화학습

(1) 원심은 본건 변소는 피고인의 선대가 건립하여 피고인이 물려받은 피고인의 소유이고 6 · 25 당시에 피난민들이 이웃에 많이 거주하면서 변소가 없어 위 변소를 같이 사용할 것을 간청하므로 그 편의를 보아주는 의미에서 위 변소를 같이 사용할 것을 피고인의 선대가 허락하여 준 결과 피난민들이 같이 사용하여온 사실, 위 사용자들이 약 6년 전에 그들의 비용으로 보수를 한 사실, 피고인이 위 사용자들에게 사용중지를 통고하였다는 사실을 각 인정한 다음, 위 변소 사용권은 점유권이라기보다 채권적인 사용관계라고 보아지는 만큼 피고인이 위 사용자들에게 그 변소의 사용중지를 통고한 후, 위 변소를 손괴하였다고 하더라도 권리행사방해죄가 성립될 수 없는 것이고, 검사의 예비적 공소사실인 재물손괴죄에 대하여는 위 변소의 소유권이 위에서 인정한 바와 같이 피고인에게 있는 이상 또한 그 범죄가 성립되지 않는다고 인정하였는바, 기록을 자세히 검토하여 보아도 원심의 위 조치에 채증법칙을 위배하였다거나, 기타 법리오해 등의 위법이 있었다고 의심할 만한 사유는 발견되지 않는 바인즉, 소론의 논지는 모두 이유 없다. (대법원 1971.6.29. 선고 71도926 판결)

1) 위 판례에서 말하는 점유권의 개념은 무엇인가? 채권과의 차이점은 무엇인가?

2) 권리행사방해죄의 보호대상이 되지 않는 권리는?

(2) 렌트카(주)의 공동대표이사 중 1인인 공소외인은 피해자에 대한 개인적인 채무의 담보 명목으로 위 회사가 보유 중이던 이 사건 승용차를 피해자에게 넘겨주었다. 피해자는 위 승용차를 약 4개월 동안 위 회사에서 수시로 연락 가능한 피해자의 사무실 등지에서 운행해 오면서 위 회사 직원의 승용차 반환요구를 공소외인에 대한 채권 및 위 담보제공 약정을 이유로 거절해 왔다. 그러자 위 회사 공동대표이사 중 1인인 피고인은 피해자의 공소외인에 대한 채권의 존부 및 위 담보제공 약정의 효력에 관하여 피해자와 직접 접촉하여 관련 사실 및 증빙자료를 확인하는 등의 절차를 밟지 않은 채 피해자 사무실 부근에 주차되어 있는 이 사건 승용차를 몰래 회수하도록 하였다는 것이다. 이러한 사실관계를 앞서 본 법리에 비추어 살펴본다면, 피해자의 이 사건 승용차에 대한 점유는 법정절차를 통하여 점유 권원의 존부가 밝혀짐으로써 분쟁이 해결될 때까지 잠정적으로 보호할 가치 있는 점유에 포함된다고 봄이 상당하다. 한편, 피해자가 위와 같은 경위로 채권 및 담보제공 약정을 이유로 승용차의 반환을 거절하고 있는 경우이든, 이 사건 승용차를 단순히 임차하였다가 그 반환을 거부하고 있는 경우이든 두 경우 모두 권리행사방해죄에서의 보호대상인 점유에 해당하는 것이므로, 피고인이 피해자가 이 사건 승용차를 단순히 임차하였다가 그 반환을 거절하고 있는 것으로 잘못 알고 있었다는 사정만으로는 피고인에게 권리행사방해의 고의가 없었다고 볼 수 없다(대법원 2006.3.23. 선고 2005도4455 판결). 렌트카 회사의 공동대표이사 1인으로부터 개인적인 채무담보 명목으로 넘겨받은 회사보유 차량에 대한 점유도 본죄의 보호대상인 점유에 해당하는가?

(3) 피고인이 피해자에게 담보로 제공한 차량이 그 자동차등록원부에 타인 명의로 등록되어 있는 이상 그 차량은 피고인의 소유는 아니라는 이유로, 피고인이 피해자의 승낙 없이 미리 소지하고 있던 위 차량의 보조키를 이용하여 이를 운전하여 간 행위가 권리행사방해죄를 구성하지 않는다(대법원

2006.3.23. 선고 2005도6604 판결). 자동차등록원부에 타인명의로 등록되어 있는 차량을 담보로 제공한 경우에도 본죄의 객체가 될 수 있는가?

참고문헌

- 송명호, "지입제와 관련된 법률문제," 인권과 정의 제330호(2004.2)
- 이동신, "배우자에게 명의신탁한 부동산이 권리행사방해죄에서 말하는 자기의 물건에 해당하는지 여부," 대법원판례해설 통권 제59호(2006.7)
- 임상규, "권리행사범죄의 면책논리에 대한 반론과 재론," 전남대 법학논총 제27집 제1호(2007.6)

II. 강제집행면탈죄

1. 사 례

甲은 회사경영을 위하여 사채업자 A, B, C로부터 각각 1천만원씩의 채무를 부담하고 있었다. 그런데 회사경영이 점점 어려워지자 회사가 부도가 나더라도 자기재산은 챙겨야겠다고 생각하고 사촌동생 D와 합의하에 회사명의의 부동산을 사촌동생인 D명의로 이전하는 이전등기를 법원에 신청하여 경료하였다. 그러나 아직 채무 이행기가 도래하지 않아 채권자들로부터 채무변제의 독촉을 받고 있는 상태는 아니었으며 채권자들 또한 甲을 상대로 법적 절차를 취하기 위한 준비를 하고 있었던 것도 아니어서 현실적으로 강제집행을 받을 위험이 있는 객관적 상태에 있지 아니 하였다.

| 대상판결 |

대법원 1974.10.8. 선고 74도1798 판결

2. 판결요지

강제집행면탈죄가 성립되려면 행위자의 주관적인 강제집행면탈의 의도가 있어야 할 뿐만 아니라 객관적으로 강제집행을 면탈할 상태하라야 할 것인바 원판결에 의하여 확정된 사실에 의하면 피고인이 공소장기재와 같은 채무를 부담하고 있기는 하였으나 이행기가 도과되어 채권자들로부터 채무변제의 독촉을 받고 있는 상태는 아니었으며 채권자들 또한 피고인 1을 상대로 법적 절차를 취하기 위한 준비를 하고 있었던 것도 아니어서 현실적으로 강제집행을 받을 위험이 있는 객관적 상태에 있지 아니 하였다는 것이므로 이러한 경우에는 객관적으로 강제집행을 면탈할 상태가 아니어서 강제집행면탈죄가 성립되지 않는다는 원판결 판단에 위법이 있을 수 없다.

3. 판례이해

판결이유를 살펴보고 다음의 질문에 대해 검토하시오.

(1) 강제집행면탈죄가 성립하기 위하여 강제집행면탈의 목적이 있어야 하는가?

(2) 甲이 채권자들을 해한다는 것은 무슨 의미인가?

(3) 甲이 "현실적으로 강제집행을 받을 위험이 있는 객관적 상태에 있지 아니하였다"는 판단은 어떤 사실로부터 추론되고 있는가?

4. 이론탐구

(1) 강제집행은 민사상의 강제집행에 국한되는가 아니면 국세징수법상의 체납처분에 의한 강제집행, 몰수 · 추징 등의 강제집행, 과태료나 과징금 등의 행정상의 강제집행, 경매법에 의한 경매까지 포함하는 것인가?

(2) '강제집행을 받은 객관적 위험이 있는 상태'는 무엇이며 어떻게 확정될 수 있는가?

(3) 채권자를 해한다는 것은 강제집행면탈죄의 객관적 구성요건요소인가 아니면 객관적 처벌조건인가? (대법원 1999.2.9. 선고 96도3141 판결, 대법원 1998.10.1. 선고 98도1949 판결)

(4) 재산의 권리관계를 불분명하게 하는 경우에도 본죄가 성립하는가? 구체적인 사례에는 어떠한 것이 있는가? (대법원 2003.10.9. 선고 2003도3387 판결)

(5) 구성요건 중 '재산의 허위양도'에서 허위양도한 부동산의 시가액보다 그 부동산에 의하여 담보된 채무액이 더 많은 경우도 포함되는가? (대법원 1999.2.12. 선고 98도2474 판결)

(6) 비록 강제집행을 당할 위험이 있는 상태라고 하여도 진실한 양도인 경우에 본죄가 성립하는가? (대법원 2000.9.8. 선고 2000도1447 판결)

(7) '허위채무의 부담'이란 무엇을 의미하며 진실한 채무를 부담한 경우에는 본죄의 성립이 부정되는가? (대법원 1982.12.14. 선고 80도2403 판결, 대법원 1996.10.25. 선고 96도1531 판결, 대법원 1987.8.18. 선고 87도1260 판결, 대법원 1984.2.14. 선고 83도708 판결)

(8) '채권자를 해한 자'란 실제로 채권자를 해하여야 하는가? 아니면 해할 위험성이 있으면 족한가? (대법원 1989.5.23. 선고 88도343 판결)

5. 심화학습

피고인은 회사의 어음 채권자들의 가압류 등을 피하기 위하여 회사의 예금 계좌에 입금된 회사 자금을 인출하여 제3자인 A명의의 다른 계좌로 송금하였다. 그런데 피고인은 부도처분 방지 차원에서 회사의 어음 채권자들과의 합의 하에 채권금액 중 일부만 변제하고 나머지에 대하여는 새로운 어음을 발행하는 등 이른바 어음 되막기 용도의 자금 조성을 위하여 위와 같은 행위를 하였다고 변소하고 있다. 이러한 피고인의 변소는 정당한가?

참고문헌

- 김상기, "허위채무를 부담하고 가등기를 종료한 경우의 강제집행 면탈죄의 성립여부," 법조 제35권 제7호(1986.7)
- 김일수, "강제집행면탈죄에서 채권자를 해한다는 요긴의 법리적 성격," 고시계 통권 제392호(1989년 10월호)
- 이정원, "강제집행면탈죄에 대한 검토와 개선방안," 비교형사법연구 제7권 제1호, 2005

제3장 절도와 강도의 죄

I. 절도의 죄

I-1. 절도죄의 객체

1. 사 례

2000. 10. 초순경 甲이 乙에게 A주식회사에 보관되어 있는 직물원단고무코팅시스템의 설계도면과 공정도를 빼내오도록 요구하고, 乙은 이를 승낙한 후, 2000.10.14. 15:00경 피해 회사 연구개발실에서 그 곳 노트북 컴퓨터에 저장되어 있는 위 시스템의 설계도면을 A2 용지에 2장을 출력하여 가지고 나왔다.

| 대상판결 |

대법원 2002.7.12.선고 2002도745 판결

2. 판결요지

[1] 절도죄의 객체는 관리가능한 동력을 포함한 '재물'에 한한다 할 것이고, 또

절도죄가 성립하기 위해서는 그 재물의 소유자 기타 점유자의 점유 내지 이용가능성을 배제하고 이를 자신의 점유하에 배타적으로 이전하는 행위가 있어야만 할 것인바, 컴퓨터에 저장되어 있는 '정보' 그 자체는 유체물이라고 볼 수도 없고, 물질성을 가진 동력도 아니므로 재물이 될 수 없다 할 것이며, 또 이를 복사하거나 출력하였다 할지라도 그 정보 자체가 감소하거나 피해자의 점유 및 이용가능성을 감소시키는 것이 아니므로 그 복사나 출력 행위를 가지고 절도죄를 구성한다고 볼 수도 없다.

[2] 피고인이 컴퓨터에 저장된 정보를 출력하여 생성한 문서는 피해 회사의 업무를 위하여 생성되어 피해 회사에 의하여 보관되고 있던 문서가 아니라, 피고인이 가지고 갈 목적으로 피해 회사의 업무와 관계없이 새로이 생성시킨 문서라 할 것이므로, 이는 피해 회사 소유의 문서라고 볼 수는 없다 할 것이어서, 이를 가지고 간 행위를 들어 피해 회사 소유의 문서를 절취한 것으로 볼 수는 없다.

3. 판례이해

판결이유를 살펴보고 다음의 질문에 대해 검토하시오.

(1) 위 판결요지에 등장하는 '유체물'과 '관리가능한 동력'의 개념을 각각 설명하고, '정보'가 유체물 및 관리가능한 동력에 해당하지 않음을 설명하시오.

(2) 비유체물로서 관리가능한 동력에 해당하는 것과 해당하지 않는 것 각각 3개를 드시오.

(3) 출력용지가 피해회사 소유라면, 출력용지에 대하여 절도죄가 성립하는가?

4. 이론탐구

(1) 형법 제346조는 재물개념에 대한 예외규정인가 예시규정인가?

(2) 절도죄의 객체인 재물은 반드시 객관적인 경제적 교환가치를 가져야 할 필요가 없다는 [대법원 1996.5.10. 선고 95도3057 판결]의 입장에 대하여 논하시오.

(3) 부동산절도의 가능성 여부에 관한 학설을 설명하고, 자신의 견해를 밝히시오.

(4) 타인 점유의 재물만이 절도죄의 객체가 된다고 할 때의 점유개념을 설명하고, 판례가 타인점유를 인정한 사례와 부정한 사례를 각각 3개씩 드시오.

(5) 절도죄의 보호법익에 관한 학설을 설명하고, 자신의 견해를 피력하시오.

5. 심화학습

(1)피해자를 살해한 방에서 사망한 피해자 곁에 4-5시간 있다가 그 곳 피해자의 방 벽에 걸려 있던 피해자가 소지하는 물건들을 영득의 의사로 가지고 나온 경우 절도죄가 성립하는지 [대법원 1993.9.28. 선고 93도2143 판결]을 참조하여 판단하시오.

(2)점포주인 A가 당일 점원 甲에게 금고 열쇠와 오토바이 열쇠를 맡기고 금고 안의 돈은 배달될 가스 대금으로 지급할 것을 지시한 후 외출하였던바, 甲이 혼자서 점포를 지키다가 금고 안에서 현금을 꺼내어 오토바이를 타고 도주한 사례에서 [대법원 1982.3.9. 선고 81도3396 판결]이 절도죄의 성립을 부정한 근거를 설명하시오.

(3)[대법원 1983.2.8. 선고 82도696 판결]에 의하면 A가 굴 양식면허를 받은 구역 내에서 甲 등이 자연서식의 바지락을 채취하였다고 하더라도 수산업

법위반이 됨은 별론으로 하고 절도죄를 구성하지 않는다고 한다. 절도죄가 성립하지 않는 근거를 설명하시오.

참고문헌

- 김선복, "절도죄와 횡령죄에서 재물의 개념," 정성근 교수 화갑논문집(하권), 1997
- 문채규, "절도죄 관련 죄형법규의 체계," 안암법학(고려대학교 법학연구소) 제14호, 2002
- 하태훈, "형법상의 점유개념," 형사판례연구[3], 1995

I-2. 절취행위

1. 사 례

甲은 A가 경영하는 금방에서 마치 귀금속을 구입할 것처럼 가장하여 A로부터 순금목걸이 등을 건네받은 다음 화장실에 갔다 오겠다는 핑계를 대고 도주하였고, 乙은 결혼예식장에서 신부측 축의금 접수인인 것처럼 행세하여 B가 건네주는 축의금을 교부받아 가로챘다. 丙은 소속 대대 위병소 앞 탄약고 출입문 서북방 20m 떨어진 언덕 위 소로에서 더덕을 찾기 위하여 나무막대로 땅을 파다가 땅속 20㎝ 깊이에서 탄통 8개를 발견하고 뚜껑을 열어 그 안에 군용물인 탄약이 들어 있음을 확인하고도 이를 지휘관에게 보고하는 등의 절차를 거치지 아니하고 전역일에 이를 가지고 나갈 목적으로 그 자리에 다시 파묻어 은닉하였다.

| 대상판결 |

[1] 대법원 1994.8.12. 선고 94도1487 판결(甲사건)

2 대법원 1996.10.15. 선고 96도2227 판결(乙사건)

3 대법원 1999.11.12. 선고 99도3801 판결(丙사건)

2. 판결요지

[1] [대법원 1994.8.12. 선고 94도1487 판결] 피고인이 피해자 경영의 금방에서 마치 귀금속을 구입할 것처럼 가장하여 피해자로부터 순금목걸이 등을 건네받은 다음 화장실에 갔다 오겠다는 핑계를 대고 도주한 것이라면 위 순금목걸이 등은 도주하기 전까지는 아직 피해자의 점유하에 있었다고 할 것이므로 이를 절도죄로 의율 처단한 것은 정당하다.

[2] [대법원 1996.10.15. 선고 96도2227 판결] 피해자가 결혼예식장에서 신부측 축의금 접수인인 것처럼 행세하는 피고인에게 축의금을 내어놓자 이를 교부받아 가로챈 사안에서, 피해자의 교부행위의 취지는 신부측에 전달하는 것일 뿐 피고인에게 그 처분권을 주는 것이 아니므로, 이를 피고인에게 교부한 것이라고 볼 수 없고 단지 신부측 접수대에 교부하는 취지에 불과하므로 피고인이 그 돈을 가져간 것은 신부측 접수처의 점유를 침탈하여 범한 절취행위라고 보는 것이 정당하다.

[3] [대법원 1999.11.12. 선고 99도3801 판결] 절취란 타인이 점유하고 있는 재물을 점유자의 의사에 반하여 그 점유를 배제하고 자기 또는 제3자의 점유로 옮기는 것을 말하고, 어떤 물건이 타인의 점유하에 있다고 할 것인지의 여부는, 객관적인 요소로서의 관리범위 내지 사실적 관리가능성 외에 주관적 요소로서의 지배의사를 참작하여 결정하되 궁극적으로는 당해 물건의 형상과 그 밖의 구체적인 사정에 따라 사회통념에 비추어 규범적 관점에서 판단할 수밖에 없다. 원심은 위 탄통이 땅속에 묻혀있게 된 원인과 경위, 종전의 점유관계 등을 밝히지 아니하고서는 그것이 위 부대를 관리하는 대대장의 점유하에 있다거나 피고인이 위 탄통에 대한 타인의 점유를 침탈하여 새로운 점유를 취득한 것이라고 보기 어렵다는 취지의 판단으로 보여지고,

위와 같은 원심의 판단은 절도죄에 있어서의 점유에 관한 법리에 비추어 결론에 있어서 옳다고 여겨진다.

3. 판례이해

판결이유를 살펴보고 다음의 질문에 대해 검토하시오.

(1) 편취와 탈취를 구별하고, 甲의 행위가 편취에 해당할 수 있게 사례를 변형해 보시오.

(2) 乙의 행위를 횡령행위로 해석할 수 있는 여지를 검토해보시오.

(3) 丙사건에서 탄약에 대한 점유상태를 판단하고, 만약 소속 대대의 점유를 인정한다고 할 때, 절취행위의 착수를 인정할 수 있는지 검토하시오.

(4) 丙사건의 사례를 다음과 같이 변형한다면 丙과 戊의 죄책이 어떻게 되는가?

"그 탄통은 戊가 전역할 때 가지고 나갈 목적으로 탄약 창고에서 빼내어 묻어둔 것이었는데, 이런 사정을 모르는 丙이 자기가 전역할 때 이를 가지고 나갈 목적으로 그 자리에 다시 파묻어 은닉하였다."

(5) 위 丙사건의 판결요지에서 제시한 '점유 소재의 판단기준'을 밝히고, 그것을 상세히 설명하시오.

4. 이론탐구

(1) 절도죄의 성립에 불법영득의사가 필요한지에 관한 학설을 개관하고, 범인이 살인 범행의 증거를 인멸하기 위하여 살해된 피해자의 주머니에서 꺼낸 지갑을 살해도구로 이용한 골프채와 옷 등 다른 증거품들과 함께 자신의 차량에 신

고 가다가 쓰레기 소각장에서 태워버린 경우, 판례의 입장에 따라 사자의 점유를 인정한다면 절도죄가 성립할 수 있는지 판단한 후, [대법원 2000.10.13. 선고 2000도3655 판결], [대법원 2006.3.9. 선고 2005도7819 판결], [대법원 2001.10.26. 선고 2001도4546 판결]들을 검토하시오.

(2) "피고인들이 친구의 근무처인 세차장에 들렀다가 이 사건 승용차를 발견하고는 습득한 승용차열쇠로 문을 열고 시동을 걸고서 아는 여자를 만나러 가기 위해 위 차를 운행하여 갔다가 위 세차장으로 되돌아오던 중 위 승용차가 운행정지처분을 당하여 앞 번호판이 없었던 관계로 때마침 순찰 중이던 방범대원에게 검문을 당하여 입건되었고 피고인들이 검거장소까지 운행한 거리가 약 2킬로미터 정도로서 그에 소요된 시간이 약 10분 정도라면 피고인들은 위 승용차를 불법영득하려 한 것이 아니고 잠깐동안 사용할 의사로 위와 같이 무단 운행한 것이라 인정되고, 이처럼 타인의 자동차를 일시 사용하는 경우 휘발유가 소비되는 것은 필연적이므로 자동차의 사용방법, 사용시간, 주행거리 그 밖의 구체적인 상황으로 보아 자동차 그 자체의 일시사용이 주목적이고 소비된 휘발유의 양이 매우 적은 것임이 명백한 경우에는 그 휘발유의 소비는 자동차의 일시사용 가운데 포함되는 것으로서 자동차나 휘발유에 대한 절도죄가 성립되지 아니한다"는 [대법원 1984.4.24. 선고 84도311 판결]에 포함된 주요한 법적 쟁점을 정리하시오.

(3) 위 질문 2의 경우 절도죄가 성립하지 않는다면, 결과적으로 피고인들의 행위는 불가벌적인 행위가 되는가?

5. 심화학습

(1)[대법원 2007.5.10. 선고 2007도1375 판결]에 의하면, 갈취한 타인의 현금카드를 사용하여 현금자동지급기에서 예금을 인출한 행위는 공갈죄와 별도로 절도죄를 구성하지 아니하지만, 강취한 타인의 현금카드를 사용하여 현금자동지급기에서 예금을 인출한 행위는 강도죄와 별도로 절도죄를 구성한다고 한다. 이러한 차이가 발생하는 근거를 판결이유에서 찾아 제시하고, 후자의 경우 절도죄가 성립하지 않는다는 학설을 소개하고 그 학설에 대하여 논하시오.

(2)다음의 공간에 손님이나 승객이 잊고 두고 간 물건에 대한 점유상태를 판단하시오(여관, 목욕탕, 극장, 도서관, 공중화장실, 학교교실, 공공사무실, 노선항공기, 노선선박, 노선전차, 지하철, 노선기차, 완행열차, 고속버스, 시내버스, 개인택시, 회사택시).

참고문헌

• 손동권, "재물죄(절도죄)에서의 사자점유(?)와 불법영득의 의사," 형사판례연구[13], 2005
• 오영근, "절도죄의 불법영득의사와 사용절도," 형사판례연구[2], 1994

I-3. 절도죄의 착수 및 기수시기

1. 사　례

甲은 출입문이 열려 있는 집에 들어가 재물을 절취하기로 마음먹고 피해자들이 주거하는 이 사건 다세대주택에 들어가 그 건물 101호의 출입문을 손으로 당겨보았는데 문이 잠겨 있자 그 옆의 102호, 2층의 201호, 202호, 3층의 301호, 302호, 옆 건물의 주택 1층에 이르러 똑같이 출입문을 당겨보았는데 모두 잠겨 있어 범행에 실패하였고, 그 후 위 주택 2층의 문이 열려 있어 집안에 들어가 귀금속 등을 절취하여 달아났다.

| 대상판결 |

대법원 2006.9.14. 선고 2006도2824 판결

2. 판결요지

[1] 야간에 타인의 재물을 절취할 목적으로 사람의 주거에 침입한 경우에는 주거에 침입한 단계에서 이미 형법 제330조에서 규정한 야간주거침입절도죄라는 범죄행위의 실행에 착수한 것이라고 보아야 한다.

[2] 주거침입죄의 실행의 착수는 주거자, 관리자, 점유자 등의 의사에 반하여 주거나 관리하는 건조물 등에 들어가는 행위, 즉 구성요건의 일부를 실현하는 행위까지 요구하는 것은 아니고 범죄구성요건의 실현에 이르는 현실적 위험성을 포함하는 행위를 개시하는 것으로 족하므로, 출입문이 열려 있으면 안으로 들어가겠다는 의사 아래 출입문을 당겨보는 행위는 바로 주거의 사실상의 평온을 침해할 객관적인 위험성을 포함하는 행위를 한 것으로 볼 수 있어 그것으로 주거침입의 실행에 착수한 것으로 보아야 한다.

3. 판례이해

판결이유를 살펴보고 다음의 질문에 대해 검토하시오.

(1) 위 대상판결의 입장은 실행의 착수시기에 관한 총론상의 학설 중 어느 학설의

입장에 상응하는가?

(2) 주간에 주거에 침입하여 절도하는 경우의 절취행위의 실행의 착수시기보다 야간주거침입절도죄의 실행의 착수시기를 앞당기는 것이 법정책적으로 정당화될 수 있는가를 생각해보시오.

(3) 위 판례의 입장에 따를 때, 죄수관계는 어떻게 되는가?

4. 이론탐구

절취의 착수시기와 기수시기에 관한 학설과 판례의 입장을 설명하고, 자신의 견해를 제시하시오.

5. 심화학습

(1)[대법원 1994.9.9. 선고 94도1522 판결]에서 "자동차를 절취할 생각으로 자동차의 조수석문을 열고 들어가 시동을 걸려고 시도하는 등 차 안의 기기를 이것저것 만지다가 핸드브레이크를 풀게 되었는데 그 장소가 내리막길인 관계로 시동이 걸리지 않은 상태에서 약 10미터 전진하다가 가로수를 들이받는 바람에 멈추게 되었다면 절도의 기수에 해당한다고 볼 수 없다"고 판시하는데, 이 판단의 타당성 여부를 검토하고 만약 이 판단이 타당하다면 이러한 사례에서 실행의 기수를 인정할 수 있기 위해서는 어떤 단계까지 진행될 필요가 있는지 그 근거를 들어 설명하시오.

(2)[대법원 1985.4.23. 선고 85도464 판결]에서는 "노상에 세워 놓은 자동차 안에 있는 물건을 훔칠 생각으로 자동차의 유리창을 통하여 그 내부를 손전등으로 비추어 본 것에 불과하다면 비록 유리창을 따기 위해 면장갑을

끼고 있었고 칼을 소지하고 있었다 하더라도 절취행위의 착수에 이른 것이었다고 볼 수 없다" 고 하는데, 이 입장과 위 대상판결에서 '문이 열려 있으면 들어가고, 닫혀 있으면 들어가지 않겠다는 의사로 출입문을 당겨보는 행위에서 주거침입의 실행의 착수를 인정하는' 입장 사이의 일관성 여부를 검토하시오.

참고문헌

• 정영일, "절도죄에 있어서 실행의 착수시기," 형사판례연구[2], 1994

I-4. 절도죄의 유형

1. 사 례

속칭 삐끼주점의 지배인인 甲이 피해자로부터 신용카드를 강취하고 신용카드의 비밀번호를 알아낸 후 현금자동지급기에서 인출한 돈을 삐끼주점의 분배관례에 따라 분배할 것을 전제로 하여, 乙, 丙과 공모하기를 甲이 삐끼주점 내에서 피해자를 계속 붙잡아 두면서 감시하는 동안 乙, 丙은 피해자의 위 신용카드를 이용하여 현금자동지급기에서 현금을 인출하기로 하였다. 그에 따라 甲이 삐끼주점 내에서 피해자를 계속 붙잡아 두고 있는 동안 乙, 丙은 甲이 강취한 피해자의 신용카드를 이용하여 1997.4.18. 04:08경 서울 강남구 삼성동 소재 엘지마트 편의점에 설치되어 있던 현금자동지급기에서 현금 4,730,000원을 인출하였다.

| 대상판결 |

대법원 1998.5.21. 선고 98도321 전원합의체 판결

2. 판결요지

3인 이상의 범인이 합동절도의 범행을 공모한 후 적어도 2인 이상의 범인이 범행 현장에서 시간적, 장소적으로 협동관계를 이루어 절도의 실행행위를 분담하여 절도 범행을 한 경우에는 공동정범의 일반이론에 비추어 그 공모에는 참여하였으나 현장에서 절도의 실행행위를 직접 분담하지 아니한 다른 범인에 대하여도 그가 현장에서 절도 범행을 실행한 위 2인 이상의 범인의 행위를 자기 의사의 수단으로 하여 합동절도의 범행을 하였다고 평가할 수 있는 정범성의 표지를 갖추고 있다고 보여지는 한 그 다른 범인에 대하여 합동절도의 공동정범의 성립을 부정할 이유가 없다고 할 것이다. 형법 제331조 제2항 후단의 규정이 위와 같이 3인 이상이 공모하고 적어도 2인 이상이 합동절도의 범행을 실행한 경우에 대하여 공동정범의 성립을 부정하는 취지라고 해석할 이유가 없을 뿐만 아니라, 만일 공동정범의 성립가능성을 제한한다면 직접 실행행위에 참여하지 아니하면서 배후에서 합동절도의 범행을 조종하는 수괴는 그 행위의 기여도가 강력함에도 불구하고 공동정범으로 처벌받지 아니하는 불합리한 현상이 나타날 수 있다. 그러므로 합동절도에서도 공동정범과 교사범 · 종범의 구별기준은 일반원칙에 따라야 하고, 그 결과 범행현장에 존재하지 아니한 범인도 공동정범이 될 수 있으며, 반대로 상황에 따라서는 장소적으로 협동한 범인도 방조만 한 경우에는 종범으로 처벌될 수도 있다.

3. 판례이해

판결이유를 살펴보고 다음의 질문에 대해 검토하시오.

(1) 위 판례의 취지에 따를 때, 2인이 참여하는 경우에도 합동범의 공동정범이 가능한가?

(2) 위 판결요지에서 "배후에서 합동절도의 범행을 조종하는 수괴는 그 행위의

기여도가 강력함에도 불구하고 공동정범으로 처벌받지 아니하는 불합리한 현상이 나타날 수 있다" 고 지적하는데, 배후자를 특수교사범이나 교사범으로 처벌한다고 하여 반드시 처벌의 불합리한 결과가 발생한다고 할 수 있는가?

(3) 위 사례를 변형하여 인출현장에서 丙은 단순히 방조에 해당하는 기여를 하였다면 대상판결의 취지에 따를 때 甲에게 합동절도죄가 성립하는가?

4. 이론탐구

(1) 합동범의 본질에 관한 학설을 설명하고 자신의 견해를 피력하시오.

(2) 합동범에 대한 공동정범의 인정 여부에 관한 학설을 설명하고 자신의 견해를 피력하시오.

(3) 위 판결의 결론은 현장적 공동정범설의 귀결인지, 아니면 현장설을 전제할 때에도 도달할 수 있는 결론인지를 검토하시오.

5. 심화학습

(1) [대판 1956.5.1, 4289형상35], [대판 1960.6.15, 4293형상60], [대판 1976.7.27, 75도2720] 등과 위 대상판결을 비교하시오.

(2) 합동절도 외의 특수절도죄의 유형을 들고, 각 유형에 해당하는 판례사례를 드시오.

⋙ 참고문헌

• 김종구, "합동범에 관한 연구 – 독일형법상 집단절도죄와 비교법적 관점에서," 비교형사법연구 제5권 제1호, 2003
• 문채규, "합동범의 공동정범," 형사법연구 제22호, 2004

II. 강도의 죄

II-1. 강도죄의 수단으로서 폭행 · 협박

1. 사 례

甲은 A에게 도박자금으로 빌려준 270만원을 변제받지 못하자 이를 해결하기 위하여 乙, 丙, 丁 등과 공모 공동하여, 2000.5.23. 12:30경 인천 동구 화수동에 있는 A의 동생 집 앞에서 A를 발견하고, 乙이 피해자가 기소중지되어 있는 약점을 이용하여 형사를 사칭하여 A에게 "부평경찰서 형사인데 경찰서로 함께 가자"고 요구하면서 乙과 丙이 A의 허리를 잡고 미리 준비한 승합차에 강제로 태워 승합차 내부의 사방에서 몸을 밀착시켜 피해자를 꼼짝달싹하지 못하게 하였다. 그 상태로 인천 부평동에 있는 부평공동묘지로 가면서 丁은 피해자에게 "부평경찰서 형사인데 돈을 갚지 않았으니 같이 경찰서로 가자" 고 하고, 甲은 "오늘 돈을 주지 않으면 풀어줄 수 없다"는 등으로 A를 협박하여 A가 휴대전화로 자신의 고모인 B로 하여금 甲의 농협통장으로 300만원을 입금하게 하였다. 이어 위 부평공동묘지에서 甲이 피해자에게 "당신을 찾는데 경비로 700만원이 들어갔으니 700만원을 더 주지 않으면 가만두지 않겠다"고 협박하여 A가 위 휴대전화로 B로 하여금 위와 같은 방법으로 甲의 통장에 입금을 하게 하는 등 A로부터 합계 금 1,000만원을 받아내었다.

[참조사항: 이 사건 범행이 일어난 시각은 대낮이며(12:30 경에서 14:23 경 사이), 甲 등이 A를 데려갔다는 공동묘지가 큰길에서 멀리 떨어져 있다거나 인적이 드물어 장소 자체에서 외포심을 불러일으킬 수 있을 정도의 곳이라고는 보이지 아니하고, 甲 등은 공동묘지로 가는 도중 슈퍼마켓에 들러 A의 요구에 의하여 캔 맥주를 사 주었고, 휴대전화로 통장입금하라는 말을 듣고 A를 직접 대면하기를 원하는 B의 요구를 받아들여 B가 있는 장소까지 차를 몰고 가서 A와 B를 대면시켜 주고 B로부터 추가입금을 받았을 뿐 아니라, 甲은 피해자 측으로부터 돈을 받은 다음 그런 취지의 확인서까지 작성해 주었다는 것이고, 그 과정에서 甲 등의 일행이 A에게 어떠한 유형적인 물리력도 행사하지 아니하였다.]

| 대상판결 |

대법원 2001.3.23. 선고 2001도359 판결

2. 판결요지

[1] 강도죄에 있어서 폭행과 협박의 정도는 사회통념상 객관적으로 상대방의 반항을 억압하거나 항거불능케 할 정도의 것이라야 한다.

[2] 공갈죄에 있어서의 폭행과 협박에 해당함은 별론으로 하더라도 사회통념상 객관적으로 상대방의 반항을 억압하거나 항거불능케 할 정도에 이르렀다고 볼 수 없다고 하여 강도죄의 성립을 인정한 원심판결을 파기한 사례.

3. 판례이해

판결이유를 살펴보고 다음의 질문에 대해 검토하시오.

(1) 강도죄와 공갈죄의 수단인 폭행 · 협박을 비교하여 설명하시오.

(2) 대상판결에서 강도죄의 폭행 · 협박에 해당하지 않는다는 판단에 영향을 미친 요소들을 검토하시오.

4. 이론탐구

(1) '사회통념상 객관적으로 상대방의 반항을 억압할 정도의 폭행 · 협박'이라는 기준에 의할 때, 장난감 권총으로 협박하여 재물을 취거한 경우 강도죄의 성립이 가능한가?

(2) 아리반(신경안정제) 등의 약물을 음료수에 타서 마시게 한 후, 상대방이 졸음에 빠지거나 정신이 혼미해진 틈을 이용하여 재물을 취거하면 강도죄의 성립을 인정하는 [대법원 1979.9.25. 선고 79도1735 판결], [대법원 1984.12.11. 선고 84도2324 판결]들의 취지에 반대하는 견해를 소개하고, 자신의 견해를 피력하시오.

5. 심화학습

사회통념상 객관적으로는 상대방의 반항을 억압하거나 항거불능케 할 정도에 이르지 못한 폭행 · 협박을 사용하여 재물을 취거한 경우와 사회통념상 객관적으로는 상대방의 반항을 억압하거나 항거불능케 할 정도의 폭행 · 협박에 해당하지만 현실적으로 상대방이 항거불능상태에 이르지 않은 상태에서 재물을 취거한 경우를 비교하시오.

참고문헌

- 오영근, "강도죄와 강간죄에서 폭행의 개념," 형사재판의 제문제 제1권, 1997

II-2. 강도죄의 객체

1. 사 례

甲은 1992.4.25. 17:30경 당시 甲이 입원해 있던 안동의료원 311호실에서 자신과 룸살롱을 동업한 적이 있는 피해자 A를 전화로 불러오게 한 다음 가슴에 품고 있던 식칼을 A의 목에 들이대고 "위 룸살롱을 경영하면서 손해를 보았으니 甲의 채권자인 B에게 금 20,000,000원을 지급한다는 내용의 지불각서를 쓰라"는 취지로 협박하다가 A가 망설인다는 이유로 위 칼로 A의 오른쪽 어깨를 1회 찔러 항거를 불능케하고 그로 하여금 甲이 부르는 대로 받아쓰도록 하여 "돈 20,000,000원을 1992.5.24.까지 B에게 지불한다"는 내용의 지불각서 1매를 쓰게 한 다음 그 지불각서를 취거하였고, 그로 인해 A에게 약 2주간의 치료를 요하는 우측견갑부열상을 입혔다. 한편 甲은 위 B에게 위 지불각서를 주면서 A로부터 돈을 받으라고 하였고, 甲은 지불각서 작성후 A로 하여금 집(A의 처)으로 전화하여 사람을 보내면 돈을 주도록 하라고 하였다는 사실도 확인되었다.

| 대상판결 |

대법원 1994.2.22.선고 93도428 판결

2. 판결요지

형법 제333조 후단의 강도죄, 이른바 강제이득죄의 요건인 재산상의 이익이란 재물 이외의 재산상의 이익을 말하는 것으로서 적극적 이익(적극적인 재산의 증가)이든 소극적 이익(소극적인 부채의 감소)이든 상관없는 것이고, 강제이득죄는 권리의무관계가 외형상으로라도 불법적으로 변동되는 것을 막고자 함에 있는 것으로서 항거불능이나 반항을 억압할 정도의 폭행 · 협박을 그 요건으로 하는 강도죄의 성질상 그 권리의무관계의 외형상 변동의 사법상 효력의 유무는 그 범죄의 성립에 영향이 없고, 법률상 정당하게 그 이행을 청구할 수 있는 것이 아니라도 강도죄에 있어서의 재산상의 이익에 해당하는 것이며, 따라서 이와 같은 재산상의 이익은 반드시 사법상 유효한 재산상의 이득만을 의미하는 것이 아니고 외견상 재산상의 이득을 얻을 것이라고 인정할 수 있는 사실관계만 있으면 된다.

3. 판례이해

판결이유를 살펴보고 다음의 질문에 대해 검토하시오.

(1) 강도죄의 객체인 '재산상의 이익' 개념에 관한 학설을 설명하고, 위 대상판결의 입장은 어떤 학설과 일치하는지를 판단하시오.

(2) 위 사안에 대하여 원심이 피해자 등의 권리의무관계에 외형적, 형식적 변동조차 일어나지 않는다고 판단하여 강도죄의 성립을 부정한 반면에, 대법원은 피해자 등의 권리의무관계에 외형적, 형식적 변동을 인정할 수 있다는 취지의 판단을 하였다. 각 판단의 근거를 정리하고 자신의 견해를 밝히시오.

(3) "피고인들이 폭행 · 협박으로 피해자로 하여금 매출전표에 서명을 하게 한 다음 이를 교부받아 소지함으로써 이미 외관상 각 매출전표를 제출하여 신용카드회사들로부터 그 금액을 지급받을 수 있는 상태가 되었다면, 피해자가 각 매출전표에 허위 서명한 탓으로 피고인들이 신용카드회사들에게 각 매출전표를 제출하여도 신용카드회사들이 신용카드 가맹점규약 또는 약관의 규정을 들어

그 금액의 지급을 거절할 가능성이 있다 하더라도 피고인들이 '재산상 이익'을 취득하였다고 볼 수 있다"는 [대법원 1997.2.25. 선고 96도3411 판결]에 의거하여, 재산상 이익의 '취득'에 관하여 설명하시오.

4. 이론탐구

강도죄의 성립에 불법영득의사 내지 불법이득의사가 필요한지 견해를 밝히고, '채권자로부터 채무자에 대한 외상물품대금 채권의 회수를 의뢰받고, 채무자의 반항을 억압할 정도의 폭행과 협박을 가하여 채권에 상당한 금액을 계좌이체시키도록 하였다면' 강도죄가 성립하는지를 [대법원 1995.12.12. 선고 95도2385 판결]을 참조하여 판단하시오.

5. 심화학습

야간주거침입죄의 실행의 착수에 관한 [대법원 1992.7.28. 선고 92도917 판결]과 [대법원 1991.11.22. 선고 91도2296 판결]을 비교한 후, 관련 학설을 검토하고 자신의 견해를 밝히시오.

참고문헌

- 성낙현, "강도죄에서의 몇 가지 논점," 비교형사법연구 제5권 제1호, 2003
- 최우찬, "강도죄의 경우 재산상 이익취득의 시기," 형사판례연구[3], 1995

II-3. 준강도죄

1. 사 례

甲이 乙과 합동하여 양주를 절취할 목적으로 장소를 물색하던 중, 2003.12.9. 06:30경 부산 부산진구 부전2동 522-24 소재 5층건물 중 2층 피해자 A가 운영하는 주점에 이르러, 乙은 1층과 2층 계단 사이에서 甲과 무전기로 연락을 취하면서 망을 보고, 甲은 위 주점의 잠금장치를 뜯고 침입하여 위 주점 내 진열장에 있던 양주 45병 시가 1,622,000원 상당을 미리 준비한 바구니 3개에 담고 있던 중, 위 주점 종업원 B, C가 계단에서 서성거리고 있던 乙을 수상히 여기고 주점으로 돌아오려는 소리를 듣고서 양주를 그대로 둔 채 출입문을 열고 나오다가 B, C 등이 甲을 붙잡자, 체포를 면탈할 목적으로 甲의 목을 잡고 있던 B의 오른손을 깨무는 등 폭행하였다.

| 대상판결 |

대법원 2004.11.18. 선고 2004도5074 전원합의체 판결

2. 판결요지

[1] **[다수의견]** 형법 제335조에서 절도가 재물의 탈환을 항거하거나 체포를 면탈하거나 죄적을 인멸할 목적으로 폭행 또는 협박을 가한 때에 준강도로서 강도죄의 예에 따라 처벌하는 취지는, 강도죄와 준강도죄의 구성요건인 재물탈취와 폭행·협박 사이에 시간적 순서상 전후의 차이가 있을 뿐 실질적으로 위법성이 같다고 보기 때문인바, 이와 같은 준강도죄의 입법 취지, 강도죄와의 균형 등을 종합적으로 고려해 보면, 준강도죄의 기수 여부는 절도행위의 기수 여부를 기준으로 하여 판단하여야 한다.

[별개의견] 폭행 · 협박행위를 기준으로 하여 준강도죄의 미수범을 인정하는 외에 절취행위가 미수에 그친 경우에도 이를 준강도죄의 미수범이라고 보아 강도죄의 미수범과 사이의 균형을 유지함이 상당하다.

[반대의견] 강도죄와 준강도죄는 그 취지와 본질을 달리한다고 보아야 하며, 준강도죄의 주체는 절도이고 여기에는 기수는 물론 형법상 처벌규정이 있는 미수도 포함되는 것이지만, 준강도죄의 기수 · 미수의 구별은 구성요건적 행위인 폭행 또는 협박이 종료되었는가 하는 점에 따라 결정된다고 해석하는 것이 법규정의 문언 및 미수론의 법리에 부합한다.

[2] 절도미수범이 체포를 면탈할 목적으로 폭행한 행위에 대하여 준강도미수죄로 의율한 원심판결을 수긍한 사례.

3. 판례이해

판결이유를 살펴보고 다음의 질문에 대해 검토하시오.

(1) 절도미수범이 준강도죄의 주체가 될 수 있는가에 관한 학설과 판례의 입장을 설명하고 자신의 견해를 피력하시오.

(2) 강도범이 준강도죄의 주체가 될 수 있는가에 관한 학설을 설명하고, [대법원 1992.7.28. 선고 92도917 판결]의 취지가 강도범의 준강도죄의 주체성을 부정한 것으로 판단한 것인지를 판단하시오.

(3) 준강도죄와 강도죄의 균형을 위해서는 판지처럼 준강도의 기수판단기준을 절취행위로 하는 것이 불가피한가?

4. 이론탐구

(1) 준강도죄의 기수판단을 폭행 · 협박행위를 기준으로 하면서도 준강도죄와 강도죄의 균형을 유지시킬 수 있는 방법을 검토하시오.

(2) 판례처럼 절도미수범을 준강도죄의 주체로 인정하면서도 절도미수는 준강도죄의 기수가 될 수 없다는 해석론에 대하여 평가하시오.

(3) "피고인을 체포하려는 피해자가 체포에 필요한 정도를 넘어서서 발로 차며 늑골 9, 10번 골절상, 좌폐기흉증, 좌흉막출혈 등 전치 3개월을 요하는 중상을 입힐 정도로 심한 폭력을 가해오자 피고인이 이를 피하기 위하여 엉겁결에 솥뚜껑을 들어 위 폭력을 막아 내려다가 그 솥뚜껑에 스치어 피해자가 상처를 입게 되었다면 준강도상해죄는 성립되지 않는다"는 [대법원 1990.4.24. 선고 90도193 판결]의 법적 쟁점에 관하여 설명하시오.

(4) "피해자의 집에서 절도범행을 마친 지 10분가량 지나 피해자의 집에서 200m 가량 떨어진 버스정류장이 있는 곳에서 피고인을 절도범인이라고 의심하고 뒤쫓아온 피해자에게 붙잡혀 피해자의 집으로 돌아왔을 때 비로소 피해자를 폭행한 경우 준강도죄가 성립하지 않는다"고 한 [대법원 1999.2.26. 선고 98도3321 판결] 사례의 주된 법적 쟁점을 설명하시오.

5. 심화학습

(1)특수강도의 준강도의 성립요건에 관한 [대법원 1973.11.13. 선고 73도1553 전원합의체 판결]의 "절도범인이 처음에는 흉기를 휴대하지 아니하였으나,

체포를 면탈할 목적으로 폭행 또는 협박을 가할 때에 비로소 흉기를 휴대사용하게 된 경우에는 형법 제334조의 예에 의한 준강도(특수강도의 준강도)가 된다"는 [다수의견]과 "준강도죄를 규정한 형법 제335조에는 범죄의 주체는 절도범인이요, 목적이 있어야 하며 행위는 폭행, 협박으로만 되어 있지 행위의 정도, 방법 따위에 대하여는 언급이 없으므로 목적이나 행위로서는 단순강도의 준강도냐 또는 특수강도이냐를 구별지을 근거가 없으므로 행위의 주체인 절도의 태양에 따라 구별지어야 한다"는 [소수의견]에 관하여 논하시오.

(2) "피고인은 원심 공동피고인 1, 공소외 1과 합동하여 2002.8.8. 19:15경 부천시 오정구 여월동 6-1 앞길에서, 공소외 1은 위 승용차를 운전하고, 피고인, 원심 공동피고인 1은 위 승용차에 승차하여 범행 대상을 물색하던 중, 마침 그 곳을 지나가는 피해자 권○희(여, 49세)에게 접근한 후 원심 공동피고인 1이 창문으로 손을 내밀어 100만원권 자기앞수표 2장, 현금 25만원, 휴대폰 1개 시가 50만원 상당, 신용카드 3장이 든 피해자 소유의 손가방 1개를 낚아채어 감으로써 이를 절취하고, 이에 피해자가 위 가방을 꽉 붙잡고 이를 탈환하려고 하자, 그 탈환을 항거할 목적으로 원심 공동피고인 1이 피해자가 붙잡고 있는 위 가방을 붙잡은 채 공소외 1이 위 승용차를 운전하여 가버림으로써 피해자로 하여금 약 4주간의 치료를 요하는 좌수 제3지 중위지골 골절상을 입게 하였다"는 사안에 대하여 [대법원 2003.7.25. 선고 2003도2316 판결]이 준강도에 의한 강도치상죄의 성립을 부정하는 논거를 설명하시오.

(3)준강도죄의 공동정범이 성립하기 위한 요건을 설명하고, 준강도죄의 공동정범을 인정한 [대법원 1988.2.9. 선고 87도2460 판결]과 준강도죄의 공동정범을 부정한 [대법원 1983.4.12. 선고 83도332 판결] 및 [대법원 1982.7.13. 선고 82도1352 판결]을 비교하여 검토하시오.

참고문헌

- 문채규, "준강도죄의 법적 성격과 주체," 비교형사법연구 제6권 제2호, 2004
- 변종필, "준강도죄의 범행주체," 비교형사법연구 제3권 제2호, 2002
- 심재무, "준강도죄의 본질과 기수시기," 형사법연구 제26호, 2006 겨울

II-4. 강도살인, 인질강도 및 강도치사상죄

1. 사 례

1 강도범행 직후 신고를 받고 출동한 경찰관이 위 범행 현장으로부터 약 150 m 지점에서, 화물차를 타고 도주하는 甲을 발견하고 순찰차로 추적하여 격투 끝에 피고인을 붙잡았으나, 甲이 너무 힘이 세고 반항이 심하여 수갑도 채우지 못한 채 甲을 순찰차에 억지로 밀어 넣고서 파출소로 연행하고자 하였는데, 그 순간 甲이 체포를 면하기 위하여 소지하고 있던 과도로써 옆에 앉아 있던 경찰관을 찔러 사망케 하였다.

2 乙은 부엌칼 2개를 소지한 채 2007.4.20. 16:30경 광주 서구 쌍촌동에 있는 호반아파트 305동 계단을 따라 올라가면서 귀가하는 사람을 물색하던 중, 1304호 앞 계단에 이르러 13층 엘리베이터에서 내려 아파트 현관문을 열고 집안으로 들어서는 피해자 A를 발견하고 그에게 달려들어 옆구리에 칼을 들이대고 뒤따라 집안으로 침입한 후, "집안을 뒤져서 돈 같은 거 있으면 다 꺼내놓으라"고 위협하여 위 A의 항거를 불능케한 후, 미화 176달러, 삼성디지털카메라 1대, 세이코시계 2개, 캡틴 시계 1개, 넥타이핀 1세트, 금목걸이 1개를 빼앗아 이를 강취하였다. 그런데 현금이 발견되지 않자, A를 인질로 A의 부모로부터 현금을 취득하기로 마음먹고, A에게 부모의 귀가시간을 묻고 기다리다가 같은 날 17:50경 그곳에 있던 휴대전화 충전기 줄로 A의 양팔을 뒤로 젖혀 양손을 묶어두고, 같은 날 18:10경 A의 여동생 B가 집안으로 들어오자 위 부엌칼로 위협하여 B를 거실 소파, 화장실, 작은방으로 데리고

다니던 중 같은 날 18:55경 A의 어머니인 C가 B에게 "짐이 많으니 주차장으로 내려오라"는 휴대폰 문자메시지를 보낸 것을 확인하고, B에게 "강도가 든 것을 말하지 말고 밖에 나가서 엄마랑 함께 들어오라"고 지시하여 잠시 후 C가 B와 함께 집안으로 들어오자, 포박된 A의 옆구리에 부엌칼을 들이대고 "아들을 살리려면 이리 와서 앉아"라고 위협하여 이에 놀란 C가 황급히 B를 데리고 밖으로 도망치자, C에게 수회 전화를 걸어 "아들을 살리려면 돈 300만원을 지금 마련해서 올라와라, 경찰에는 절대 알리지 마라, 만약 신고하면 아들을 죽이겠다"고 협박하던 중, 집 밖에 경찰차가 온 것을 확인하고 위 부엌칼로 가스 고무배관을 절단하여 집안으로 가스가 유입되도록 한 다음, 같은 날 19:44경 C에게 전화를 걸어 "왜 안 올라오느냐, 이제 시간이 지났다. 아들을 죽여 버리고 가스가 유출되고 있으니 집을 폭발시키고 나도 아파트에서 뛰어내리겠다"고 재차 협박하여, 같은 날 20:00경 현금을 소지하고 집안으로 들어온 피해자 C로부터 현금 50만원을 교부받았다.

③ 丙이 택시를 타고 가다가 요금지급을 면할 목적으로 소지한 과도로 운전수를 협박하자 이에 놀란 운전수가 택시를 급우회전하면서 그 충격으로 丙이 겨누고 있던 과도에 어깨부분이 찔려 상처를 입었다.

| 대상판결 |

① 대법원 1996.7.12. 선고 96도1108 판결

② 광주지방법원 2007.7.13. 선고 2007고합126 판결

③ 대법원 1985.1.15. 선고 84도2397 판결

2. 판결요지

[1] 강도살인이라 함은 강도범인이 강도의 기회에 살인행위를 함으로써 성립하는 것이므로, 강도범행의 실행 중이거나 그 실행 직후 또는 실행의 범의

를 포기한 직후로서 사회통념상 범죄행위가 완료되지 아니하였다고 볼 수 있는 단계에서 살인이 행하여짐을 요건으로 한다. 강도범행 직후 신고를 받고 출동한 경찰관이 위 범행 현장으로부터 약 150m 지점에서, 화물차를 타고 도주하는 피고인을 발견하고 순찰차로 추적하여 격투 끝에 피고인을 붙잡았으나, 피고인이 너무 힘이 세고 반항이 심하여 수갑도 채우지 못한 채 피고인을 순찰차에 억지로 밀어 넣고서 파출소로 연행하고자 하였는데, 그 순간 피고인이 체포를 면하기 위하여 소지하고 있던 과도로 옆에 앉아 있던 경찰관을 찔러 사망케 하였다면 피고인의 위 살인행위는 강도행위와 시간상 및 거리상 극히 근접하여 사회통념상 범죄행위가 완료되지 아니한 상태에서 이루어진 것이라고 보여지므로(위 살인행위 당시에 피고인이 체포되어 신체가 완전히 구속된 상태이었다고 볼 수 없다), 원심이 피고인을 강도살인죄로 적용하여 처벌한 것은 옳다.

[2] 인질강도죄를 유죄로 인정한다.

[3] 강도치상죄에 있어서의 상해는 강도의 기회에 범인의 행위로 인하여 발생한 것이면 족한 것이므로, 피고인이 택시를 타고 가다가 요금지급을 면할 목적으로 소지한 과도로 운전수를 협박하자 이에 놀란 운전수가 택시를 급우회전하면서 그 충격으로 피고인이 겨누고 있던 과도에 어깨부분이 찔려 상처를 입었다면, 피고인의 위 행위를 강도치상죄에 의율함은 정당하다.

3. 판례이해

판결이유를 살펴보고 다음의 질문에 대해 검토하시오.

(1) 강도살인·치사·상해·치상죄에서 '살인, 상해, 치사, 치상 등의 결과가 강도의 기회에 발생하여야 한다'는 요건을 설명하시오.

(2) 상해의 고의로 피해자를 폭행하여 상해를 입힌 후 재물에 대한 영득의 의사가 생겨서 피해자의 재물을 탈취하는 경우[1], 처음부터 강도상해의 고의를 갖고

상해를 먼저 행하고 그 뒤에 재물을 취거하는 경우[2], 각 강도상해죄를 인정할 수 있는지를 비교하여 검토하고, "피고인이 피해자 경영의 소주방에서 금 35,000원 상당의 술과 안주를 시켜 먹은 후 피해자가 피고인에게 술값을 지급할 것을 요구하며 피고인의 허리를 잡고 피고인이 도망가지 못하게 하자 피고인은 그 술값을 면할 목적으로 피해자를 살해하고, 곧바로 피해자가 소지하고 있던 현금 75,000원을 꺼내어 간 경우"[3] 현금 75,000원의 취거에 대하여 강도살인조를 인정한 [대법원 1999.3.9. 선고 99도242 판결 및 대법원 1985.10.22. 선고 85도1527 판결]과 "피해자를 살해한 방에서 사망한 피해자 곁에 4시간 30분쯤 있다가 그곳 피해자의 자취방 벽에 걸려 있던 피해자가 소지하는 물건들을 영득의 의사로 가지고 나온 경우"[4] 강도살인죄가 아니라 살인죄와 절도죄를 인정한 [대법원 1993.9.28. 선고 93도2143 판결]을 비교 · 검토한 후, [2]와 [3]을 다시 비교 · 검토하시오.

(3) 인질강도죄에서 '인질로 삼아'의 의미를 해석하고, '행위자가 피해자를 약취한 후 피해자로 하여금 그의 지인에게 전화를 걸어 지금 상황을 설명하지 말고 자신이 급히 돈이 필요하다며 행위자의 계좌로 입금하도록 전화하게 협박하여 돈을 입금받았다'면 인질강도죄가 성립하는가?

4. 이론탐구

(1) 통설 · 판례와는 달리 강도살인죄나 강도상해죄와 구별하여 강도치사죄나 강도치상죄는 결과적 가중범이기 때문에 치사나 치상의 결과가 강도의 기회에 발생하는 것만으로는 부족하고 강도의 수단인 폭행 · 협박에 의하여 발생된 것이어야 한다는 견해에 대하여 논하시오.

(2) 판례는 [대법원 1999.3.9. 선고 99도242 판결; 대법원 1971.4.6. 선고 71도287 판결] 등을 통하여 채무면탈목적살인을 일반적으로 강도살인죄로 인정하면서

도 [대법원 2004.6.24. 선고 2004도1098 판결]에서는 "채무의 존재가 명백할 뿐만 아니라 채권자의 상속인이 존재하고 그 상속인에게 채권의 존재를 확인할 방법이 확보되어 있는 경우에는 비록 그 채무를 면탈할 의사로 채권자를 살해하더라도" 강도살인죄의 성립을 부정한다. 부정한 근거를 검토한 후 그 타당성 여부에 관하여 논하시오.

5. 심화학습

[대법원 1991.11.12. 선고 91도2156 판결]은 "강도살인죄는 고의범이고 강도치사죄는 이른바 결과적 가중범으로서 살인의 고의까지 요하는 것이 아니므로, 수인이 합동하여 강도를 한 경우 그 중 1인이 사람을 살해하는 행위를 하였다면 그 범인은 강도살인죄의 기수 또는 미수의 죄책을 지는 것이고 다른 공범자도 살해행위에 관한 고의의 공동이 있었으면 그 또한 강도살인죄의 기수 또는 미수의 죄책을 지는 것이 당연하다 하겠으나, 고의의 공동이 없었으면 피해자가 사망한 경우에는 강도치사의, 강도살인이 미수에 그치고 피해자가 상해만 입은 경우에는 강도상해 또는 치상의, 피해자가 아무런 상해를 입지 아니한 경우에는 강도의 죄책만 진다고 보아야 할 것이다"는 취지로 판시한 바 있다.

한편 [대법원 1984.2.28. 선고 83도3162 판결]은 "피고인들이 사전에 금품강취범행을 모의하고 전원이 범행현장에 임하여 각자 범죄의 실행을 분담하였으며 그 과정에 피고인(갑)을 제외한 나머지 3명이 모두 과도 또는 쇠파이프 등을 휴대하였고 쇠파이프를 휴대한 피고인(을)이 위 피해자를 감시하였던 상황에 비추어 피고인(을)이 피해자를 강타, 살해하리라는 점에 관하여 나머지 피고인들도 예기할 수 없었다고는 보여지지 아니하므로 피고인들을 모두 강도살인죄의 정범으로 처단함은 정당하다"고 하였다. 후자의 판결이 살인에 관한 고의의 공동을 인정한 정황을 설명하고, 여기서 인정된 고의는 어떤 종류의 고의에 해당하는가?

참고문헌

- 류화진, “채무면탈목적 살인,” 법학연구(부산대학교 법학연구소) 제46권 제1호, 2005
- 이민걸, “강도죄 및 강도상해죄의 죄수관계,” 형사판례연구[3], 1995
- 전지연, “인질강도죄, 강도강간죄 그리고 중지미수,” 고시계(2006.9)

II-5. 강도강간죄

1. 사 례

甲은 야간에 타인의 재물을 강취하기로 마음먹고 흉기인 칼을 휴대한 채 시정되어 있지 않은 피해자 A의 집 현관문을 열고 마루까지 침입하여 동정을 살피던 중 마침 혼자서 집을 보던 A의 손녀 피해자 B(14세)가 화장실에서 용변을 보고 나오는 것을 발견하고 갑자기 욕정을 일으켜 칼을 B의 목에 들이대고 방안으로 끌고 들어가 밀어 넘어뜨려 반항을 억압한 다음 강제로 1회 간음하여 B를 강간하였다.

| 대상판결 |

대법원 1991.11.22. 선고 91도2296 판결

2. 판결요지

[1] 특수강도의 실행의 착수는 강도의 실행행위 즉 사람의 반항을 억압할 수 있는 정도의 폭행 또는 협박에 나아갈 때에 있다 할 것이다.

[2] 강도의 범의로 야간에 칼을 휴대한 채 타인의 주거에 침입하여 집안의 동정을 살피다가 피해자를 발견하고 갑자기 욕정을 일으켜 칼로 협박하여 강

간한 경우, 야간에 흉기를 휴대한 채 타인의 주거에 침입하여 집안의 동정을 살피는 것만으로는 특수강도의 실행에 착수한 것이라고 할 수 없으므로 위의 특수강도에 착수하기도 전에 저질러진 위와 같은 강간행위가 구「특정범죄가중처벌 등에 관한 법률」제5조의6 제1항 소정의 특수강도강간죄에 해당한다고 할 수 없다.

3. 판례이해

판결이유를 살펴보고 다음의 질문에 대해 검토하시오.

(1) 위 기본사례에서 만약 甲이 B를 강간하고 나서 재물을 강취하여 갔다면, 강도강간죄가 성립하는가?

(2) 만약 위 기본사례에서 강간을 목적으로 주거에 침입한 후, B를 강간하고 나서 재물을 강취하였다면 성립하는 범죄는?

4. 이론탐구

(1) 강도강간으로 피해자에게 치사나 치상의 결과를 야기한 경우 성립하는 죄책은?

(2) 강도가 강간하고 피해자를 살인 또는 상해까지 한 경우 성립하는 범죄는?

5. 심화학습

강도가 재물강취의 뜻을 재물의 부재로 이루지 못한 채 미수에 그쳤고, 그 자리에서 항거불능의 상태에 빠진 피해자를 간음할 것을 결의하고 실행에 착수했으나 역시 미수에 그쳤으나, 반항을 억압하기 위한 폭행으로 피해자에게 상해를 입힌 경우에 성립하는 죄책은? (참조판례: 대법원 1988.6.28. 선고 88도820 판결)

참고문헌

• 전지연, “인질강도죄, 강도강간죄 그리고 중지미수,” 고시계(2006.9)

제4장 사기와 공갈의 죄

I. 사기죄의 기망행위

1. 사 례

甲은 C&K 금융컨설팅이라는 상호로 사채업을 하는 자로서 자동차 할부금융회사로부터 대출의뢰인들 명의로 자동차할부금융대출을 받아 그 대출금으로 자동차 대금을 지급한 다음(자동차 대금은 할부금융회사가 할부금융대출금으로 자동차판매회사에게 직접 지급함) 자동차판매회사로부터 자동차를 인수하여 대출의뢰인들 명의로 등록한 후 즉시 처분하여 그 대금으로 대출의뢰인들에게 금원을 융통해 주거나 자신이 지출한 비용을 회수하는 방법으로 사채업을 영위해 왔다. 甲은 자동차판매회사의 영업사원 乙과 공모하여, 2002.4.19.경 대출광고를 보고 찾아온 신용대출 희망자인 X로부터 금 500만원의 대출을 의뢰받고 사실은 위 X가 자동차의 실제 구입자가 아니어서 자동차할부금융의 대상이 되지 아니함에도 그가 실제로 D자동차를 할부로 구입하는 것처럼 그 명의의 대출신청서 등 관련 서류를 작성한 다음 그 사실을 아는 乙에게 교부하고, 乙은 이를 할부금융회사인 피해자 S캐피탈 주식회사 해운대지점에 제출하였다. 甲은 이와 같은 수법으로 X가 실제로 자동차를 할부구입하는 것으로 믿은 위 회사로부터 자동차할부금융 대출금으로 1,000만원을 교부받아 편취한 것을 비롯하여 같은 해 9.6.까지 6회에 걸쳐 X를 비롯한 다른 대출의뢰인 Y

등의 명의로 피해자 S캐피탈 주식회사, S보증보험 주식회사, H캐피탈 주식회사로부터 할부대출금 명목으로 총 55,400,000원을 대출받아 이를 편취하였다. 한편, 할부금융회사는 자동차할부금융 신청인이 할부금융대출의 방법으로 자동차를 구입할 의사 없이 단지 자금을 융통할 목적으로 할부금융대출신청을 하는 것을 알았다면 할부금융대출을 실시하지 않으며, 甲도 그러한 사정을 알고 있었다.

| 대상판결 |

대법원 2004.4.9. 선고 2003도7828 판결

2. 판결요지

[1] 사기죄의 요건으로서의 기망은 널리 재산상의 거래관계에 있어서 서로 지켜야 할 신의와 성실의 의무를 저버리는 모든 적극적 또는 소극적 행위를 말하는 것으로서, 반드시 법률행위의 중요 부분에 관한 허위표시임을 요하지 아니하고, 상대방을 착오에 빠지게 하여 행위자가 희망하는 재산적 처분행위를 하도록 하기 위한 판단의 기초가 되는 사실에 관한 것이면 충분하므로, 거래의 상대방이 일정한 사정에 관한 고지를 받았더라면 당해 거래에 임하지 아니하였을 것이라는 관계가 인정되는 경우에는 그 거래로 인하여 재물을 수취하는 자에게는 신의성실의 원칙상 사전에 상대방에게 그와 같은 사정을 고지할 의무가 있다 할 것이고, 그럼에도 불구하고 이를 고지하지 아니한 것은 고지할 사실을 묵비함으로써 상대방을 기망한 것이 되어 사기죄를 구성한다.

[2] 사채업자가 대출희망자로부터 대출을 의뢰받은 다음 대출희망자가 자동차의 실제 구입자가 아니어서 자동차할부금융의 대상이 되지 아니함에도 그가 실제로 자동차를 할부로 구입하는 것처럼 그 명의의 대출신청서 등 관

런 서류를 작성한 후 이를 할부금융회사에 제출하여 자동차할부금융으로 대출금을 받은 경우, 할부금융회사로서는 사채업자가 할부금융의 방법으로 대출의뢰인들 명의로 자동차를 구입하여 보유할 의사 없이 단지 자동차할부금융대출의 형식을 빌려 자금을 융통하려는 의도로 할부금융대출을 신청하였다는 사정을 알았더라면 할부금융대출을 실시하지 않았을 것이므로, 사채업자로서는 신의성실의 원칙상 사전에 할부금융회사에게 자동차를 구입하여 보유할 의사 없이 자동차할부금융대출의 방법으로 자금을 융통하려는 사정을 고지할 의무가 있다 할 것이고, 그럼에도 불구하고 이를 고지하지 아니한 채 대출의뢰인들 명의로 자동차할부금융을 신청하여 그 대출금을 지급하도록 한 행위는 고지할 사실을 묵비함으로써 거래상대방인 할부금융회사를 기망한 것이 되어 사기죄를 구성한다고 한 사례.

[3] 사기죄는 타인을 기망하여 그로 인한 하자 있는 의사에 기하여 재물의 교부를 받거나 재산상의 이득을 취득함으로써 성립되는 범죄로서 그 본질은 기망행위에 의한 재산이나 재산상 이익의 취득에 있는 것이고 상대방에게 현실적으로 재산상 손해가 발생함을 요건으로 하지 아니한다.

3. 판례이해

판결이유를 살펴보고 다음의 질문에 대해 검토하시오.

(1) 대상판결의 원심은 기본사례와 같은 경우 무죄를 인정하였는데 그 이유는 무엇인가?

(2) 이 사례에서 甲이 자동차할부금융회사로부터 대출금을 받은 행위는 사기죄의 성립요건으로서의 기망행위에 해당하는가? (할부금융회사는 자동차할부금융신청인이 할부금융대출의 방법으로 자동차를 구입할 의사 없이 단지 자금을 융통할 목적으로 할부금융대출신청을 하는 것을 알았다면 할부금융대출을 실시하지 않았을

것이라는 사정을 만약 甲이 몰랐더라도 기망행위에 해당하는가?)

(3) 甲의 기망행위로 인하여 할부금융회사는 착오에 빠졌다고 할 수 있는가? 또 그 착오와 할부금융회사의 대출금 교부와는 인과관계가 있는가?

(4) 이 사례에서 할부금융회사는 대출명의인으로부터 대출원리금을 받았는데도 불구하고 사기죄가 성립한다고 할 수 있는가를 사기죄의 성립요건으로서의 재산상의 손해발생과 관련하여 살펴보시오.

4. 이론탐구

(1) 사기죄의 보호법익

1) 사기죄는 개인의 재산적 법익을 침해하는 재산죄이다. 그런데 사기죄에서 보호하려는 재산은 침해되는 개개의 재산(개별재산설)인가, 아니면 전체로서의 재산(전체재산설)인가를 대가를 지불하고 재산을 편취한 경우에 사기죄가 성립하는가를 중심으로 살펴보시오.

2) 사기죄는 재산 외에 거래의 진실성 내지 신의성실성도 부차적 보호법익이 되느냐에 관해서 견해가 대립하고 있다. 각 학설의 논거를 살펴보고 판례의 입장은 어떠한가를 [참조판례 : 대법원 1992.9.14. 선고 91도2994 판결]을 통하여 살펴보시오.

(2) 사기죄의 기망행위

1) 사기죄가 성립하기 위해서는 '기망행위'가 있어야 한다. 여기서 기망의 의의, 대상, 정도, 상대방, 수단 등을 살펴보시오.

2) 특히 기망의 수단에서 '묵시적 기망행위'와 '부작위에 의한 기망'은 어떻게 구별되는가?

3) 부작위에 의한 기망이 인정되기 위해서는 어떠한 요건이 필요한가를 살펴보

고, 대표적으로 부작위에 의한 기망을 인정한 판례와 부작위에 의한 기망을 부정한 판례를 예를 들어 그 차이를 설명하시오.

4) 더 나아가, 거스름돈 교부자가 착오로 더 많은 거스름돈을 교부하는 경우에 이를 알고 받은 경우와 교부받은 후에 알게 된 경우, 각각 부작위에 의한 기망이 인정되는가를 논하시오(참조판례 : 대법원 2004.5.27. 선고 2003도4531 판결).

(3) 피기망자의 착오

사기죄는 기망행위로 인하여 상대방을 착오에 빠지게 하여야 하며, 기망과 상대방의 착오 사이에는 인과관계가 있어야 한다. 그렇다면 다음의 경우는 피기망자는 착오에 빠졌다고 할 수 있는가.

1) 승차권을 구입하지 않고 역무원 몰래 전철에 승차한 경우
2) 유효기간이 경과한 식품에 부착된 포장을 벗겨 유효한 바코드를 부착한 백화점 판매행위(참조판례 : 대법원 1996.2.13. 선고 95도2121 판결)
3) 변제의사와 변제능력 없이 신용카드를 발급받아 현금자동지급기의 현금서비스를 받거나 카드가맹점에서 물품을 구입한 경우(참조판례 : 대법원 2005.8.19. 선고 2004도6859 판결)

(4) 재산처분행위

사기죄가 성립하기 위해서는 기망행위 외에 피기망자가 착오로 인하여 재산처분행위를 하여야 한다. 즉, 피기망자와 재산처분행위자가 같아야 처분행위가 성립할 수 있다.

1) 피고인이 피해자에게 부동산매도용인감증명과 등기의무자 본인확인서면의 진실한 용도를 속이고 그 서류들을 교부받아 피고인명의의 소유권이전등기를 경료한 경우에 피해자의 재산처분행위가 있다고 할 수 있는가? (참조판례 : 대법원 2001.7.13. 선고 2001도1289 판결)
2) 처분행위는 피기망자의 처분의사가 있어야 하는가에 대한 견해대립을 살펴

보고 판례의 입장을 살펴보시오(참조판례 : 대법원 1987.10.26. 선고 87도1042 판결).

(5) 재산상의 손해발생

사기죄가 성립하기 위해서 재산상의 손해발생이 있어야 하느냐에 대해서 견해가 대립하나, 판례는 손해발생을 요하지 않는다고 한다(참조판례 : 대법원 1997.9.9. 선고 97도1561 판결). 학설의 논거를 살펴보고 자신의 입장을 밝히시오.

5. 심화학습

(1) 사기죄에서 피기망자인 처분행위자와 재산상의 피해자가 일치하지 않는 경우를 이른바 삼각사기라고 하는데, 그 대표적인 예들을 판례를 통하여 살펴보시오(참조판례 : 대법원 2004.3.12. 선고 2003도333 판결). 또한 사기죄가 성립하기 위해서는 처분행위자와 재산상의 피해자와는 어떠한 관계에 있어야 하는가?

(2) 보석상에서 마치 보석을 구입할 것처럼 가장하여 보석반지를 손가락에 끼워보는 척하다가 그대로 달아난 경우(이른바 책략절도) 사기죄가 성립하지 않는다면, 그 이유는 무엇인가?

(3) 사람을 기망하여 반환청구를 할 수 없는 불법원인급여(不法原因給與)를 하게 한 경우, 예컨대 공무원에게 뇌물을 공여하겠다고 속이고 재물을 편취(騙取)한 경우에 사기죄가 성립하는가?

(4) 「특정경제범죄가중처벌 등에 관한 법률」 제3조 제1항은 사기 등의 범죄를 통해 취득하거나 제3자로 하여금 취득하게 한 '재물 또는 재산상의 이익의

가액'(이득액)에 따라 법정형을 달리하는 규정을 두고 있다. 여기서 이득액은 구성요건요소인가 아니면 양형의 요소인가, 또한 이득액의 산정기준은 무엇인가? (참조판례 : 대법원 2007.4.19. 선고 2005 도7288 전원합의체 판결)

참고문헌

- 김성룡, "사기죄에 관한 대법원 판례의 소극적 기망행위와 관련한 몇가지 문제점," 형사판례연구 14호, 2006
- 안경옥, "부작위에 의한 기망행위," 영남법학 8편 1, 2호, 2002
- 이정원, "부작위에 의한 사기죄에서의 기망행위와 공동정범," 비교형사법연구 제8권 제1호, 2006
- 하태훈, "사기죄의 부작위에 의한 기망행위," 고시연구 1994.5(통권 제242호)
- 한정환, "사기죄에서의 기망과 재산상의 이익취득," 형사법연구 제12호, 1999

II. 컴퓨터 등 사용사기죄

– 신용카드부정사용과 사기죄 –

1. 사 례

甲은 1997.5.21.경 처 乙(44세)과 협의이혼한 사람으로서, 사실은 위 乙로부터 신용카드 발급에 대한 동의나 승낙을 받은 적도 없고, 甲의 채무가 약 5,000만원 정도 되었으며, 당시 甲이 운영하던 K유통에서는 매달 약 100만원의 적자가 발생하고 있는 상황이므로 신용카드를 사용하더라도 이를 변제할 의사나 능력이 없었다. 그럼에도 불구하고 甲은 피해자 L신용카드(주), 동 S신용카드(주), 동 T신용카드(주)로부터 위 乙의 명의를 모용하여 각 신용카드를 발급

받아 소지하게 되자 이를 기화로,

1) 2001.2.8.경 대구 남구 남명동 소재 K유통 사무실에서 乙명의의 L카드를 이용하여 ARS로 300만원의 현금대출을 받고는 1,557,051원을 변제하지 않은 것을 비롯하여 그때부터 2001.3.17.경까지 사이에 12회에 걸쳐 총 2,300만원 상당의 물품구입 및 현금대출을 받아 피해자 L신용카드(주)로 하여금 이를 대위변제케 하고서도 500만원만 변제하고 나머지 1,800만원을 변제하지 아니하여 동액 상당의 재산상 이익을 취득하였고,
2) 2000.10.27.경 위 K유통 사무실에서 乙명의의 S카드를 이용하여 카드론으로 250만원을 대출받고 그 중 1,664,000원을 변제하지 아니하여 재산상 이익을 취득하였고,
3) 2000.8.29.경 서울 서초구 이하 불상지에서 乙명의의 T카드를 이용하여 ARS로 200만원의 현금대출을 받고는 1,500,002원을 변제하지 않은 것을 비롯하여 그때부터 2001.3.13.경까지 사이에 위 카드를 이용하여 3회에 걸쳐 카드로 대출을 받고 그 중 일부 금원을 변제하지 아니하고, 7회에 걸쳐 현금자동지급기에서 현금을 인출하고 이를 변제하지 아니하여 재산상 이익을 취득하였다.

| 대상판결 |

대법원 2006.7.27. 선고 2006도3126 판결

2. 판결요지

[1] 피고인이 타인의 명의를 모용하여 신용카드를 발급받은 경우, 비록 카드회사가 피고인으로부터 기망을 당한 나머지 피고인에게 피모용자 명의로 발급된 신용카드를 교부하고, 사실상 피고인이 지정한 비밀번호를 입력하여 현금자동지급기에 의한 현금대출(현금서비스)을 받을 수 있도록 하였다 할

지라도, 카드회사의 내심의 의사는 물론 표시된 의사도 어디까지나 카드명의인인 피모용자에게 이를 허용하는 데 있을 뿐 피고인에게 이를 허용한 것은 아니라는 점에서, 피고인이 타인의 명의를 모용하여 발급받은 신용카드를 사용하여 현금자동지급기에서 현금대출을 받는 행위는 카드회사에 의하여 미리 포괄적으로 허용된 행위가 아니라, 현금자동지급기의 관리자의 의사에 반하여 그의 지배를 배제한 채 그 현금을 자기의 지배하에 옮겨 놓는 행위로서 절도죄에 해당한다.

[2] 타인의 명의를 모용하여 발급받은 신용카드의 번호와 그 비밀번호를 이용하여 ARS 전화서비스나 인터넷 등을 통하여 신용대출을 받는 방법으로 재산상 이익을 취득하는 행위 역시 미리 포괄적으로 허용된 행위가 아닌 이상, 컴퓨터 등 정보처리장치에 권한 없이 정보를 입력하여 정보처리를 하게 함으로써 재산상 이익을 취득하는 행위로서 컴퓨터 등 사용사기죄에 해당한다.

[3] 타인의 명의를 모용하여 발급받은 신용카드를 이용하여 현금자동지급기에서 현금을 인출한 행위와 ARS 전화서비스 등으로 신용대출을 받은 행위를 포괄적으로 카드회사에 대한 사기죄가 된다고 판단한 원심판결을 파기한 사례.

3. 판례이해

판결이유를 살펴보고 다음의 질문에 대해 검토하시오.

(1) 대상판결의 원심은 기본사례와 같이 타인명의를 모용하여 신용카드를 발급받고 이를 부정사용하는 일체의 행위(물품구매 행위, ARS를 통한 신용대출 및 현금자동지급기를 통한 현금서비스 등)가 사기죄의 포괄일죄를 구성한다고 보았다. 또한 이를 지지하는 견해(전체적 고찰설)도 있는데, 그 논거를 살펴보고 타당성 여부를 논하시오.

(2) 위의 원심판결과는 달리 카드의 발급행위와 사용행위를 구별하고 사용행위에 있어서도 각각의 행위에 대한 형법적 판단을 나누어 진행하는 견해(개별고찰설)를 따를 경우

1) 타인명의를 모용하여 카드를 발급받은 경우 그 신용카드 자체에 대한 사기죄가 성립하는가?

2) 타인명의를 모용한 카드로 물품을 구매한 행위는 사기죄가 성립하는가? 사기죄가 성립한다면 피해자는 누구인가?

3) 타인명의를 모용한 카드를 사용하여 현금자동지급기에서 현금대출을 받은 행위는 어떠한 범죄에 해당하는가?

4) 타인명의를 모용한 카드를 사용하여 ARS나 인터넷을 통한 신용대출을 받은 행위는 어떠한 범죄에 해당하는가?

5) 위 각각의 경우 성립되는 범죄의 죄수관계는 어떠한가?

4. 이론탐구

(1) 신용카드 부정발급과 사기죄

신용카드 발급신청자가 타인명의를 사용하여 허위내용을 기재하고 대금결제의사와 결제능력을 가장하여 신용카드를 발급받는 경우에 사문서위조 · 동행사죄가 성립하는 것 이외에 카드발급에 대한 사기죄도 성립하느냐에 대해서는 견해가 대립되고 있다. 각 학설의 논거와 판례의 입장을 살펴보고 자신의 견해를 밝히시오.

(2) 자기명의 신용카드 부정사용과 사기죄

유효하게 정상적으로 발급받은 카드회원이 대금결제의사나 능력도 없이 현금자동지급기에서 현금서비스를 받거나 가맹점에서 물품을 구입한 경우에 사기죄

가 성립하느냐에 대해서도 견해가 대립되고 있다. 각 학설의 논거와 판례의 입장을 살펴보고 자신의 견해를 밝히시오(참조판례 : 대법원 2006.3.24. 선고 2006도282 판결).

(3) 타인명의 신용카드 부정사용과 사기죄

1) 타인의 신용카드를 습득하거나 절취한 후 카드가맹점에 대하여 정당한 카드명의인으로 가장하여 물품을 구입하거나 용역을 제공받은 경우에 여신전문금융업법 제70조 1항의 "신용카드 부정사용죄"와 사기죄의 성립여부를 살펴보시오.

2) 위와는 달리 타인의 명의를 모용하여 발급받은 카드를 부정사용한 경우에는 여신전문금융업법상의 신용카드 부정사용죄가 성립하느냐?

(4) 현금자동지급기의 부정사용

1) 절취 등 불법취득한 타인명의 신용카드와 비밀번호를 사용하여 현금자동인출기에서 현금을 인출한 경우에 판례(대상판결 및 대판 2002도2134 등)는 2001년 '컴퓨터 등 사용사기죄'의 일부개정에도 불구하고 여전히 절도죄를 인정하고 있다. 그 타당성 여부를 검토하시오.

2) 절취한 현금카드를 사용하여 타인의 예금액을 자기계좌에 이체한 때에는 어떤 범죄가 성립하는가?

(5) 타인명의를 모용한 카드를 사용하여 ARS나 인터넷을 통한 신용대출을 받은 행위는 어떠한 범죄에 해당하는가?

5. 심화학습

(1) 최근 홈쇼핑, 인터넷쇼핑몰 등에서의 물품거래의 경우 텔레마케터나 ARS(automatic response service), 인터넷을 이용한다. 이 경우 타인명의의 신용카드를 불법사용하는 행위는 어떤 범죄가 성립하는가를 검토하시오.

(2) '컴퓨터 등 사용사기죄'의 구성요건 중 '권한 없이 정보를 입력 · 변경'하는 행위의 개념과 그 구체적 예를 들어보시오.

(3) 대상판결의 원심은 전처명의의 신용카드를 발급받고 이에 터잡아 이루어진 일련의 사기행위를 포괄하여 일죄, 즉 연속범으로 다루었다. 판례가 인정하고 있는 연속범의 법적 취급에 관해서는 다양한 견해가 대립되고 있는데, 이를 검토하시오.

참고문헌

- 김재봉, "성명모용에 의한 신용카드 취득 · 사용과 사기죄," 형사재판의 제문제 제4권, 2003
- 박광민, "연속범이론의 재검토," 형사법연구 제13호, 2000
- 안경옥, "타인 명의의 신용카드를 부정사용한 행위의 형사책임에 대한 재조명," 비교형사법연구 제4권 제2호, 2002
- 전지연, "현금카드범죄에 대한 형사법적 대응방안," 한림법학 FORUM 제6집, 한림대학교, 1997

III. 공 갈 죄

1. 사 례

1 甲은 폭력조직인 속칭 '향촌동파' 추종세력인 X 등 스포츠머리를 한 건장한 폭력배들과 함께 특별히 하는 일 없이 대구 수성구 두산동 소재 피해자 乙 주식회사가 운영하는 아리아나호텔의 커피숍 등에 모여 앉아 시간을 보내는 등 어울려 다니면서 그들로 하여금 甲에게 "형님" 이라면서 90도로 인사를 하게 하는 등 甲이 조직폭력배 두목인 것처럼 과시하여 이에 겁을 먹은 위 호텔 프론트 직원으로 하여금 호텔 객실을 내어주게 하고, 호텔측에서 객실요금을 지불해 줄 것을 요구하면 어깨에 힘을 주면서 "나중에 주겠다" 거나 "알았다" 고 말하고 그냥 가버리는 등 호텔 직원들의 신체에 어떠한 위해를 가할 듯한 태도를 취하여 그 요금 청구를 단념하게 하는 등의 방법으로, 2001.5.28.부터 2002.2.11.까지 사이에 위 호텔에 투숙하면서 40회에 걸쳐 위 호텔을 이용한 후 그 이용료 합계 9,875,258원의 지급을 하지 않음으로써 그 금액 상당의 재산상 이득을 취득하였다.

2 甲은 1991.7.29. 乙과의 사이에 X주식회사의 인수를 위한 매매계약체결시 인수시점을 기준으로 24억원을 초과하는 추가채무 발견시 乙 소유의 토지를 금 5억원으로 계산하여 상계처리하겠다는 매매계약서를 작성하였다. 그런데 甲은 약속어음채무총액 금 8억 8천만원을 초과채무라고 주장하면서 乙에게 토지소유권이전을 요구하였으나 乙이 거절하자 그를 협박하여 그 토지를 갈취하기로 결심하고, 1991.8.20. 10:00경 정읍휴게소 내 식당에서 주먹으로 乙의 머리를 때린 후 인상을 쓰고 주먹으로 곧 내리칠 것 같은 태도를 보이면서 이전할 것을 협박한 것을 비롯하여 같은 해 11월 초 일자불상경까지 매일 밤낮으로 같은 취지로 전화 협박하여 이에 외포된 동인으로 하여금 같은 달 21일 甲이 지정한 丙 앞으로 소유권이전등기를 경료함으로써 이를 갈취하였다.

| 대상판결 |

1 대법원 2003.5.13. 선고 2003도709 판결

2 대법원 2000.2.25. 선고 99도4305 판결

2. 판결요지

[1] 공갈죄의 수단으로서 협박은 사람의 의사결정의 자유를 제한하거나 의사실행의 자유를 방해할 정도로 겁을 먹게 할 만한 해악을 고지하는 것을 말하고, 해악의 고지는 반드시 명시의 방법에 의할 것을 요하지 아니하며 언어나 거동에 의하여 상대방으로 하여금 어떠한 해악에 이르게 할 것이라는 인식을 갖게 하는 것이면 족한 것이고, 또한 직접적이 아니더라도 피공갈자 이외의 제3자를 통해서 간접적으로 할 수도 있으며, 행위자가 그의 직업, 지위 등에 기하여 불법한 위세를 이용하여 재물의 교부나 재산상 이익을 요구하고 상대방으로 하여금 그 요구에 응하지 아니한 때에는 부당한 불이익을 초래할 위험이 있다는 위구심을 야기하게 하는 경우에도 해악의 고지가 된다.

[2] 피고인이 피해자에 대하여 채권이 있다고 하더라도 그 권리행사를 빙자하여 사회통념상 용인되기 어려운 정도를 넘는 협박을 수단으로 상대방을 외포케 하여 재물의 교부 또는 재산상의 이익을 받았다면 공갈죄가 되는 것이다.

3. 판례이해

판결이유를 살펴보고 다음의 질문에 대해 검토하시오.

(1) 기본사례 1의 원심은 "甲이 위 호텔의 직원들에게 객관적으로 사람의 의사

결정의 자유를 제한하거나 의사실행의 자유를 방해할 정도로 겁을 먹게 할 만한 해악을 고지하는 구체적인 행위가 있다고 볼 수 없다"는 이유로 甲에 대하여 무죄를 선고하였다. 이러한 원심의 태도는 공갈죄의 수단으로서 협박의 개념을 어떻게 파악한 것인가?

(2) 공갈죄의 수단으로서 협박의 개념과 해악고지의 방법 및 정도 등을 기본사례 [1]의 판결요지를 통하여 살펴보고, 폭행죄 및 강도죄의 협박과의 차이점을 설명하시오.

(3) 기본사례 [2]와 같이 권리자가 권리실행의 수단으로서 공갈수단을 사용한 경우 공갈죄가 성립하는가?

4. 이론탐구

(1) 공갈죄의 보호법익

공갈죄의 주된 보호법익은 개인의 재산이지만, 동시에 사람의 의사결정 내지 신체활동의 자유도 부차적인 법익이 된다. 이를 강도죄 및 사기죄의 보호법익과 관련하여 어떤 차이점이 있는가를 설명하시오.

(2) 공갈죄의 행위

행위는 공갈하여 재물 또는 재산상의 이익을 교부받거나 취득한 것 또는 제3자에게 교부받게 하거나 취득하게 하는 것이다.

1) 여기서 공갈은 반드시 '위법한 재산이익을 취득할 의사'(위법이득의사)가 있어야 하는가?

2) 공갈의 수단으로는 일반적으로 '폭행과 협박'을 들고 있다. 여기서 '폭행'은 사람에 대한 일체의 유형력 행사를 말하며(광의의 폭행), '협박'은 사람에게 공포심을 생기게 하는 해악의 고지로서 상대방이 현실적으로 공포심을 느낄

수 있는 것이라야 한다(협의의 협박).

① 판례에 나타난 해악고지의 구체적 내용을 살펴보시오(참조판례 : 대법원 1997.2.14. 선고 96도1959 판결 등).

② 해악고지의 방법으로 묵시적 방법 또는 거동 · 동작에 의해서 위해를 가할 기세를 보이는 것도 해악고지가 되는가?

③ 천재지변 · 길흉화복의 고지가 단순한 경고에 그친 때에는 해악고지라 할 수 있는가?

④ 공갈죄에서의 '폭행과 협박'과 강도죄의 '폭행과 협박'과는 어떠한 차이점이 있는가?

3) 공갈행위의 상대방(피공갈자)과 재산상의 피해자가 다른 경우, 예컨대 처를 공갈하여 그의 남편으로부터 재물을 교부받은 때에도 공갈죄가 성립하는가?

4) 공갈죄가 성립하기 위해서는 피해자에게 반드시 재산상의 손해가 발생하여야 하는가?

(3) 권리행사와 공갈죄

1) 정당한 권리자가 공갈수단을 사용하여 권리범위 내의 재산을 취득한 경우에 공갈죄가 성립하느냐에 관해서 학설은 대립하고 있다. 각 학설의 주장근거를 살펴보고 자신의 입장을 밝히시오.

2) 이 경우 판례는 일관되게 공갈죄의 성립을 인정하나, 그 기준으로 '사회통념'을 내세우고 있다. 이 기준은 객관적 기준이 되는가를 살펴보시오(참조판례 : 대법원 1990.8.14. 선고 90도114 판결 등).

5. 심화학습

(1) 매음의 대가지불을 약속하고 정교(情交)를 한 후 폭행 · 협박으로 매음료의 지급을 면한 경우에도 공갈죄가 성립하는가?

(2) 1개의 공갈행위로 수인으로부터 재물을 갈취한 경우 죄수관계는 어떻게 되는가?

(3) 공무원이 직무행위와 관련하여 상대방을 공갈하여 재물을 취득한 경우 죄수관계는 어떻게 되는가?

(4) 위 (3)의 경우 피공갈자에게 증뢰죄가 성립하는가?

참고문헌

- 임상규, "권리행사와 재산범죄," 형사법연구 제26호 특집호, 2006
- 장영민, "권리행사와 공갈죄의 성부," 형사판례연구 제4호, 1996
- 한정환, "공갈죄(상)," 판례월보 제351호, 1999. 12; "공갈죄(하)," 판례월보 제352호(2000.1)
- 허일태, "권리행사의 빙자와 공갈죄의 성립여부," 형사법연구 제17호, 2002

제5장 횡령과 배임의 죄

I. 횡령의 죄

I-1. 횡령죄의 주체

1. 사 례

甲은 1995.4.1. 서울 영등포구 문래동 4가 7의 1 소재 남부종합법무법인 사무실에서 당시 甲이 A에 대하여 부담하고 있던 1,150만원의 채무를 변제하기 위하여 B의 소유인 서울 구로구 구로동 412의 31 소재 주택에 대한 甲의 임차보증금 2,500만원 중 1,150만원의 반환채권을 A에게 양도하고도 B에게 그 채권양도 통지를 하지 않은 채 1995.4.20. 서울 구로구 구로동 소재 공신사 복덕방에서 B가 반환하는 임차보증금 2,500만원을 교부받아 그 중 이미 A에게 그 반환채권을 양도함으로써 A의 소유가 된 1,150만원을 보관하던 중 이를 A에게 돌려주지 아니한 채 그 무렵 그 곳에서 甲의 동생인 C에게 빌려주어 이를 착복하였다.

| 대상판결 |

대법원 1999.4.15. 선고 97도666 전원합의체 판결

2. 판결요지

[다수의견] 채권양도는 채권을 하나의 재화로 다루어 이를 처분하는 계약으로서, 채권 자체가 그 동일성을 잃지 아니한 채 양도인으로부터 양수인에게로 바로 이전하고, 이 경우 양수인으로서는 채권자의 지위를 확보하여 채무자로부터 유효하게 채권의 변제를 받는 것이 그 목적인바, 우리 민법은 채무자와 제3자에 대한 대항요건으로서 채무자에 대한 양도의 통지 또는 채무자의 양도에 대한 승낙을 요구하고, 채무자에 대한 통지의 권능을 양도인에게만 부여하고 있으므로, 양도인은 채무자에게 채권양도 통지를 하거나 채무자로부터 채권양도 승낙을 받음으로써 양수인으로 하여금 채무자에 대한 대항요건을 갖출 수 있도록 해 줄 의무를 부담하며, 양도인이 채권양도 통지를 하기 전에 타에 채권을 이중으로 양도하여 채무자에게 그 양도통지를 하는 등 대항요건을 갖추어 줌으로써 양수인이 채무자에게 대항할 수 없게 되면 양수인은 그 목적을 달성할 수 없게 되므로, 양도인이 이와 같은 행위를 하지 않음으로써 양수인으로 하여금 원만하게 채권을 추심할 수 있도록 하여야 할 의무도 당연히 포함되고, 양도인의 이와 같은 적극적 · 소극적 의무는 이미 양수인에게 귀속된 채권을 보전하기 위한 것이고, 그 채권의 보전 여부는 오로지 양도인의 의사에 매여 있는 것이므로, 채권양도의 당사자 사이에서는 양도인은 양수인을 위하여 양수채권 보전에 관한 사무를 처리하는 자라고 할 수 있고, 따라서 채권양도의 당사자 사이에는 양도인의 사무처리를 통하여 양수인은 유효하게 채무자에게 채권을 추심할 수 있다는 신임관계가 전제되어 있다고 보아야 할 것이고, 나아가 양도인이 채권양도 통지를 하기 전에 채무자로부터 채권을 추심하여 금전을 수령한 경우, 아직 대항요건을 갖추지 아니한 이상 채무자가 양도인에 대하여 한 변제는 유효하고, 그 결과 양수인에게 귀속되었던 채권은 소멸하지만, 이는 이미 채권을 양도하여 그 채권에 관한 한 아무런 권한도 가지지 아니하는 양도인이 양수인에게 귀속된 채권에 대한 변제로서 수령한 것이므로, 채권양도의 당연한 귀결로서 그 금전을 자신에게 귀속시키기 위하여 수령할 수는 없는 것이고, 오로지 양수인에게 전달해 주기 위하여서만 수령할

수 있을 뿐이어서, 양도인이 수령한 금전은 양도인과 양수인 사이에서 양수인의 소유에 속하고, 여기에다가 위와 같이 양도인이 양수인을 위하여 채권보전에 관한 사무를 처리하는 지위에 있다는 것을 고려하면, 양도인은 이를 양수인을 위하여 보관하는 관계에 있다고 보아야 할 것이다.

[반대의견] 채무자는 그의 채권자(채권양도인)에게 변제할 의사로 금전을 교부하였다고 할 것이고, 채권자는 이를 자신이 취득할 의사로 교부받았다고 할 것이므로(채권자가 채권양도의 통지를 하지 아니한 채 이를 수령한 것이 신의에 반한다고 하더라도), 채무자가 채권자에게 채무의 변제로서 교부한 금전의 소유권은 채권자에게 귀속하는 것이고, 위와 같은 경우, 채무자가 채권자에게 교부한 금전이 채권양도인과 채권양수인 사이에서는 채권양수인의 소유에 속한다고 볼 수 있는 법률상의 근거가 없으며, 재물을 보관하는 관계가 신의칙이나 조리에 따라 성립될 수 있다고 하더라도 재물의 소유권의 귀속은 민사법에 따라야 할 것이고 형사법에서 그 이론을 달리할 수 있는 것이 아니고, 채권양도인과 채권양수인과의 사이에 채무자가 채권양도인에게 채무의 변제로서 금전을 교부하는 경우, 이를 채권양수인에게 귀속하는 것으로 하기로 특약을 하는 것과 같은 특별한 사정이 없는 한, 채권양도인이 채무자로부터 교부받은 금전을 그대로 채권양수인에게 넘겨야 하거나 채권양수인의 지시에 따라 처리하여야 할 의무가 있다고 볼 근거도 없으므로, 채권양도인이 위 금전을 채권양수인을 위하여 보관하는 지위에 있다고 볼 수도 없다.

[보충의견] 민법 이론에 의하면, 특히 금전은 봉함된 경우와 같이 특정성을 가진 경우를 제외하고는 그 점유가 있는 곳에 소유권도 있는 것이어서 이를 횡령죄에 그대로 적용한다면 금전은 특정물로 위탁된 경우 외에는 횡령죄가 성립할 여지가 없게 되나 이러한 민법 이론은 고도의 대체성이 있는 금전에 대하여 물권적 반환청구권을 인정하는 것이 불필요할 뿐만 아니라, 금전이 교환수단으로서의 기능을 가지고 전전 유통됨을 전제로 하여 동적 안전을 보호하는 데 그 목적이 있는 것이어서, 내부적으로 신임관계에 있는 당사자 사이에서 재물의 소유자, 즉 정적 안전을 보호함을 목적으로 하는 횡령죄에서 금

전 소유권의 귀속을 논하는 경우에도 그대로 타당하다고 할 수 없고, 당사자 사이의 신임관계 내지 위탁관계의 취지에 비추어 일정한 금전을 점유하게 된 일방 당사자가 당해 금전을 상대방의 이익을 위하여 보관하거나 사용할 수 있을 뿐 그 점유자에 의한 자유로운 처분이 금지된 것으로 볼 수 있는 경우에는 민법의 채권채무관계에 의하여 상대방을 보호하는 데 머무르지 않고, 그 점유자는 상대방의 이익을 위하여 당해 금전 또는 그와 대체할 수 있는 동일한 가치의 금전을 현실적으로 확보하여야 하고, 그러한 상태를 형법상으로 보호한다는 의미에서 민법상 소유권과는 다른 형법상 소유권 개념을 인정할 필요가 있고, 대법원 판례가 일관하여, 용도를 특정하여 위탁된 금전을 그 용도에 따르지 않고 임의사용한 경우, 금전의 수수를 수반하는 사무처리를 위임받은 자가 그 행위에 기하여 위임자를 위하여 제3자로부터 수령한 금전을 소비한 경우에 횡령죄의 성립을 인정하여 온 것은 이와 같은 취지에 따른 것이고, 한편 횡령죄에서 '재물의 보관'이라 함은 재물에 대한 사실상 또는 법률상 지배력이 있는 상태를 의미하고, 그 보관이 위탁관계에 기인하여야 할 것임은 물론이나, 그것이 반드시 사용대차, 임대차, 위임 등의 계약에 의하여 설정되는 것임을 요하지 아니하고 사무관리, 관습, 조리, 신의칙에 의해서도 성립될 수 있는 것인바, 양도인이 채무자에게 채권양도 통지를 하기 이전에 스스로 채무자로부터 추심한 금전에 대하여 그 사전 사후 당사자 사이에 위탁보관관계를 성립시키는 특별한 약정이 없다고 하더라도, 양도인은 위에서 본 바와 같이 양수인을 위하여 채권보전에 관한 사무를 처리하는 지위에 있고, 그 금전도 양수인에게 귀속된 채권의 변제로 수령한 것인 만큼, 그 목적물을 점유하게 된 이상 이를 양수인에게 교부하는 방법으로도 채권양도의 목적을 충분히 달성할 수 있음에 비추어, 양도인으로서는 신의칙 내지 조리상 그가 수령하여 점유하게 된 금전에 대하여 양수인을 위하여 보관하는 지위에 있다고 보아야 할 것이다.

3. 판례이해

판결이유를 살펴보고 다음의 질문에 대해 검토하시오.

(1) 기본사례에서 甲에게 '위탁관계에 의한 보관자'의 지위를 인정할 때, 위탁관계의 원인을 어떻게 설명할 수 있는가?

(2) 위 반대의견이 등장하는 가장 근본적인 원인이 어디에 있으며, 만약 비대체물인 특정물건이 위 사례의 대상인 경우에도 반대의견이 등장할 수 있는가?

4. 이론탐구

(1) 횡령죄의 본질에 관한 학설과 판례의 입장을 설명하고 자신의 견해를 밝히시오.

(2) 보관의 근거인 위탁관계가 사무관리, 관습, 조리, 신의칙 등에 의하여 성립하는 사례를 3개 이상 드시오.

(3) 타인의 송금절차의 착오로 인하여 자기의 은행구좌로 입금된 금액을 착복한 경우, 횡령죄가 성립하지 않는 이유를 설명하시오.

(4) 부동산에 대한 보관의 방식을 설명하고, 판례에서 인정된 부동산에 대한 보관의 양태들을 예시하시오.

(5) 업무상횡령죄의 주체에게 요구되는 이원적 지위를 설명하시오.

5. 심화학습

불법원인급여물에 대한 횡령죄의 성립문제를 검토하시오.

참고문헌

- 강동범, "소위 불법원인급여와 횡령죄의 성부," 판례연구[1], 1993
- 원혜욱, "횡령죄에 있어서의 위탁관계," 형사판례연구[14], 2006
- 장영민, "불법원인급여와 횡령죄," 형사판례연구[8], 2000

I-2. 횡령죄의 객체

1. 사 례

甲이 A와의 명의신탁약정에 따라 A가 B로부터 매수한 공주시 반포면 소재 밭 1,491㎡를 1992.1.6. 甲 앞으로 곧바로 소유권이전등기를 하여 보관하던 중, ① 1996년 10월 위 밭의 일부인 70평에 대한 토지수용보상금 19,370,000원 중 5,370,000원을 임의로 소비하여 횡령하고, ② 1998.3.5. A로부터 위 밭의 소유명의를 돌려달라는 요구를 받고 이를 거부하여 시가 금 1억원 상당의 위 밭을 횡령하였다.

| 대상판결 |

대법원 2001.11.27. 선고 2000도3463 판결

2. 판결요지

[1] 부동산을 그 소유자로부터 매수한 자가 그의 명의로 소유권이전등기를 하지 아니하고 제3자와 맺은 명의신탁약정에 따라 매도인으로부터 바로 그 제3자에게 중간생략의 소유권이전등기를 경료한 경우, 그 제3자가 그와 같은 명의신탁약정에 따라 그 명의로 신탁된 부동산을 임의로 처분하였다면 신탁자에 대한 횡령죄가 성립하고, 그 명의신탁이 「부동산실권리자명의등기에 관한 법률」 시행 전에 이루어졌고 같은 법이 정한 유예기간 이내에 실명등기를 하지 아니함으로써 그 명의신탁약정 및 이에 따라 행하여진 등기에 의한 물권변동이 무효로 된 후에 처분이 이루어졌다고 하여 달리 볼 것은 아니다.

[2] 명의수탁자가 신탁받은 부동산의 일부에 대한 토지수용보상금 중 일부를 소비하고, 이어 수용되지 않은 나머지 부동산 전체에 대한 반환을 거부한 경우, 부동산의 일부에 관하여 수령한 수용보상금 중 일부를 소비하였다고 하여 객관적으로 부동산 전체에 대한 불법영득의 의사를 외부에 발현시키는 행위가 있었다고 볼 수는 없으므로, 그 금원 횡령죄가 성립된 이후에 수용되지 않은 나머지 부동산 전체에 대한 반환을 거부한 것은 새로운 법익의 침해가 있는 것으로서 별개의 횡령죄가 성립하는 것이지 불가벌적 사후행위라 할 수 없다고 한 사례.

3. 판례이해

판결이유를 살펴보고 다음의 질문에 대해 검토하시오.

(1) 위 사례의 경우 누구에 대하여 횡령죄가 성립하는가?

(2) 위 사례의 경우 횡령행위 당시 대상 부동산에 대한 소유권은 누구에게 있는가?

(3) 위 사례의 경우 횡령행위의 피해자는 누구이며, 피해의 내용은 무엇인가?

4. 이론탐구

(1) 할부판매, 양도담보, 매도담보 등의 경우, 목적물의 소유관계를 검토하고, 그것들을 객체로 횡령죄가 성립하는 사례를 구성하시오.

(2) 금전위탁물의 소유관계를 고려하여 그것을 수탁자가 착복한 경우 횡령죄의 성립여부를 판단하시오.

(3) 부동산이나 동산을 이중매매한 경우 횡령죄의 성립 여부는?

(4) 2자간 명의신탁에서 명의수탁자가 목적물을 임의처분하면 횡령죄가 성립하는가?

(5) 계약명의신탁의 경우 명의수탁자가 부동산을 임의처분하면 횡령죄가 성립하는가?

(6) 계주가 계금을 수령하여 지정된 계원에게 지급하지 않은 경우(참조판례: 대법원 1995.9.29. 선고 95도1176 판결), 피용자가 제공한 입사보증금을 사용자가 소비한 경우(참조판례: 대법원 1998.4.14. 선고 98도292 판결), 소위 프랜차이즈계약인 본사와 가맹점 사이의 계약에서 가맹점주가 물품판매대금을 임의소비한 경우(참조판례: 대법원 1996.2.23. 선고 95도2608 판결) 횡령죄가 성립하는가?

(7) 점유이탈물횡령죄의 '유실물 · 표류물 · 매장물'의 의미는?

5. 심화학습

"피고인은 공소외 윤둘선이 운영하는 다방에서 돈 2,000원을 내어 그 다방 종업원인 피해자 김수경에게 즉석에서 당첨 여부를 확인하는 500원짜리 체육복권 4장(이하 '첫 번째 복권 4장'이라 한다)을 사 오도록 하여 피고인, 피해자, 윤둘선 및 다방종업원인 공소외 안인숙 등 4명이 다방 탁자에 둘러앉아 각자 한 장씩 나누어 그 복권 우측 상단을 긁어 당첨 여부를 확인한 결과 그 중에서 2장의 복권이 각 1,000원에 당첨되었고(원심은 1,000 원에 당첨된 복권들이 누가 긁어 확인한 것인지에 관하여 명백한 사실인정을 하지 아니하고, 다만 2장의 복권이 1,000 원에 당첨되었다고만 인정하고 있다), 그 1,000원에 당첨된 복권 2장을 다시 복권 4장(이하 '두 번째 복권 4장'이라 한다)으로 교환하여 온 후 피고인 등 4명이 그 당첨 여부를 확인한 결과 피해자와 윤둘선이 확인한 복권 2장이 각 2,000만원에 당첨되었는데, 윤둘선은 자신이 확인하여 당첨된 복권을 그 자리에서 피고인에게 교부하였고, 피해자는 자신이 확인하여 당첨된 복권 한 장을 그 탁자 위에 놓아두고 다른 볼 일을 보러 그 자리를 잠시 비운 사이에 피고인이 당첨된 복권 2장을 가지고 가 현금으로 교환하고도 당첨금을 피해자에게 교부하지 않았다"

공소사실을 전제하여(대법원 2000.11.10. 선고 2000 도4335 판결 참조) 이에 대하여 횡령죄의 성립 여부를 그 구성요건에 따라서 검토하시오.

참고문헌

- 박상기, "부동산명의신탁과 횡령죄," 형사판례연구[6], 1998
- 백재명, "부동산명의신탁과 횡령죄," 형사판례연구[7], 1999
- 손동권, "명의신탁부동산의 처분행위에 대한 횡령죄의 성립여부," 고시연구(1997.12)

I-3. 횡령행위와 불법영득의사

1. 사 례

A, B, C는 피해자들로부터 이 사건 임야 중 각 3분의 1 지분을 명의수탁받아 이를 보관하고 있는 자인바, 甲이 A와 공모하여 1998.12.3. 이 사건 임야 중 A의 지분에 관하여 고려화학 주식회사에 대한 대림종합상사 주식회사의 채무를 담보하기 위하여 피해자들의 승낙 없이 고려화학 주식회사 명의의 채권최고액 150,000,000원의 근저당권설정등기를 경료한 후, 다시 B, C와·공모하여 1999.1.13. 그 말소등기를 신청하면서 그와 동시에 피해자들의 승낙 없이 F 명의의 매매를 원인으로 한 소유권이전등기를 신청하여 고려화학 주식회사 명의의 근저당권에 대한 말소등기와 F 명의의 소유권이전등기가 순차로 경료되었다.

| 대상판결 |

대법원 2000.3.24. 선고 2000도310 판결

2. 판결요지

부동산의 명의수탁자가 신탁자의 승낙 없이 갑 앞으로 근저당권설정등기를 경료했다가 후에 그 말소등기를 신청함과 동시에 을 앞으로 소유권이전등기를 신청함에 따라 갑 명의의 근저당권말소등기와 을 명의의 소유권이전등기가 순차 경료된 경우, 갑 명의의 근저당권설정등기를 경료할 당시에 해당 부동산에 대한 불법영득의 의사를 외부에 객관적으로 나타냄으로써 횡령죄는 이미 완성되었고, 을 명의의 소유권이전등기가 경료되기 전에 동시에 신청한 갑 명의의 근저당권에 대한 말소등기가 먼저 경료되었다고 하더라도 갑 명의의의 근저당권설정등기의 말소는 을 명의의 소유권이전등기의 준비행위에 불과하다 할 것이어서 명의신탁자의 소유권에 대한 침해가 회복되지 아니한 상태에서 행하여진 을 명의의 소유권이전등기를 경료해 준 행위는 횡령물의 처분행위로서 새로운 법익의 침해를 수반하지 않는 이른바 불가벌적 사후행위에 해당하여 별도의 횡령죄를 구성하지 아니한다.

3. 판례이해

판결이유를 살펴보고 다음의 질문에 대해 검토하시오.

(1) 횡령죄는 다른 사람의 재물에 관한 소유권 등 본권을 그 보호법익으로 하는 것인데도, 임야의 실제 소유자의 동의 없이 함부로 이를 담보로 제공하는 행위만으로써도 횡령죄가 기수에 이른 것으로 법원이 판단한 근거를 설명하시오.

(2) 위 사안에서 근저당권설정등기의 말소가 중지행위로 평가할 수 없는지 검토하고, 없다면 그 이유를 설명하시오.

(3) F 명의의 소유권 이전등기가 불가벌적 사후행위가 되는 근거를 설명하시오.

(4) 만약 권저당권설정등기를 말소한 후, 새로이 F명의로 소유권이전등기를 경료해 주었다면 죄수관계가 어떻게 되는가? (참조판례: 대법원 1978.11.28. 선고 78도2175 판결)

4. 이론탐구

(1) 횡령죄가 절도죄보다 그 법정형이 낮은 이유는?

(2) 횡령죄의 경우 보호법익의 보호정도에 관한 학설을 설명하고, 판례가 위험범설을 취하면서도(대법원 2002.11.13. 선고 2002도2219 판결 참조) "타인소유의 부동산을 보관중인 명의수탁자가 위 신탁관계에 위반하여 이를 담보로 제공하고 근저당권을 설정하는 경우에는 후에 이를 반환하였는지 여부에 관계없이 위 부동산에 관한 근저당권설정등기를 마치는 때에 위 부동산에 관한 횡령죄의 기수가 된다"(대법원 1985.9.10. 선고 85도86 판결 참조)고 한다면 양 입장 사이에 형법이론적인 모순이 없는지 검토하시오.

(3) 보관하는 물건에 대한 '반환의 거부'가 횡령행위로 평가되기 위한 요건을 설명하고, "甲(피고인)이 반환을 거부한 乙(공소외 박형식) 소유의 공구는 같은 乙이 甲이 근무하는 당원설비공업 주식회사로부터 아파트급수위생난방공사의 노임 하청을 받아 시공하던 중 공사금의 인상을 요구하다 거절당하자 공정 40퍼센트에 이르렀을 때 공사를 중단하고 현장을 떠나면서 공사현장에 두고 간 것들을 甲이 거두어 보관하고 있던 것으로서, 위 乙은 총 공사대금 7,380,000원 중에서 이미 5,237,750원을 지급받아 갔기 때문에 그가 완성한 공정 40퍼센트에 비하면 2,230,000여원의 공사비를 초과 지급받은 결과가 되었으므로 甲이 위와 같이 초과 지급된 공사비를 반환할 때까지는 보관중인 공구를 반환할 수 없다고 거부하였다"는 사례의 경우 횡령죄가 성립하는지 판단하시오(참조판례: 대법원 1986.10.28. 선고 86도1516 판결).

(4) 횡령죄의 기수판단 기준에 관한 표현설과 실현설을 비교하여 설명하고, 자신의 견해를 피력하시오.

(5) 부작위에 의한 횡령행위가 가능한지 검토하고, 가능하다면 부작위에 의한 횡령의 예를 드시오.

5. 심화학습

(1) "甲은 재단법인 혜성학원 소속의 혜성여자상업전수학교 서무과장으로서 업무상 보관중인 위 재단 소유의 급여자금으로 교사들의 월 급여 및 퇴직금을 지급함에 있어서, 봉급 지급명세서나 퇴직금 지급명세서에는 실지 지급액보다 높게 기장하고 그 차액을 인출하여, 이를 신입생이 입학정원에 미달되어 학교에서 교사들로 하여금 신입생 모집활동을 하게 하고 그 비용으로 재단이사 및 학교장 등의 양해 아래 사용한 경우"에 횡령죄가 성립하는가? (참조판례: 대법원 1982.3.9. 선고 81도3009 판결)

(2) '사용횡령(Gebrauchsunterschlagung)'의 개념을 설명하고, 위법한 목적을 위한 항목유용이거나 용도가 엄격히 제한된 예산이라는 사정이 없는 경우의 예산의 항목유용이나(참조판례: 대법원 2002.11.26. 선고 2002도5130 판결; 대법원 2002.5.10. 선고 2001도1779 판결), 금전의 특정성이 요구되지 않은 상태에서 수탁자가 위탁의 취지에 반하지 않고 필요한 시기에 다른 금원으로 대체시킬 수 있는 상태에서 그 금원을 일시 사용하는 경우(참조판례: 대법원 2002.10.11. 선고 2002도2939 판결; 대법원 2002.8.23. 선고 2002도366 판결) 횡령죄가 성립하는가?

참고문헌

- 류석준, "기업의 비자금조성행위에 대한 형사처벌 가능성 검토," 형사법연구 제19권 제3호, 2007 가을
- 원혜욱, "횡령죄에 있어서의 불법영득의사," 이재상 교수 화갑기념논문집, 2003

I-4. 공범, 죄수 및 장물죄 등과의 관계

1. 사 례

[1] 면의 예산과는 별도로 면장 乙이 면민들로부터 모금하여 그 개인 이름으로 예금하여 보관하고 있던 체육대회성금을 면의 총무계장 甲이 乙과 공모하여 임의로 소비하였다.

[2] 甲이 피해자 乙로부터 명의수탁받아 보관 중이던 이 사건 토지에 관하여 乙의 승낙 없이 1991.5.8. 채권최고액 각 금 60,000,000원 및 15,000,000원의 근저당권설정등기를 A, B에게 각 경료하여 준 바 있고, 그 후 甲이 기존의 근저당권설정등기 등을 모두 말소하여 乙의 소유권에 대한 침해를 회복하지 아니한 상태에서, 1992.12.29. 채권최고액 금 375,000,000원의 근저당권설정등기를 C에게 경료해 주었다.

[3] 甲은 종중으로부터 부동산을 신탁받은 乙이 종중의 승낙 없이 이를 매각처분한다는 사실을 알고도 그것을 매수하였다.

| 대상판결 |

[1] 대법원 1989.10.10. 선고 87도1901 판결

[2] 대법원 1996.11.29. 선고 96도1755 판결

[3] 대법원 1979.11.27. 선고 79도2410 판결

2. 판결요지

[1] 면의 예산과는 별도로 면장이 면민들로부터 모금하여 그 개인명으로 예금하여 보관하고 있던 체육대회성금의 업무상 점유보관자는 면장뿐이므로 면의 총무계장이 면장과 공모하여 업무상횡령죄를 저질렀다 하여도 업무상 보관책임 있는 신분관계가 없는 총무계장에 대하여는 형법 제33조 단서

에 의하여 형법 제355조 제1항에 따라 처단하여야 한다.

[2] 명의신탁받아 보관 중이던 토지를 피해자의 승낙 없이 제3자에게 근저당권 설정등기를 경료해 준 경우 횡령죄가 성립하고, 그 후 또 다시 다른 사람에게 근저당권설정등기를 경료해 주었다 하더라도 이는 횡령물의 처분행위로서 별개의 횡령죄를 구성하지 않는다고 한 사례(근저당권 설정 및 말소등기의 과정을 시간 순으로 단순화시켜 보면, 제1번 설정, 제2번 설정, 제1번 말소, 제3번 설정, 제2번 말소의 순으로 진행된 사안에서, 제3번 설정행위에 대하여 기소한 사건임).

[3] 1. 부동산의 수탁자가 신탁자의 승낙 없이 매각처분함으로써 횡령죄가 성립하는 경우에 매수인이 그 정을 알고 있었다 하더라도 수탁자와 짜고 불법영득할 것을 공모한 것이 아닌 한 그 횡령죄의 공동정범이 되지 아니한다.

2. 신탁행위에 있어서는 수탁자가 외부관계에 대하여 소유자로 간주되므로 이를 취득한 제3자는 수탁자가 신탁자의 승낙 없이 매각하는 정을 알고 있는 여부에 불구하고 장물취득죄가 성립하지 아니한다.

3. 판례이해

판결이유를 살펴보고 다음의 질문에 대해 검토하시오.

(1) 사례 [1]에서 甲에게 성립하는 죄책이 무엇인가?

(2) 사례 [2]에서 횡령죄의 죄수를 판단하고, 만약 기존의 근저당권설정등기 등을 모두 말소한 후 또 다시 다른 사람에게 근저당권설정등기를 경료해 주었다면 죄수는 어떻게 되는가?

(3) 사례 [3]에서 甲에게 성립하는 죄책은?

4. 이론탐구

(1) 부동산소개업자로서 부동산의 등기명의수탁자가 그 명의신탁자의 승낙 없이 이를 제3자에게 매각하여 불법영득하려고 하는 점을 알면서도 그 범행을 도와주기 위하여 수탁자에게 매수할 자를 소개하여 주거나(대법원 1988.3.22. 선고 87도2585 판결 참조), 입찰업무 담당 공무원이 입찰보증금이 횡령되고 있는 사실을 알고도 이를 방지할 조치를 취하지 아니함으로써 새로운 횡령범행이 계속된 경우(대법원 1996.9.6. 선고 95도2551 판결 참조) 성립하는 범죄는?

(2) 횡령죄의 죄수를 판단하는 일반적인 기준은?

(3) 피해자를 기망하여 약속어음을 교부받은 후 이를 피해자에 대한 피고인의 채권의 변제에 충당한 경우(1), 위탁자로부터 당좌수표할인을 의뢰받은 피고인이 제3자를 기망하여 당좌수표를 할인받은 다음 그 할인금을 임의로 소비한 경우(2), 각 성립하는 죄책은?

II. 배임의 죄

II-1. 배임죄의 주체

1. 사 례

甲은 A 학교법인의 이사 겸 그 학교법인이 설립 경영하는 B 고등학교의 교장으로서 그의 처인 乙이 이 학교법인의 이사장으로 선임되어 있으나, 사실상 甲이 A 학교법인의 경영을 주도하며 재산관리 및 수익사업을 비롯한 법인업무 전반을 총괄하는 한편 B 고등학교의 교무를 총괄하면서 교비회계에 속하는 자금을 비롯하여 B 고등학교의 운영을 위하여 B 고등학교에 귀속된 모든 자금을 보관 · 관리하는 업무를 취급하고 있다.

甲이 학교재산에 속하는 골프장 용지에 대한 임대차계약을 체결하면서, 한국감정원의 감정의견에 의할 때 임대료가 금 473,900,000원에 이르는 이 용지를 불과 금 45,600,000원의 임대료에 丙 명의로 임차함으로써 학교법인에 그 차액 상당의 손해를 가하였다.

| 대상판결 |

대법원 2000.3.14. 선고 99도457 판결

2. 판결요지

[1] 불법영득의사를 실현하는 행위로서의 횡령행위가 있다는 점은 검사가 입증하여야 하는 것으로서 그 입증은 법관으로 하여금 합리적인 의심을 할 여지가 없을 정도의 확신을 생기게 하는 증명력을 가진 엄격한 증거에 의하여야 하고, 이와 같은 증거가 없다면 설령 피고인에게 유죄의 의심이 간다 하더라도 피고인의 이익으로 판단할 수밖에 없다고 할 것이나, 피고인이 자신이 위탁받아 보관중이던 돈이 모두 없어졌는데도 그 행방이나 사용처를 설명하지 못하거나 또는 피고인이 주장하는 사용처에 사용된 자금이 다른 자금으로 충당된 것으로 드러나는 등 피고인이 주장하는 사용처에 사용되었다는 점을 인정할 수 있는 자료가 부족하고 오히려 개인적인 용도에 사용하였다는 점에 대한 신빙성 있는 자료가 많은 경우에는 일응 피고인이 위 돈을 불법영득의 의사로써 횡령한 것으로 추단할 수 있다.

[2] 배임죄의 주체로서 '타인의 사무를 처리하는 자'란 타인과의 대내관계에 있어서 신의성실의 원칙에 비추어 그 사무를 처리할 신임관계가 존재한다고 인정되는 자를 의미하고, 반드시 제3자에 대한 대외관계에서 그 사무에 관한 대리권이 존재할 것을 요하지 않으며, 업무상 배임죄에 있어서의 업무의 근거는 법령, 계약, 관습의 어느 것에 의하건 묻지 않고, 사실상의 것도 포함한다.

[3] 사실상 학교법인의 경영을 주도하고 업무를 총괄하며 학교자금을 보관·관리하는 업무를 취급하고 있는 학교법인의 이사 겸 학교법인이 설립한 고등학교의 교장이 학교재산에 관한 임대차계약을 체결한 경우, 업무상배임죄의 주체가 될 수 있다고 한 사례.

[4] 배임죄에 있어서 '임무에 위배하는 행위'라 함은 처리하는 사무의 내용, 성질 등에 비추어 법령의 규정, 계약의 내용 또는 신의칙상 당연히 하여야 할 것으로 기대되는 행위를 하지 않거나 당연히 하지 않아야 할 것으로 기대되는 행위를 함으로써 본인과의 신임관계를 저버리는 일체의 행위를 포함하며, 이에 해당하는 한 재산처분에 관한 결정권을 가진 학교법인의 이사회의 결의가 있었다거나 감독청의 허가를 받아서 한 것이라고 하여 정당화할 수 없다.

3. 판례이해

판결이유를 살펴보고 다음의 질문에 대해 검토하시오.

(1) 甲이 배임죄의 주체가 됨을 설명하시오.

(2) 甲이 업무상배임죄의 주체가 됨을 설명하시오.

(3) 甲이 '타인의 사무를 처리하는 자'에 해당한다고 할 때, 이 사안에서 타인은 누구인가?

4. 이론탐구

(1) 배임죄의 주체인 '타인의 사무를 처리하는 자'에서 법인격 없는 단체도 타인에 해당할 수 있는가?

(2) 법인이 타인의 사무를 처리해야 하는 경우 법인이 배임죄의 주체가 되는가?

(3) 배임죄의 주체인 '타인의 사무를 처리하는 자'에서의 '사무'의 성질이나 내용에 관하여 재산관리사무에 제한되는지 여부를 검토한 후, 배임죄에서 '타인의 사무를 처리하는 자'라 함은 양자간의 신임관계에 기초를 둔 타인의 재산의 보호 내지 관리의무가 있음을 그 본질적 내용으로 한다는 [대법원 1987.4.28. 선고 86도2490 판결]과 배임수증죄에서 타인의 사무는 재산상의 사무에 국한한다고 볼 수 없다는 [대법원 2003.3.25. 선고 2003도301 판결]을 비교하고, 의사의 치료지연이나 변호인의 불성실한 변론으로 환자나 의뢰인에게 재산상의 손해를 입히면 배임죄가 성립하는지 판단하시오.

(4) '타인의 사무처리'는 일정한 신임관계에 의한 것이어야 한다고 할 때, 그 신임관계의 근원에 대하여 설명하시오.

5. 심화학습

대법원은 [86도1382] 판결에서 "피고인은 법률상 처가 있음에도 1973년경부터 5년 연상의 여자인 피해자와 내연의 관계를 맺어 동거해 오던 중 1975.11.25경에 이르러 피해자가 피고인과의 내연의 관계를 유지하는 데 대한 대가를 요구해 왔을 뿐만 아니라 피고인 또한 그녀를 도와주면서 그러한 관계를 유지할 목적으로 위 임야를 피해자에게 증여를 하기로 하고, 편의상 매매형식을 빌어 매도증서를 작성한 후 이를 공증을 한 다음, 위 임야가 원래 종중의 위토이어서 이를 처분한 데 대한 친족들의 비난을 우려하여 이에 대한 소유권이전등기는 3년 뒤인 1978.5.28까지 경료해 주기로 약정하였다가, 이 약정을 위반한" 사안에서 배임죄의 성립을 부정하였다. 배임죄가 성립할 수 없는 근거는?

참고문헌

- 이민걸, "지명채권양도인이 양도통지 전에 채권의 변제로서 수령한 금전을 자기를 위하여 소비한 경우 횡령죄 또는 배임죄의 성립," 형사판례연구[8], 2000

II-2. 배임죄의 행위

1. 사 례

주식회사 1은 그룹의 모회사로서 1991년 이후 외부차입금에 의존한 무리한 사업확장으로 부채와 금융비용이 급증하고, 경상이익 또한 지속적으로 감소하여, 1994년경에는 그 보유자산이 금 8,598억원 정도인 반면 순부채액이 금 7,111억원에 이르렀을 뿐만 아니라, 경상이익(금 282억원)을 훨씬 초과하는 금융비용(금 549억원) 등 과중한 자금수요로 인하여 채무가 누적되어 가는 형편이어서 이미 정상적인 경영이 불가능하였던 상황에서, 피고인 1은 그룹의 회장 겸 주식회사 1의 대표이사로서, 피고인 2는 그룹의 부회장 겸 종합조정실장으로서 그 산하 16개의 계열회사 전반의 경영과 자금 등에 관한 주요정책을 수립하고 그 집행을 지시하여 왔는데, 주식회사 1의 자금사정이 위와 같이 악화되기에 이르자, 계열회사의 대표이사 등에게 지시하여 그들로 하여금 계열회사의 자금을 주식회사 1에게 대여 내지 지원하도록 하였고, 그 과정에서 계열회사의 이사회 결의를 거치지 않았을 뿐만 아니라 별다른 채권회수조치도 취하지 아니하였다.

또한 주식회사 2가 사옥을 매입함에 있어 이미 주식회사 1이 대구은행으로부터 차용한 금원을 담보하기 위하여 위 부동산에 시가의 2배 이상을 상회하는 채권최고액 330억원의 근저당권이 설정되어 있었음에도 불구하고 이러한 권리를 소멸시킬 수 있는 아무런 조치를 강구함이 없이 주식회사 1로부터 이를 그대로 매수하면서 주식회사 1에 매매대금의 대부분을 지급하였다.

| 대상판결 |

대법원 2000.3.14. 선고 99도4923 판결

2. 판결요지

[1] 배임죄는 타인의 사무를 처리하는 자가 그 임무에 위배하는 행위로써 재산상 이익을 취득하거나 제3자로 하여금 이를 취득하게 하여 본인에게 손해를 가함으로써 성립하는바, 이 경우 그 '임무에 위배하는 행위'라 함은 사무의 내용, 성질 등 구체적 상황에 비추어 법률의 규정, 계약의 내용 혹은 신의칙상 당연히 할 것으로 기대되는 행위를 하지 않거나 당연히 하지 않아야 할 것으로 기대되는 행위를 함으로써 본인과 사이의 신임관계를 저버리는 일체의 행위를 포함하고, '재산상의 손해를 가한 때'라 함은 현실적인 손해를 가한 경우뿐만 아니라 재산상 실해 발생의 위험을 초래한 경우도 포함되므로, 회사의 이사 등이 타인에게 회사자금을 대여함에 있어 그 타인이 이미 채무변제능력을 상실하여 그에게 자금을 대여할 경우 회사에 손해가 발생하리라는 정을 충분히 알면서 이에 나아갔거나, 충분한 담보를 제공받는 등 상당하고도 합리적인 채권회수조치를 취하지 아니한 채 만연

히 대여해 주었다면, 그와 같은 자금대여는 타인에게 이익을 얻게 하고 회사에 손해를 가하는 행위로서 회사에 대하여 배임행위가 되고, 회사의 이사는 단순히 그것이 경영상의 판단이라는 이유만으로 배임죄의 죄책을 면할 수는 없으며, 이러한 이치는 그 타인이 자금지원 회사의 계열회사라 하여 달라지지 않는다.

[2] 2인 이상이 범죄에 공동가공하는 공범관계에서 공모는 법률상 어떤 정형을 요구하는 것이 아니고 2인 이상이 공모하여 어느 범죄에 공동가공하여 그 범죄를 실현하려는 의사의 결합만 있으면 되는 것으로서, 비록 전체의 모의과정이 없었다고 하더라도 수인 사이에 순차적으로 또는 암묵적으로 상통하여 그 의사의 결합이 이루어지면 공모관계가 성립하고, 이러한 공모가 이루어진 이상 실행행위에 직접 관여하지 아니한 자라도 다른 공모자의 행위에 대하여 공동정범으로서의 형사책임을 진다.

3. 판례이해

판결이유를 살펴보고 다음의 질문에 대해 검토하시오.

(1) 경영판단에 해당할 경우 배임죄의 성립이 제한될 수 있는지, 있다면 그 근거는 무엇인가?

(2) 위 사례의 경우 배임죄가 될 때, 적용되는 법조는?

(3) 위 사례에서 피해자는 누구인가?

(4) 위 사례에서 배임죄의 정범에 해당하는 자는?

4. 이론탐구

(1) 배임죄의 구성요건행위의 3요소인 '임무위배행위', '이득행위', '재산상 가해행위'를 각 설명하시오.

(2) 손해발생 배임죄에서 손해에는 현실적인 손해 외에 재산상의 위험이 포함되는가, 손해발생의 위험성이 손해에 포함된다면 그에 해당하는 사례를 드시오.(대법원 1993.9.28. 선고 93도2206 판결 참조)

(3) 부동산이중매매로 인한 배임죄의 경우 실행의 착수 및 기수 시기는 언제인가?

(4) 부동산이중매매의 경우 '악의 있는 후매자'의 형사책임에 관하여 검토하시오.

(5) 투기적 성질의 소위 '모험거래(Risikogeschäft)'가 배임죄가 될 수 있는가?

5. 심화학습

(1)甲은 자신의 처인 A가 피해자 B로부터 차용한 금 6,000,000원에 대한 채무변제 명목으로 甲 소유의 부산(상세 주소 생략)에 있는 미등기 건물 1동(이하 '이 사건 건물'이라 한다)을 B에게 양도한다는 내용의 대지권리증계약서(가옥증여증)를 작성하여 주었음에도 불구하고, 甲은 A가 C에 대하여 부담하던 채무금 20,000,000원에 대한 대물변제조로 이 사건 건물을 C에게 매매 형식을 빌어 양도하고 그 건물을 C에게 인도하여 주었다면(대법원 2005.10.28. 선고 2005도5713 판결 참조) 甲에게 배임죄가 성립하는가를 검토하고, 만약 배임죄가 성립한다고 할 때 이 사안이 미수에 해당하기 위해서는 어느 단계까지 진행되면 되는가?

(2)타인의 사무를 처리하는 자가 본인을 기망하여 본인으로부터 재물을 교부받는 방식으로 배임행위를 하는 경우 성립하는 죄책은? (대법원 2002.7.18. 선고 2002도669 전원합의체 판결 참조)

(3)약품회사 대표인 A(공소외인)는 이 회사의 재고약품을 피해자 B(우○찬)의 이 회사약품에 대한 채권확보책으로 B에게 양도담보로 제공한 후 이 재고약품 중 일부를 다시 甲에게 양도하였을 경우, 甲에게 양도한 재고약품 중 일부가 장물에 해당하는가? (대법원 1983.11.8. 선고 82도2119 판결 참조)

(4)공소외 주식회사(이하 '공소외 회사'라 한다)의 1인 주주이자 실질적인 대표이사인 피고인 1, 원심공동피고인 박○건(이하 '피고인 1등'이라 한다)은 상속세 납부자금을 마련하기 위하여 1998.5.6.경 피고인 2등에게 위 공소외 회사의 주식 전부를 매매대금 150억원에 매도하기로 하는 주식매매계약을 체결한 후 공모하여, 위 주식매매계약이 해제될 경우 피고인 1등이 부담하게 될 매매대금반환채무를 담보하기 위하여 위 공소외 회사의 유일한 재산인 부산(상세 주소 생략) 대 1,391.6㎡, (상세 주소 생략) 대 101.6㎡와 그 지상 5층 건물(이하 '이 사건 부동산'이라 한다)에 관하여 1998.1.28.경 피고인 2 등 명의로 소유권이전등기청구권 가등기를 마침으로써 위 부동산 시가 81억원 상당의 재산상 이득을 취득하고 피해자 공소외 회사에게 동액 상당의 손해를 가하였다(대법원 2005.10.28. 선고 2005 도4915 판결 참조). 이 사례에서 피고인 1, 피고인 2의 죄책을 판단하고, 피고인 2등 명의로 소유권이전등기청구권 가등기를 해주기 이전에 이미 그 부동산을 임무에 위배하여 다른 사람에게 근저당권을 설정해준 사실이 있다면, 피고인 2등 명의로 소유권이전등기청구권 가등기를 해 준 행위가 달리 판단되는가?

참고문헌

- 안경옥, "배임죄에 있어서 실해발생의 위험," 비교형사법연구 제2호, 2000
- 조기영, "배임죄의 제한해석과 경영판단의 원칙 – 경영판단 원칙 도입론 비판 –," 형사법연구 제19권 제1호, 2007 봄

II-3. 배임수증재죄

1. 사 례

피고인은 한국방송공사 라디오국 프로듀서로 근무하면서 각종 프로그램의 제작연출 등 사무를 처리하고 있던 중 당시 제작하는 가요프로그램에 실을 수 있는 가요의 수는 제한되어 있음에도 원심설시의 가수들 또는 그 매니저들로부터 위 프로그램에 위 가수들의 노래를 선곡하여 자주 방송함으로써 인기도가 올라갈수 있도록 하여 달라는 청탁을 받고 그 사례금명목으로 31회에 걸쳐 합계금 7,900,000원을 교부받았다.

| 대상판결 |

대법원 1991.1.15. 선고 90도2257 판결

2. 판결요지

[1] 형법 제357조 제1항의 배임수재죄와 같은 조 제2항의 배임증재죄는 통상 필요적 공범의 관계에 있기는 하나 이것은 반드시 수재자와 증재자가 같이 처벌받아야 하는 것을 의미하는 것은 아니고 증재자에게는 정당한 업무에 속하는 청탁이라도 수재자에게는 부정한 청탁이 될 수도 있는 것이다.

[2] 배임수재죄의 수재자에 대한 부정한 청탁이라 함은 업무상배임에 이르는 정도는 아니나 사회상규 또는 신의성실의 원칙에 반하는 것을 내용으로 하는 청탁을 의미하므로 방송국에서 프로그램의 제작연출 등의 사무를 처리하는 프로듀서가 특정 가수의 노래만을 편파적으로 선곡하여 계속 방송하여서는 아니되고 청취자들의 인기도, 호응도 등을 고려하여 여러 가수들의 노래를 공정성실하게 방송하여야 할 임무가 있음에도 담당 방송프로그램

에 특정 가수의 노래만을 자주 방송하여 달라는 청탁은 사회상규나 신의성실의 원칙에 반하는 부정한 청탁이라 할 것이다.

3. 판례이해

판결이유를 살펴보고 다음의 질문에 대해 검토하시오.

(1) 위 사례에서 증재자의 청탁이 증재자의 업무와 관련하여 부정한 청탁에 해당하는가?

(2) 위 사례에서 청탁이 수재자에게 부정한 청탁이 되는가?

(3) 필요적 공범인 배임수증재죄에서 증재자와 수재자는 항상 같이 처벌받아야 하는 것이 아니라는 판결취지의 의미는?

(4) 위 사례에서 증재자에게 배임증재죄가 성립하지 않는다면, 어떠한 범죄성립요건의 흠결로 인한 것인가?

(5) 위 사례에서 증재자가 배임수재죄의 공범으로서 죄책을 질 수 있는가?

4. 이론탐구

(1) 배임죄와 배임수증재죄에서 각 그 주체와 관련하여 '타인의 사무'의 성질을 비교하시오.

(2) "부정한 청탁은 업무상 배임에 이르는 정도가 아니고 사회상규 또는 신의성실의 원칙에 반하는 것을 내용으로 하는 청탁이면 족하다" (대법원 1987.4.28. 선고 87도414 판결 참조)의 의미는?

(3) 배임수증재죄의 실행의 착수 및 기수 시기는?

(4) 업무와 관련하여 부정한 청탁을 받고 재물 또는 재산상의 이익을 취득하여 배임수재죄를 실현한 주체가 청탁을 받은 배임행위까지 하였다면 성립하는 죄책은?

5. 심화학습

타인의 사무를 처리하는 자가 그 임무에 관하여 부정한 청탁을 받은 이상 그 후 사무분담 변경으로 그 직무를 담당하지 아니하게 된 상태에서 재물을 수수하게 되었다 하더라도 여전히 타인의 사무를 처리하는 지위에 있고, 그 재물 등의 수수가 부정한 청탁과 관련하여 이루어진 것이라면 배임수재죄가 성립하는가? (대법원 1987.4.28. 선고 87도414 판결 참조)

》》 참고문헌

• 신용석, "배임수증재죄의 부정한 청탁 – 유형화의 시도 –," 형사판례연구[12], 2004

제6장 장물에 관한 죄

I. 장 물 죄

1. 사 례

주식회사 S사의 과장으로서 물품판매 및 수금 업무에 종사하던 丙은 자신이 감원 대상이라는 것을 알고서 이에 반발하여, 1996.3.5. 거래처인 공소외 주식회사 M사, 주식회사 D사로부터 물품대금 명목으로 교부받아 보관중이던 약속어음 8매 액면 합계 829,124,426원을 영득할 의사로, 이를 할인의뢰할 권한이 없음에도 그 권한이 있는 것처럼 가장하여 공소외 A에게 할인을 의뢰하면서 교부하여, A로부터 그 할인금 명목으로 그 날 금 7억 4,648만원, 같은 달 7일 금 4,500만원을 자기앞수표와 현금으로 교부받아 그 중 금 2억 5,000만원은 자신 명의의 평화은행 예금계좌에, 금 3억 4,100만원은 자신 명의의 보람은행 예금계좌에, 금 2,400만원은 자신 명의의 신한은행 예금계좌에 각각 예치하였다가 같은 달 8일까지 그 대부분을 현금으로 인출하였다.

甲은 같은 달 14일 자신의 집에서 丙으로부터 그가 위와 같이 취득·보관중이던 현금 중 금 9,500만원을 보관하여 달라는 부탁을 받고서 이를 교부받아 같은 달 27일까지 자신의 집에 보관하고, 보관의 대가로 丙으로부터 같은 달 14일 현금 300만원, 같은 달 17일 현금 300만원, 같은 달 18일 현금 400만원, 같은 달 19일 현금 1,000만원을 자신의 집에서 각각 교부받아 취득하였다.

乙은 丙으로부터 甲이 위와 같이 보관중이던 현금 9,500만원을 건네받아 전달해 달라는 부탁을 받고 그 전후 사정을 잘 알면서, 같은 달 27. 13:30경 甲의 집에서 甲의 처 공소외 B로부터 보관중이던 현금 9,500만원 중 금 7,000만원을 건네받아 그 중 금 6,800만원을 공소외 C명의의 조흥은행 예금계좌에 입금하였다가 수시로 인출하여 소비하였다.

이에 제1심 공동피고인 丙은 「특정경제범죄가중처벌 등에 관한 법률」위반(횡령)죄로, 피고인 甲은 장물취득죄 및 장물보관죄로, 피고인 乙은 장물취득죄(장물인 현금 9,500만원 취득)로 각 기소되었다.

| 대상판결 |

대법원 2000.3.10.선고 98도2579 판결

2. 판결요지

[1] 제1심과 항소심의 경과

(1) **제1심**(서울지방법원 남부지원 1996.12.20. 선고 96고합185 판결)

피고인 乙이 장물인 현금 7,000만원을 초과하여 장물을 취득하였다는 점을 제외한 위 공소사실 전부에 대하여 유죄를 인정하였다.

(2) **항소심**(서울고등법원 1998.7.9. 선고 97노88 판결)

피고인 甲, 乙이 항소를 제기하였는데, 항소심은 다음과 같은 취지로 위 피고인들에 대한 위 장물취득 또는 장물보관의 점 모두에 대하여 무죄를 선고하였다.

즉 제1심 공동피고인 丙은 A에게 위 어음 8매를 할인의뢰하면서 교부함으로써 그 불법영득의 의사를 객관적으로 표현하였다고 할 것이므로 그 교부시에 위 어음 8매를 횡령하였다고 할 것이어서, 횡령죄의 장물은 위 어음 8매이고 그 후 할인금으로서 교부받은 자기앞수표나 현금은 장물을 처분한 대가로 취득한 물건으로서 횡령죄의 장물은 아니라고 할 것이다. 그러나 丙이 위 어음 8매를 할인할 수 있는 권한이 없으면서도 A에게 마치 자신이 위 어음을 할인할 수 있는 적법한 권한이 있는 것처럼 행세하며 위 어음을 할인하여 달라면서 그에게 교부하여, 이에 속은 그로부터 위 어음의 할인금 명목으로 791,480,000원의 자기앞수표 및 현금을 교부받은 것은 별개의 새로운 법익을 침해한 행위로서 위 횡령죄의 불가벌적 사후행위가 아니라 새로운 사기죄가 성립한다 할 것이고, 따라서 A로부터 교부받은 자기앞수표와 현금은 장물이라고 할 것이다. 그렇지만 丙이 위 자기앞수표 및 현금 중 일부를 위 각 은행에 소비임치하였다가 다시 인출함으로써 취득한 위 현금은, 장물인 금전을 다른 종류의 금전으로 교환한 경우나 장물인 자기앞수표를 현금으로 교환한 경우와는 달리, 장물을 처분한 대가로 취득한 물건으로서 이미 장물성을 상실한 것으로 보아야 할 것이다. 피고인 甲, 乙이 취득하거나 보관한 위 각 현금은, 丙이 A로부터 교부받은 바로 그 현금 자체임을 인정할 증거가 없는 이상 장물이라 할 수 없어 이 부분 장물취득 및 장물보관의 공소사실은 범죄의 증명이 없는 경우에 해당한다.

항소심은 피해 회사의 규정에 의하면 영업사원이 거래처로부터 수금을 한 경우에는 돈이나 약속어음을 원칙적으로 수금한 당일에 그대로 회사에 입금하여야 하며 약속어음을 현금으로 할인하여 입금하는 경우에는 액면금액에서 부족한 그 할인료 상당액은 미입금으로 처리하고 있는 사실을 인정할 수 있다고 하여 위와 같이 판시하였다.

[2] 상고심의 파기환송

검사는 상고이유로서, 丙이 할인금을 영득한 때에 횡령죄가 성립하고, 그 이전에 어음을 할인한 행위는 횡령죄의 준비행위에 불과하므로 횡령죄의 장물은 할인금 명목으로 교부받은 자기앞수표 및 현금이고, 가사 위 자기앞수표나 현금이 사기죄의 장물이라 하더라도 丙이 이를 예금계좌에 입금하였다가 인출한 현금은 여전히 장물성을 가지고 피고인들이 이를 보관 또는 취득한 행위는 장물죄를 구성한다고 주장하면서 상고를 제기하였고, 이에 대법원은 다음과 같은 이유로 원심판결을 파기하고 사건을 원심법원에 환송하였다.

[3] 대법원 판결요지

장물이라 함은 재산범죄로 인하여 취득한 물건 그 자체를 말하고, 그 장물의 처분대가는 장물성을 상실하는 것이지만, 금전은 고도의 대체성을 가지고 있어 다른 종류의 통화와 쉽게 교환할 수 있고, 그 금전 자체는 별다른 의미가 없고 금액에 의하여 표시되는 금전적 가치가 거래상 의미를 가지고 유통되고 있는 점에 비추어 볼 때, 장물인 현금을 금융기관에 예금의 형태로 보관하였다가 이를 반환받기 위하여 동일한 액수의 현금을 인출한 경우에 예금계약의 성질상 인출된 현금은 당초의 현금과 물리적인 동일성은 상실되었지만 액수에 의하여 표시되는 금전적 가치에는 아무런 변동이 없으므로 장물로서의 성질은 그대로 유지된다고 봄이 상당하고, 자기앞수표도 그 액면금을 즉시 지급받을 수 있는 등 현금에 대신하는 기능을 가지고 거래상 현금과 동일하게 취급되고 있는 점에서 금전의 경우와 동일하게 보아야 한다.

3. 판례이해

판결이유를 살펴보고 다음의 질문에 대해 검토하시오.

(1) 丙이 회사돈 8억여원을 할인의뢰한 행위는 절도죄에 해당하는가, 횡령죄에 해당하는가? 절도죄와 횡령죄의 성립요건은 어떻게 다른가?

(2) 丙이 할인받은 회사돈 8억여원을 여러 은행에 분산예치한 후 인출한 행위는 무슨 죄에 해당하는가?

(3) 甲이 丙으로부터 현금 9,500만원을 보관해준 대가로 4차례에 걸쳐 2,000만원

을 교부받은 행위는 무슨 죄에 해당하는가?

(4) 乙이 丙으로부터 甲에게 현금 9,500만원을 전달해달라는 부탁을 받고도 이를 전달하지 않고 임의로 소비한 행위의 죄책은?

4. 이론탐구

(1) 장물의 개념은 무엇인가?

(2) 대체장물

1) 대체물에는 어떠한 것들이 있는가?

2) 대체물을 대체물로 바꾼 경우 장물성은 어떻게 되는가?

3) 절취한 예금통장으로 인출한 현금은 장물의 동일성이 유지되는가 아닌가?

4) 타인의 현금카드로 권한없이 현금자동지급에서 인출한 현금의 장물성은?

5) 타인의 현금카드로 권한없이 자신의 계좌로 계좌이체를 하여 컴퓨터사용사기죄를 범하고 이체된 금액을 자신의 현금카드로 인출한 경우 인출된 현금의 장물성은? (대법원 2004.4.16. 선고 2004도353 판결 참조)

(3) 장물죄의 본범인 재산범죄의 범위

1) 절도, 강도, 사기, 횡령, 배임, 장물 이외의 범죄도 본범이 될 수 있는가?

2) 권리행사방해죄에 의하여 취거한 재물도 장물이 될 수 있는가?

3) 특별법상의 재산범죄(산림법이나 특가법상 상습절도 · 상습강도)도 장물죄의 본범이 될 수 있는가?

(4) 장물죄의 본범이 될 수 없는 범죄에는 어떠한 것이 있는가?

1) 뇌물로 받은 재물, 위조죄에 의하여 만들어진 위조통화 · 문서 · 유가증권?

2) 도박으로 취득한 재물?

3) 마약범죄에 의하여 생겨난 마약?

4) 성매매의 대가로 받은 재물?

5) 산림법을 위반하여 벌목한 목재, 「임산물단속에 관한 법률」 위반죄에 의하여 생긴 임산물? (대법원 1975.9.23. 선고 74도1804 판결 참조)

⑸ 장물죄의 본범은 구성요건에 해당하고 위법한 행위이면 족한가? 아니면 책임, 처벌조건, 소추조건까지 갖추어야 하는가?

⑹ 본범이 친족상도례에 의하여 처벌이 면제되거나 친고죄인 경우에도 그 범죄에 의하여 영득한 재물은 장물이 될 수 있는가? 본범의 공소시효가 완성된 경우 그에 의하여 영득한 재물은 장물성을 상실하는가?

⑺ 장물죄가 완성되기 위해서는 본범이 기수에 이르러야 하는가? 아니면 영득행위가 종료하면 되고 기수 · 미수와는 상관이 없는가?

⑻ 장물죄의 본범이 횡령죄인 경우 그 상대방은 어떠한 책임을 지는가? 예컨대 E의 물건을 보관하는 F가 이를 횡령하기 위해 G에게 매도했고 G가 이 사실을 알고도 매입한 경우 G의 죄책은? (대법원 2004.12.9. 선고 2004도5904 판결 참조)

⑼ 재물이 장물성을 상실하게 되는 계기에는 어떠한 것이 있는가?

1) 불법원인급여물

2) 선의취득 · 부합 · 혼화 · 가공

3) 취소 · 해제권이 상실된 경우

4) 연쇄장물

5. 심화학습

대법원 2004.4.16. 선고 2004도353 판결에서는 피고인이 부정하게 회사돈을 자신의 은행계좌로 입금한 후 자신의 현금카드를 사용하여 현금자동지급기에서 현금을 인출하였다. 이 경우 피고인의 계좌로 입금된 회사돈은 재물에 해당하는가, 아니면 재산상 이익에 해당하는가? 자신의 계좌로 회사돈을 이체한 것을 은행에 대한 예금채권이라는 재산상 이익의 취득으로 보는 판례의 태도는 타당한가? 또한 피고인이 인출한 현금은 장물에 해당되는가?

한편, 대법원은 2003.7.25. 선고 2003도2252 판결에서는 피해자를 기망하여 피해자로부터 피고인 소유의 통장으로 돈을 송금받은 경우 송금받은 돈에 대한 예금채권을 취득한 것이 아니라 송금받은 돈을 자기 지배하에 두기 때문에 재물사기죄가 성립한다고 해석한다. 위 두 판결의 해석논리의 차이를 설명하고 양자가 서로 모순되지 않는지 논증하라.

참고문헌

- 김선복, "대체장물인 금전의 장물성 인정 여부," 비교형사법연구 제4권 제2호, 2002
- 여훈구, "장물인 현금 또는 자기앞수표의 예금과 장물성의 상실 여부," 형사판례연구 제9호, 2001
- 천진호, "타인명의예금 인출행위의 형사책임과 장물죄," 형사판례연구 제13호, 2005

제7장 손괴의 죄

I. 손 괴 죄

1. 사 례

1 건설회사를 경영하던 甲은 회사가 자금난에 빠지자 사채업자 A로부터 긴급경영자금으로 1억원을 대출받고 이에 대한 담보로 1억3천만원짜리 회사 명의의 약속어음을 2008.3.3.자로 작성하여 A에게 교부하였다. A는 이 약속어음을 B은행 여의도지점 은행금고에 보관시켰다. 그런데 이 은행의 지점장 乙은 甲과 고등학교 동창으로 어느 날 술자리에서 甲으로부터 이 약속어음의 발행일을 지워달라는 부탁과 함께 1천만원의 사례금을 받았다. 乙은 이 부탁을 받고 위 약속어음의 발행일을 수정액으로 지웠다.

2 경주이씨 국당공파 종중회장 丙은 문제의 임야 및 그에 관한 공소외 C명의의 본건 등기권리증은 경주이씨 국당공파 종중의 소유라고 믿고 동 권리증과 임야를 동 종중에 환원시키기 위하여 공소외 D가 제시하는 동 등기권리증을 가지고 가서 동 종중이 원고가 되어 각 그 말소등기를 구하는 소송을 법원에 제기하고 이 등기권리증을 원고인 동 종중측 증거로 제출하였다.

| 대상판결 |

1 대법원 1982.7.27. 선고 82도223 판결

2 대법원 1979.8.28. 선고 79도1266 판결

2. 판결요지

[1] 약속어음의 수취인이 차용금의 지급담보를 위하여 은행에 보관시킨 약속어음을 은행지점장이 발행인의 부탁을 받고 그 지급기일란의 일자를 지움으로써 그 효용을 해한 경우에는 문서손괴죄가 성립한다.

[2] 피고인이 자기가 속하고 있는 종중 소유라고 믿고 있는 임야에 대한 소외인 명의의 등기권리증을 그 소지인이 제시하자 이를 가지고 가서 위 종중이 원고가 되어 그 말소등기를 구하는 민사사건에 증거로 제출한 소위는 문서은닉죄에 해당되지 아니한다.

3. 판례이해

판결이유를 살펴보고 다음의 질문에 대해 검토하시오.

(1) 판결 1

1) 甲이 乙에게 약속어음의 발행일을 지워달라는 부탁과 함께 1천만원을 교부한 행위는 무슨 죄에 해당하는가?

2) 乙이 甲으로부터 1천만원의 돈을 받고 약속어음의 발행일을 지운 행위는 무슨 죄에 해당하는가?

(2) 판결 2

1) 丙이 C소유의 등기권리증을 가지고 간 행위의 죄책은?

2) 丙이 C소유의 등기권리증을 자기 종중 소유의 것이라고 믿은 행위의 법적 효과는?

4. 이론탐구

(1) 재물손괴죄의 객체인 재물

1) 동산뿐만 아니라 부동산도 재물손괴의 대상이 되는가? (대법원 2004.5.28. 선고 2004도434 판결)

2) 재물에 경제적 가치를 요하는가?

3) 사체도 재물손괴의 대상이 되는가?

4) 재물이 원래의 용도로 사용될 수 없을 경우, 예컨대 포도주 원액이 부패하여 포도주원료로서의 효용가치가 상실된 경우에도 본죄의 객체가 되는가?

5) 공익건조물도 재물손괴죄의 객체가 될 수 있는가?

(2) 재물손괴죄의 객체인 문서

1) 공문서, 사문서 모두 재물손괴죄의 객체가 되는가?

2) 문서의 내용에는 법률상 또는 사회생활상 중요한 내용이 포함되어야 하는가? (대법원 1989.10.24. 선고 88도1296 판결)

(3) 타인 소유이지만 자기가 점유하는 재물

1) 매수인이 명인방법을 갖추지 않은 쪽파를 매도인의 위임을 받은 제3자가 손괴한 경우(대법원 1996.2.23. 선고 95도2754 판결)

2) 타인에게 접수되어 있는 자기명의의 문서를 무효화시켜 그 용도에 사용하지 못하게 한 경우(대법원 1987.4.14. 선고 87도177 판결)

3) 피해자로부터 전세금 2백만원을 받고 영수증을 작성 · 교부한 뒤에 위 전세금을 반환하기도 전에 이를 찢어버린 경우(대법원 1984.12.26. 선고 84도2290 판결)

4) 피고인 명의로 작성되었고 허위내용을 기재한 타인소유의 확인서를 손괴한 경우(대법원 1982.12.28. 선고 82도1807 판결)

5) 소송에 의하여 피고인 명의로 소유권이전등기를 받을 수 있는 형편에 있더

라도 그 확정 전에 피해자가 경작한 콩을 뽑아버린 경우(대법원 1970.3.10. 선고 70도82 판결)

6) 피고인이 자신의 토지에 설치된 타인의 4~5cm에 불과한 묘판을 파헤친 경우(대법원 1969.2.18. 선고 68도906 판결)

5. 심화학습

(1)아파트 입주자대표회의의 임원 또는 아파트관리회사의 직원들인 피고인들이 기존 관리회사의 직원들로부터 계속 업무집행을 제지받던 중,

1) ① 저수조 청소를 위하여 출입문에 설치된 자물쇠를 손괴하고 중앙공급실에 침입하고, ② 관리비 고지서를 빼앗고 사무실의 집기 등을 들어낸 행위의 가벌성은? (대법원 2006.4.13. 선고 2003 도3902 판결)

2) 이 사례의 피고인들의 행위 가운데 ①행위에 대해서는 대법원이 정당행위를 인정했으나 ②행위에 대해서는 부정하였다. 그 논거를 밝히고 당부를 논하라.

(2)H 오피스텔 공무과장인 남씨는 2006년 1월 오피스텔 입구에 설치되어 있던 'E호프' 입간판을 배모씨의 요청에 따라 사용할 수 있도록 하였다. 배씨는 입간판에 아크릴판을 붙여 '○○철학원'이라는 임시간판을 만들었다. 이 입간판은 당초 오피스텔 지하 노래방의 것이었지만, 노래방이 폐업하면서 대신 들어선 E호프가 사용했고 E호프 역시 관리비를 내지 못해 2004년 1월부터 문을 닫고 방치했던 입간판이다. (출처: 국제일보 2008.6.4)

1) E호프 입간판의 소유권 내지 관리권한은 누구에게 있는가?

2) 남씨가 배씨에게 E호프 입간판의 사용을 허락할 권한이 있는가?

3) E호프 입간판에 다른 상호의 아크릴판을 덧붙인 행위가 재물손괴에 해당하는가?

(3)구 도시재개발법(2002.12.30. 법률 제6852 호로 폐지)에 의한 재개발구역 안의 무허가 건물에 대한 사실상 소유권은 관리처분계획의 인가 · 고시에 의하여 이에 해당하는 아파트 등을 분양받을 조합원의 지위로 잠정적으로 바뀌고, 분양처분의 고시가 있는 경우에는 같은 법 제39조 제1항 전문의 규정에 의하여 그에 대한 사실상 소유권이 소멸하고 분양받은 아파트에 대한 소유권만이 남게 되는 것이므로, 관리처분계획의 인가 · 고시 이후 분양처분의 고시 이전에 재개발구역 안의 무허가 건물을 제3자가 임의로 손괴할 경우 특별한 사정이 없는 한 재물손괴죄가 성립한다. (대법원 2004.5.28. 선고 2004도434 판결)

1) 재개발구역 내 무허가건물의 소유권도 법적 보호대상이 되는가?

2) 위 사례에서 무허가건물을 매입하여 재건축될 아파트의 분양권을 취득한 경우 구 무허가건물에 대한 처분을 허락한 것이 되는가?

(4)어떤 물건이 「폭력행위 등 처벌에 관한 법률」 제3조 제1항의 '위험한 물건'에 해당하는지 여부는 구체적인 사안에서 사회통념에 비추어 그 물건을 사용하면 상대방이나 제3자가 생명 또는 신체에 위험을 느낄 수 있는지 여부에 따라 판단하여야 하고(대법원 1999.11.9. 선고 99도4146 판결 참조), 자동차는 원래 살상용이나 파괴용으로 만들어진 것이 아니지만 사람의 생명 또는 신체에 위해를 가하거나 다른 사람의 재물을 손괴하는 데 사용되었다면 「폭력행위 등 처벌에 관한 법률」 제3조 제1항의 '위험한 물건'에 해당한다(대법원 1997.5.30. 선고 97도597 판결 참조). 한편, 위험한 물건을 휴대하고 다른 사람의 재물을 손괴하면 상대방이 그 위험한 물건의 존재를 인식하지 못하였거나 그 위험한 물건의 사용으로 생명 또는 신체에 위해를 입지 아니하였다고 하더라도 「폭력행위 등 처벌에 관한 법률」 제3조 제1항 위반죄가 성립한다. 따라서 피고인이 위험한 물건인 자동차를 이용하여 다른 사람의 자동차 2대를 손괴한 이상, 그 자동차의 소유자 등이 실제로 해를 입거나 해를 입을 만한 위치에 있지 아니하였다고 하더라도 「폭력행위 등 처

벌에 관한 법률」 제3조 제1항 위반죄가 성립한다. 그럼에도 불구하고, 원심이 이와 달리 판단한 것은 「폭력행위 등 처벌에 관한 법률」 제3조 제1항의 해석을 잘못하여 판결에 영향을 미친 법령위반의 잘못을 저지른 것이다. (대법원 2003.1.24. 선고 2002도5783 판결)

1) 형법상 단순 손괴죄와 특가법상 위험물건휴대 손괴죄(제3조 제1항)의 구성요건상 차이는?

2) 원심(서울지법 2002.10.8. 선고 2002노8524 판결)에서는 위험물건휴대 손괴죄가 성립하려면 피해자들이 자신의 생명, 신체에 대한 구체적 위험성을 느껴야 한다고 판시하고 있는바, 이러한 주장의 타당성은?

3) 검사의 상고이유를 소개하고 그 당부를 논하라.

4) 대법원판결의 논거를 분석하고 그 당부를 논하라.

(5) 이 사건 쪽파를 원시취득한 자는 피고인 소유의 이 사건 토지를 임차하여 쪽파를 재배한 공소외 E임이 분명한데 그 이후에 이를 매수한 자가 위와 같은 명인방법을 갖추지 아니하였고, 피고인과 E 사이에서는 1994.4.25.까지 위 쪽파를 수확하지 않을 경우에는 피고인이 이를 임의처분하여도 이의를 제기하지 않기로 약정하였음을 알아볼 수 있으므로, 위 일자 이후에 이루어진 피고인의 이 사건 손괴행위는 소유자인 E의 승낙에 의한 것이라고 보아야 할 것이므로 재물손괴죄가 성립하지 않는다고 할 것이다. (대법원 1996.2.23. 선고 95도2754 판결)

1) 위 사안의 경우 손괴행위 당시 쪽파에 대한 소유권은 누구에게 있는가?

2) 명인방법의 의의와 효력인정요건은?

참고문헌

• 전지연, "컴퓨터파괴에 대한 형법적 검토," 형사정책 제8호, 1996

• 조현욱, "재물손괴죄에 있어서 효용 침해 – 대법원 2007.6.28. 선고 2007도2590 판결을 중심으로 –," 법학연구 제30집, 2008

제 3 편

사회적 법익에 대한 죄

제 1 장 방화와 실화의 죄

I. 방 화 죄

1. 사 례

군인인 甲은 사찰의 주지인 A 때문에 甲과 그 가족이 거주하여 오던 암자에서 쫓겨난 데 대하여 원한을 품고 동인을 살해하기로 결의하고, 1982.3.31 소속대로부터 외박허가를 얻고 외출하여 동년 4.1. 00:30경 안면에 마스크를 하고 위 A의 집에 침입하여 그 집 부엌의 석유곤로의 석유를 플라스틱 바가지에 딸아 마루에 놓아두고 큰방에 들어가자 피해자 A는 없고 동인의 처 피해자 B와 딸 피해자 C(19세), 피해자 D(11세), 피해자 E(8세) 등이 깨어 피해자 C가 甲을 알아보기 때문에 마당에 있던 절구방망이를 가져와 피해자 B와 C의 머리를 각 2회씩 강타하여 실신시킨 후 이불로 뒤집어 씌우고 위 바가지의 석유를 뿌리고 성냥불을 켜 대어 A 및 동인가족들이 현존하는 집을 전소케 하고 불이 붙은 동가에서 빠져 나오려는 위 피해자 D와 E가 탈출하지 못하도록 방문 앞에 버티어 서서 지킨 결과 실신하였던 피해자 B와 탈출하지 못한 피해자 D와 E를 현장에서 소사케 하고, 탈출한 피해자 C는 3도 화상을 입고 입원가료 중 동년 4.10 사망에 이르게 하여 동인들을 살해하였다.

| 대상판결 |

대법원 1983.1.18. 선고 82도2341 판결

2. 판결요지

[1] 형법 제164조 제2항이 규정하는 현주건조물 방화치사상죄는 그 제1항에 규정하는 죄에 대한 일종의 가중처벌규정으로서 불을 놓아 사람의 주거에 사용하거나 사람이 현존하는 건조물을 소훼함으로 인하여 사람을 사상에 이르게 한 때에 성립되며 동 조항이 사형, 무기 또는 7년 이상의 징역의 무거운 법정형을 정하고 있는 취의에 비추어 보면 과실이 있는 경우뿐만 아니라 고의가 있는 경우도 포함된다고 볼 것이므로, 현주건조물 내에 있는 사람을 강타하여 실신케 한 후 동 건조물에 방화하여 소사케 한 피고인을 현주건조물에의 방화죄와 살인죄의 상상적 경합으로 의율할 것은 아니다.

[2] 형법 제164조 제1항의 현주건조물에의 방화죄는 공중의 생명, 신체, 재산 등에 대한 위험을 예방하기 위하여 공공의 안전을 그 제1차적인 보호법익으로 하고 제2차적으로는 개인의 재산권을 보호하는 것이라고 할 것이나, 여기서 공공에 대한 위험은 구체적으로 그 결과가 발생됨을 요하지 아니하는 것이고 이미 현주건조물에의 점화가 독립연소의 정도에 이르면 동죄는 기수에 이르러 완료되는 것인 한편, 살인죄는 일신전속적인 개인적 법익을 보호하는 범죄이므로, 이 사건에서와 같이 불을 놓은 집에서 빠져 나오려는 피해자들을 막아 소사케 한 행위는 1개의 행위가 수개의 죄명에 해당하는 경우라고 볼 수 없고, 위 방화행위와 살인행위는 법률상 별개의 범의에 의하여 별개의 법익을 해하는 별개의 행위라고 할 것이니, 현주건조물방화죄와 살인죄는 실체적 경합관계에 있다.

3. 판례이해

판결이유를 살펴보고 다음의 질문에 대해 검토하시오.

(1) 대상판결의 원심은 이 사안을 일률적으로 석유를 뿌려 불을 지르는 하나의 행위로 파악하고 현주건조물방화죄와 4인에 대한 살인죄의 상상적 경합으로 파악하고 있다. 이에 반하여 대법원은 대상판결의 사실관계를 두 부분으로 파악하고 있다. 즉, 甲이 ① B와 C를 절구방망이로 실신시킨 후 불을 질러 태워 죽이려고 한 부분과, ② 이미 불이 붙어 있는 집에서 빠져 나오려는 D와 E를 방문에서 가로막아 탈출하지 못하게 함으로써 두 사람이 불에 타 죽게 한 부분으로 구성되어 있다. 이와 같은 대법원의 태도는 타당한가?

(2) 위 사실관계의 ①의 부분에서 甲이 B와 C를 죽일 고의가 없고 단지 그 집에 불을 지르려고만 하였는데 사람이 죽었던 경우와, 사안과 같이 처음부터 B와 C를 죽일 고의를 가지고 불을 질러 B와 C를 죽인 경우에 각각 성립하는 범죄와 그 형량을 검토하면서 부진정결과적 가중범을 인정(판례와 다수설의 태도)하는 이유를 논하시오.

(3) 위 문제에 대하여 부진정결과적 가중범을 부정하는 입장에서 그 논거와 해결방안을 제시하시오.

(4) 위 사실관계의 ②의 부분에서 甲이 놓은 불이 그 집에 옮겨 붙어 독자적으로 탈 수 있는 상태가 되면 방화죄의 기수가 된다(독립연소설)는 대법원의 태도는 타당한가?

(5) 또한 방화죄가 기수가 된 이후에 D와 E의 탈출을 방해하여 그들을 죽게 한 행위를 별개로 파악하여 양자의 실체적 경합을 인정한 대법원의 태도는 타당한가?

4. 이론탐구

(1) 방화죄의 보호법익과 보호정도

1) 방화죄의 본질과 보호법익이 무엇이냐에 대하여 판례(위 대상판결 판결요지 참조)와 통설은 "방화죄는 공공의 안전이라는 사회전체의 이익을 보호하지만 부차적으로 개인의 재산도 보호한다"는 견해를 따르고 있다. 그 이유는 무엇인가를 살펴보시오.

2) 방화죄의 보호정도에 관해서 통설은 "제164조(현주건조물방화죄), 제165조(공용건조물방화죄) 및 제166조 제1항(타인소유의 일반건조물방화죄)은 추상적 위험범으로서 보호되며, 제166조 제2항(자기소유의 일반건조물방화죄)과 제167조(일반물건방화죄), 제172조 제1항(폭발성물건파열죄)은 구체적 위험범으로서 보호된다"고 한다. 여기서 추상적 위험범과 구체적 위험범의 구별기준은 무엇이며, 각각의 경우 행위자는 '공공의 위험발생에 대한 인식'이 있어야 하는가?

3) 방화죄에서의 '공공의 위험'의 판단기준은 무엇인가?

(2) 방화죄의 행위객체

현주건조물방화죄(제164조)의 행위객체는 사람이 주거로 사용하거나 사람이 현존하는 건조물 · 기차 · 전차 · 자동차 · 선박 · 항공기 또는 광갱이다.

1) '주거로 사용'에서 '주거'의 의미는 반드시 사람의 기와침식(起臥寢食)의 장소로서 일상 사용하는 장소라는 의미인가?

2) '주거'는 그 용도가 반드시 주택으로 사용될 목적으로 건조되었음을 요하는가?

3) 주거로 사용하지 않는 빈집에 방화 당시에 사람이 있으면 사람이 현존하는 건조물이 되는가?

4) 여기서 '건조물'의 개념을 살펴보고, 가옥의 일부로 되어 있는 우사(牛舍)에 대한 방화도 현주건조물방화에 해당하는가를 살펴보시오. (참조판례 : 대법원 1967.8.29. 선고 67도925 판결)

(3) 방화죄의 행위

방화죄의 행위는 불을 놓아(방화) 소훼하는 것이다.

1) 방화의 방법에는 제한이 없으므로 부작위에 의한 방화도 가능하다. 그렇다면 단순한 소화의무나 소화협력의무의 위반(경범죄처벌법 제1조 제36호, 소방법 제72조)과 부작위에 의한 방화와는 어떻게 구별되는가?

2) 방화죄의 실행의 착수시기는 언제로 보아야 하는가?

3) 방화죄의 기수시기에 관해서는 독립연소설, 중요부분연소개시설, 일부손괴설 및 추상적 위험범과 구체적 위험범의 기수시기를 구별하는 이분설 등 다양한 견해가 주장되고 있다. 각 학설의 논거와 판례의 입장을 살펴보고 자신의 견해를 밝히시오.

(4) 현주건조물 등 방화치사상죄

1) 현주건조물 등 방화치사상죄는 현주건조물 등 방화죄를 범하여 사람을 사상케 한 때에 성립하는 결과적 가중범이다(제164조 제2항). 결과적 가중범과 책임주의와의 관계를 살펴보고, 결과적 가중범의 성립요건을 살펴보시오.

2) 사상(死傷)의 결과에 대하여 고의가 있는 경우에도 이 죄가 성립하느냐, 즉 부진정결과적 가중범을 인정하느냐에 대해서는 긍정설과 부정설이 대립하고 있다. 각 학설의 논거와 판례의 입장을 살펴보고 자신의 견해를 밝히시오.

5. 심화학습

(1)부진정결과적 가중범을 인정하는 판례의 입장에서 현주건조물방화치사죄와 존속살해죄나 강도살인죄와의 죄수관계를 살펴보시오. (참조판례 : 대법원 1996.4.26. 선고 96도485 판결 ; 대법원 1998.12.8. 선고 98도3416 판결)

(2)결과적 가중범의 성립요건 중에서 '직접성의 원칙'이란 무엇이며, 그 판단기준, 내용 및 구체적 적용사례를 살펴보시오.

참고문헌

- 김선복, "현주건조물방화치사죄의 성립요건," 비교형사법연구 7권 1호, 2005
- 김영옥, "방화죄에 있어서 현주건조물의 일체성," 법학연구 제17집, 2004
- 박광민, "결과적 가중범의 본질과 직접성의 원칙," 저스티스 제94호(2006.10)
- 신동운, "부진정 결과적 가중범(은봉암 방화사건)," (판례백선)형법총론, 2004

II. 실 화 죄

1. 사　례

甲은 1993.3.23. 16:00경 대전 대덕구 송촌동 129의 1 피해자 A 등 소유의 사과나무 밭에서 바람이 세게 불어 그냥 담뱃불을 붙이기가 어렵자 마른 풀을 모아 놓고 성냥불을 켜 담뱃불을 붙인 뒤, 그 불이 완전히 소화되었는지 여부를 확인하지 아니한 채 자리를 이탈한 과실로, 남은 불씨가 주변에 있는 마른 풀과 잔디에 옮겨 붙고, 계속하여 피해자들 소유의 사과나무에 옮겨 붙어 사과나무 217주 등 시가 671만원 상당을 소훼하였다. 검사는 甲을 형법 제170조 제2항, 제167조를 적용법조로 하여 실화죄로 기소하였다.

| 대상판결 |

대법원 1994.12.20. 94모32 결정(전원합의체)

2. 판결요지

[다수의견] 형법 제170조 제2항에서 말하는 '자기의 소유에 속하는 제166조 또는 제167조에 기재한 물건'이라 함은 '자기의 소유에 속하는 제166조에 기재한 물건 또는 자기의 소유에 속하든, 타인의 소유에 속하든 불문하고 제167조에 기재한 물건'을 의미하는 것이라고 해석하여야 하며, 제170조 제1항과 제2항의 관계로 보아서도 제166조에 기재한 물건(일반건조물 등) 중 타인의 소유에 속하는 것에 관하여는 제1항에서 규정하고 있기 때문에 제2항에서는 그 중 자기의 소유에 속하는 것에 관하여 규정하고, 제167조에 기재한 물건에 관하여는 소유의 귀속을 불문하고 그 대상으로 삼아 규정하고 있는 것이라고 봄이 관련조문을 전체적, 종합적으로 해석하는 방법일 것이고, 이렇게 해석한다고 하더라도 그것이 법규정의 가능한 의미를 벗어나 법형성이나 법창조행위에 이른 것이라고는 할 수 없어 죄형법정주의의 원칙상 금지되는 유추해석이나 확장해석에 해당한다고 볼 수는 없을 것이다.

[반대의견] 형법 제170조 제2항은 명백히 '자기의 소유에 속하는 제166조 또는 제167조에 기재한 물건'이라고 되어 있을 뿐 '자기의 소유에 속하는 제166조에 기재한 물건 또는 제167조에 기재한 물건'이라고는 되어 있지 아니하므로, 우리말의 보통의 표현방법으로는 '자기의 소유에 속하는'이라는 말은 '제166조 또는 제167조에 기재한 물건'을 한꺼번에 수식하는 것으로 볼 수밖에 없고, 같은 규정이 '자기의 소유에 속하는 제166조에 기재한 물건 또는, 아무

런 제한이 따르지 않는 단순한, 제167조에 기재한 물건'을 뜻하는 것으로 볼 수는 없다.

3. 판례이해

판결이유를 살펴보고 다음의 질문에 대해 검토하시오.

(1) 대상판결의 제1심은 형법 제170조 제2항은 타인의 소유에 속하는 제167조에 기재한 물건(일반물건)을 소훼한 경우에는 적용될 수 없고, 형법상 그러한 물건을 과실로 소훼한 경우에 처벌하도록 하고 있는 규정이 없으므로 결국 공소장에 기재된 사실이 진실하다고 하더라도 범죄가 될 만한 사실이 포함되어 있지 아니한 때에 해당한다는 이유로 공소기각의 결정을 하였다. 이에 검사는 즉시항고 하였지만, 제2심인 원심법원도 제1심 결정을 유지하였다. 실화죄에 관한 형법 제170조 제1항과 동조 제2항의 어구에 유의하면서 원심법원의 논거를 살펴보시오.

(2) 형법해석의 방법론 중의 하나인 목적론적 해석으로서의 확장해석과 유추적용의 개념을 정의하고 그 차이점은 무엇인가를 살펴보시오.

(3) 형법 제170조 제2항에 대한 연혁적 고찰을 해보시오.

(4) 대상판결의 다수의견과 반대의견의 타당성 여부를 검토하시오.

4. 이론탐구

(1) 실화죄의 의의와 성격

실화죄란 과실로 인하여 현주건조물, 공용건조물 등 또는 타인소유의 일반건조물 등을 소훼하거나(제170조 제1항), 자기소유의 일반건조물 또는 일반물건 등을 소훼하여 공공의 위험을 발생하게 함으로써(동조 제2항) 성립하는 범죄이다. 제1항의 실화죄와 제2항의 실화죄의 성격은 어떻게 다른가?

(2) 실화죄의 객체

제1항 죄의 객체는 방화죄의 그것과 같다. 제2항 죄의 자기 소유의 일반건조물 및 일반물건 등이 객체가 된다는 데는 이견이 없다. 타인소유의 일반물건 등도 제2항의 객체가 될 수 있느냐에 대해서는 명문의 규정이 없으므로 해석론상 견해가 대립한다.

1) 대법원의 다수의견인 긍정설의 논거를 살펴보시오.

2) 대법원의 소수의견인 부정설의 논거를 살펴보시오.

3) 확장해석과 유추적용의 차이점에 유의하면서 자신의 견해를 밝히시오.

(3) 연소죄와 실화죄의 차이점

연소죄란 자기소유 건조물이나 일반물건에 대한 방화가 예상외로 확대되어 현주·공용 또는 타인소유 건조물이나 타인소유 일반물건에 연소한 경우를 중하게 처벌하는 결과적 가중범이다. 연소죄와 실화죄의 차이점이 무엇인가를 설명하시오.

5. 심화학습

(1) 공직선거법 제262조의 '자수'를 '범행발각 전에 자수한 경우'로 한정하여 풀이하는 것은 죄형법정주의의 파생원칙인 유추적용금지의 원칙에 반하는가? (참조판례 : 대법원 1997.3.20. 선고 96도1167 전원합의체 판결)

(2) 업무상실화 · 중실화죄(제171 조)를 단순실화죄보다 가중처벌하는 이유는 무엇인가?

참고문헌

- 김대휘, "형법해석의 한계와 법방법론," 판례와 실무, 1997
- 김영환, "형법해석의 한계 : 허용된 해석과 금지된 유추와의 상관관계," 형사판례연구 4호, 1996
- 신동운, "형벌법규의 흠결과 해석에 의한 보정의 한계 : 과수원실화사건," (판례백선)형법총론, 2004

제2장 일수와 수리에 관한 죄

I. 수리방해죄

1. 사 례

甲은 피해자들의 집(농촌주택)에서 배출되는 생활하수의 배수관(소형 PVC관)을 토사로 막아 하수가 내려가지 못하게 하였다.

| 대상판결 |

대법원 2001.6.26. 선고 2001도404 판결

2. 판결요지

[1] 형법 제184조는 '제방을 결궤(決潰, 무너뜨림)하거나 수문을 파괴하거나 기타 방법으로 수리를 방해'하는 것을 구성요건으로 하여 수리방해죄를 규정하고 있는바 여기서 수리(水利)라 함은, 관개용 · 목축용 · 발전이나 수차 등의 동력용 · 상수도의 원천용 등 널리 물이라는 천연자원을 사람의 생활에 유익하게 사용하는 것을 가리키고(다만, 형법 제185 조의 교통방해죄 또는 형법 제195 조의 수도불통죄의 경우 등 다른 규정에 의하여 보호되는 형태의 물의 이용

은 제외될 것이다), 수리를 방해한다 함은 제방을 무너뜨리거나 수문을 파괴하는 등 위 조문에 예시된 것을 포함하여 저수시설, 유수로(流水路)나 송·인수시설 또는 이들에 부설된 여러 수리용 장치를 손괴·변경하거나 효용을 해침으로써 수리에 지장을 일으키는 행위를 가리키며, 나아가 수리방해죄는 타인의 수리권을 보호법익으로 하므로 수리방해죄가 성립하기 위하여는 법령, 계약 또는 관습 등에 의하여 타인의 권리에 속한다고 인정될 수 있는 물의 이용을 방해하는 것이어야 한다.

[2] 원천 내지 자원으로서의 물의 이용이 아니라, 하수나 폐수 등 이용이 끝난 물을 배수로를 통하여 내려보내는 것은 형법 제184조 소정의 수리에 해당한다고 할 수 없고, 그러한 배수 또는 하수처리를 방해하는 행위는, 특히 그 배수가 수리용의 인수(引水)와 밀접하게 연결되어 있어서 그 배수의 방해가 직접 인수에까지 지장을 초래한다는 등의 특수한 경우가 아닌 한, 수리방해죄의 대상이 될 수 없다.

[3] 농촌주택에서 배출되는 생활하수의 배수관(소형 PVC관)을 토사로 막아 하수가 내려가지 못하게 한 경우, 수리방해죄에 해당하지 아니한다고 본 사례.

3. 판례이해

판결이유를 살펴보고 다음의 질문에 대해 검토하시오.

(1) 형법 제184조 수리방해죄에 있어 '수리(水利)'와 '수리를 방해'의 의미 및 수리방해죄의 성립요건을 살펴보시오.

(2) 대상판결과 같이 원천 내지 자원으로서의 물의 이용이 아니라, 하수나 폐수 등 이용이 끝난 물을 배수로를 통하여 내려보내는 것을 방해하는 경우 수리방해죄가 성립하는가?

(3) 수리방해죄는 방해의 결과가 현실로 발생하였음을 요하는 침해범인가?

4. 이론탐구

(1) 수리방해죄의 의의, 보호법익

수리방해죄는 제방을 결궤(決潰)하거나 수문을 파괴하거나 기타 방법으로 수리를 방해함으로써 성립하는 범죄이며, 보호법익은 수리권이다. 이 죄의 성격을 침해범이라고 보는 견해와 추상적 위험범이라는 견해가 대립하는데, 자신의 입장을 밝히시오.

(2) 행 위

행위는 제방을 결궤(決潰)하거나 수문을 파괴하거나 기타 방법으로 수리를 방해하는 것이다. 삽으로 흙을 떠올려 유수의 물줄기를 막는 것은 수리방해가 있다고 할 수 있는가? (참조판례 : 대법원 1975.6.24. 선고 73도2594 판결)

참고문헌

• 이재상, "2001년의 형사판례 회고," 형사판례연구 10호, 2002

제3장 교통방해의 죄

I. 교통방해죄

1. 사 례

甲은 광주 서구 화정동 소재 토지(이하 '이 사건 토지'라고 한다)에 대하여 사실상의 지배권을 가지고 그 소유자를 대신하여 이 사건 토지를 실질적으로 관리하고 있었다. 그런데 甲은 A와 공모하여 이 사건 토지에 철주를 세우고 철망을 설치하고 포장된 아스팔트를 걷어내는 등의 방법으로, 이 사건 토지를 광주 서구 화정동 1051 소재 건물의 통행로로 이용하지 못하게 하는 등 피해자 B의 상가임대업무 및 임차인 C, D 등의 상가영업업무를 방해함과 동시에 육로를 막아 일반교통을 방해하였다.

| 대상판결 |

대법원 2007.12.28.선고 2007도7717 판결

2. 판결요지

[1] 형법 제185조의 일반교통방해죄는 일반 공중의 교통의 안전을 그 보호법익

으로 하는 범죄로서 육로 등을 손괴 또는 불통케 하거나 기타의 방법으로 교통을 방해하여 통행을 불가능하게 하거나 현저히 곤란하게 하는 일체의 행위를 처벌하는 것을 그 목적으로 하고 있으며, 여기서 '육로'라 함은 사실상 일반 공중의 왕래에 공용되는 육상의 통로를 널리 일컫는 것으로서 그 부지의 소유관계나 통행권리관계 또는 통행인의 많고 적음 등을 가리지 않는다.

[2] 형법상 자구행위라 함은 법정절차에 의하여 청구권을 보전하기 불능한 경우에 그 청구권의 실행불능 또는 현저한 실행곤란을 피하기 위한 상당한 행위를 말하는 것이다.

[3] 인근 상가의 통행로로 이용되고 있는 토지의 사실상 지배권자가 위 토지에 철주와 철망을 설치하고 포장된 아스팔트를 걷어냄으로써 통행로로 이용하지 못하게 한 경우, 이는 일반교통방해죄를 구성하고 자구행위에 해당하지 않는다고 한 사례.

3. 판례이해

판결이유를 살펴보고 다음의 질문에 대해 검토하시오.

(1) 대상판결은 형법 제185조 일반교통방해죄에서 말하는 '육로'의 의미를 "사실상 일반 공중의 왕래에 공용되는 육상의 통로를 널리 일컫는 것으로서 그 부지의 소유관계나 통행권리관계 또는 통행인의 많고 적음 등을 가리지 않는다"고 한다. 여기서 육로에 해당하는 경우와 해당하지 않는 경우에 대한 구체적인 예를 판례를 통해서 검토하시오. (참조판례 : 대법원 2002.4.26. 선고 2001도6903 판결; 대법원 2007.3.15. 선고 2006도9418 판결 등)

(2) 대상판결에서 자구행위가 성립하지 않는 이유를 구체적으로 밝혀보시오.

(3) 교통방해죄에 관한 대부분의 사건에서 피고인의 변호인은 위법성조각사유로

서 정당행위, 정당방위, 자구행위 등을 주장하고 있다. 구체적인 예를 통해서 그 타당성 여부를 검토하시오. (참조판례 : 대법원 2007.3.15. 선고 2006도9418 판결; 대법원 2007.5.11. 선고 2006도4328 판결 등)

4. 이론탐구

(1) 교통방해죄의 의의, 본질, 보호법익

교통방해죄는 교통로 · 교통기관 등 공공의 교통설비를 손괴 또는 불통하게 하여 교통을 방해하는 범죄이다. 그 보호법익에 대해서는 ① 공공 또는 공중의 교통안전이라고 하는 견해와, ② 기본적으로는 공공의 교통안전을 보호하지만 부차적으로 불특정 또는 다수인의 생명 · 신체 또는 재산의 안전도 보호한다는 견해가 대립한다. 이 죄의 본질과 관련하여 어느 견해가 타당한지를 검토하시오.

(2) 객 체

이 죄의 객체는 육로 · 수로 또는 교량이다. '육로'란 공중의 왕래에 사용되는 육상도로를 말하는데, 판례는 "그 부지의 소유관계나 통행권리관계 또는 통행인의 많고 적음 등을 가리지 않는다"고 한다. 여기서 육로에 해당하는 경우와 해당하지 않는 경우에 대한 구체적인 예를 판례를 통해서 검토하시오. (참조판례 : 대법원 2002.4.26. 선고 2001도6903 판결; 대법원 2007.3.15. 선고 2006도9418 판결 등)

(3) 행 위

행위는 손괴 또는 불통하게 하거나 기타 방법으로 교통을 방해하는 것이다. 여기서 '기타 방법'의 의의에 대해서는, ① 손괴 또는 불통에 준하는 행위에 의한 것이라야 한다는 견해와, ② 이에 준하는 행위로 한정할 필요가 없고 교통방해가 초래될 수 있는 방법이면 족하다는 견해가 대립한다. 어느 견해가 타당한지를 검토하시오.

(4) 미 수

교통방해죄는 추상적 위험범(통설)이므로 교통방해상태가 있으면 기수가 되며, 현실로 방해의 결과가 발생하였거나 공공의 위험이 발생하였음을 요하지 않는다. 그런데 제190조에서는 미수범 처벌규정을 두고 있다. 그렇다면 어떠한 경우가 미수에 해당하는가?

5. 심화학습

(1) 교통방해죄에서 입법론으로 보완되어야 할 부분을 검토하시오.

(2) 교통방해치사상죄는 진정 결과적 가중범인가, 부진정 결과적 가중범인가?

(3) 운전자가 업무상 과실로 교통사고를 유발하여 자동차가 파괴되어 교통이 방해되는 결과를 초래한 경우, 형법 제189조 제2항, 제187조 소정의 업무상과실자동차파괴등죄와 도로교통법상의 업무상과실·중과실손괴죄와의 죄수관계는 어떠한가? (참조판례 : 대법원 1983.9.27. 선고 82도671 판결)

참고문헌

• 손기식, "교통범죄에 관한 형사법적 연구 – 교통형법의 체계정립을 위한 시론 –," 서울대학교 박사학위논문, 1985

제4장 통화에 관한 죄

1. 사 례

[1] 甲은 2000년 1월 21일 한국은행발행 500원짜리 주화와 당시 일본의 500엔짜리 주화가 그 재질 및 크기가 유사하여 500원짜리 주화의 표면을 깎아내어 500엔짜리 주화의 무게와 같도록 하면 이를 일본의 자동판매기 등에 투입하여 500엔짜리 주화처럼 사용할 수 있다는 사실을 알고, 500원짜리 주화를 다수 매집하여 그 앞면의 학 문양 부분을 선반으로 깎아내어 일본으로 밀반출하였다. (이와 같이 가공한 500 원짜리 주화는 그 이전의 주화와 비교하여, 앞면의 학 문양 일부가 깎여나가 무게가 약간 줄어들었을 뿐이고, 그 크기와 모양, 앞면의 다른 문양 및 500 원이라는 액면이 표시된 뒷면의 문양은 그대로 남아 있었다.)

[2] 한편, 甲의 친구인 乙은 2009년 3월 1일 서울시청 뒤편 노상에서 어떤 한국계 중국인을 통해 스위스 구권화폐(진정화폐) 500프랑권 100장을 건네받아 보관하다가 그 정을 모르는 丙에게 교부하였으며, 丙은 나중에 그 사실을 알고서도 A에게 처분하였다. (스위스 구권화폐 500 프랑권은 1977 년에 신화폐로 개혁되어 스위스 자국 내에서는 1998 년까지 일상적인 상거래를 할 수 있었고, 그 이후로 통용되지 않고 있으나 2020 년 4월 30 일까지 스위스 연방은행이나 자국 은행에서 신권과의 교환은 가능하다. 한편, 우리나라 국내은행에서는 스위스 구권

화폐를 신권과 마찬가지로 환전해주기도 하고, 이태원 등 일부 지역에서 외국인 관광객이 상품지급수단으로 사용하기도 한다.)

| 대상판결 |

1 대법원 2002.1.11. 선고 2000도3950 판결
2 대법원 2003.1.10. 선고 2002도3340 판결

2. 판결요지

[1] 피고인들이 한국은행발행 500원짜리 주화의 표면 일부를 깎아내어 손상을 가하였지만 그 크기와 모양 및 대부분의 문양이 그대로 남아 있어, 이로써 기존의 500원짜리 주화의 명목가치나 실질가치가 변경되었다거나, 객관적으로 보아 일반인으로 하여금 일본국의 500￥짜리 주화로 오신케 할 정도의 새로운 화폐를 만들어 낸 것이라고 볼 수 없고, 일본국의 자동판매기 등이 위와 같이 가공된 주화를 일본국의 500￥짜리 주화로 오인한다는 사정만을 들어 그 명목가치가 일본국의 500￥으로 변경되었다거나 일반인으로 하여금 일본국의 500￥짜리 주화로 오신케 할 정도에 이르렀다고 볼 수도 없다.

[2] 1. 형법 제207조 제2항 소정의 내국에서 '유통하는'이란, 같은 조 제1항, 제3항 소정의 '통용하는'과 달리, 강제통용력이 없이 사실상 거래 대가의 지급수단이 되고 있는 상태를 가리킨다.

2. 스위스화폐로서 1998년까지 통용되었으나 현재는 통용되지 않고 다만 스위스 은행에서 신권과의 교환이 가능한 진폐가 형법 제207조 제2항 소정의 내국에서 '유통하는' 외국의 화폐에 해당하지 아니한다고 한 사례.

3. 판례이해

판결이유를 살펴보고 다음의 질문에 대해 검토하시오.

(1) 판결 [1](대법원 2002.1.11. 선고 2000도3950 판결)

판결이유를 살펴보고, '진정화폐에 대한 가공행위'가 통화 '변조'에 해당하는지 여부를 판단하는 기준이 무엇이며, 이와 관련하여 아래의 논거가 타당한지 검토하라.

1) 일반인의 입장에서 한국 500원짜리 주화가 일본 500엔짜리 주화로 오신하게 할 정도에 이르러야 비로소 통화변조에 해당한다.

2) 일본의 자동판매기가 가공된 500원짜리 주화를 일본의 500엔짜리 주화로 오인할 수 있다는 사실만 가지고는 통화변조에 이르렀다고 볼 수 없다.

3) 진정한 통화에 대한 가공행위로 인하여 기존 통화의 명목가치나 실질가치가 변경되었다거나 객관적으로 보아 일반인으로 하여금 기존통화와 다른 진정한 화폐로 오신하게 할 정도의 새로운 물건을 만들어 낸 것으로 볼 수 없다면 통화가 변조되었다고 볼 수 없다. (참고판례: 대법원 2004.3.26. 선고 2003도5640 판결)

(2) 판결 [2](대법원 2003.1.10. 선고 2002도3340 판결)

판결이유와 상고이유서를 살펴보고 다음 질문에 답하라.

(1) 아래의 사실관계를 기초로 스위스 구권화폐가 형법 제207조 제2항 소정의 '내국에서 유통하는' 화폐라고 볼 수 없는 이유가 타당한지 검토하고 그 논거를 제시하라.

① 스위스 구권화폐는 현재 스위스 국내에서 일반 상거래의 지급수단이 아니다.

② 스위스 자국은행에서는 2020년 4월 30일까지 구권화폐의 신권교환을 해주고 있다.

③ 당시 한국의 국내은행에서는 스위스 구권화폐를 환전할 수 있었고, 이태원 등에서는 외국인 관광객들이 상품을 구매할 때 스위스 구권화폐를 사용했다.

2) 강제적 통용능력이 없이 사실상 거래 대가의 지급수단이 되고 있더라도 형법 제207조 제2항 소정의 내국에서 '유통하는' 화폐로 볼 수 있는가? 형법 제207조의 '유통'과 '통용'의 개념은 어떤 점에서 서로 다른가?

3) "스위스 구권화폐는 지급수단이 아니라 은행이나 상인들이 매도가격과 매수가격의 차액 상당의 이득을 얻기 위하여 하는 외국환 매매거래의 대상으로서 상품과 유사한 것에 불과하다"는 원심판결에 대해서

① 피고인의 입장은?

② 검사의견은?

③ 대법원의 판결은?

4. 이론탐구

(1) 통화위조죄의 구성요건

1) 통화위조・변조죄(형법 제207조)는 내국통화(제1항), 내국유통 외국통화(제2항), 외국통용 외국통화(제3항)를 구별하여 각각 처벌규정을 두고 있으며, 그 중에서 내국통화위조를 더 중하게 처벌하고 있다. 내국통화의 위조를 외국통화의 위조에 비해 무겁게 처벌하는 것은 오늘날과 같이 국제거래가 빈번하게 이루어지는 현실에 비추어 과연 합리적일까? 다음과 같은 비판논거를 검토하시오.

① 내국통화와 외국통화의 위조를 각각 구별하여 전자를 후자보다 더 중하게 처벌하는 외국의 입법례를 찾기 어렵다.

② 형법규정과 달리 「특정범죄가중처벌 등에 관한 법률」(제10조)은 내국통화

와 외국통화의 위조를 동일하게 처벌하고 있다.

2) 일본의 500엔짜리 주화와 유사하게 만들기 위해 우리나라 500원짜리 주화를 가공하였을 때 통화위조(변조)죄의 행위객체는 내국통화인가 아니면 외국통화인가?

3) 통화개혁으로 통용기간이 경과하여 교환기간 중에 있는 구권화폐도 '통화'라고 볼 수 있을까?

4) 통용기간이 경과한 구권화폐는 강제통용력이 없으므로 '통화'가 아니라는 학설을 따른다면, 교환기간 중에 구권화폐를 위조하여 신권화폐로 교환받은 경우에는 어떤 죄가 성립할까?

⑵ 통화위조와 통화변조의 구별

1) 형법 제207조상의 '위조'의 개념

① 통화위조는 성립의 진정에 대한 위조가 문제되지 아니하며 내용적 진정 성립여부는 중요하지 않다는 점에서 문서위조(유가증권위조)와 차이가 있다. 양자의 개념차이를 정리하라.

② 자판기에 동전대용으로 사용할 수 있는 크기와 무게의 금속물체를 함부로 만들었다고 하더라도 동전의 외관을 갖지 아니하면 화폐위조라고 말할 수 있을까?

③ 일본자판기에 사용하기 위해 우리나라 500원짜리 주화를 가공한 행위가 통화 '위조'의 개념에 포섭될 수 있을까?

2) 형법 제207조상의 '변조'의 개념

① 통화위조와 통화변조의 개념차이를 명확히 설명해보라.

② 본래의 통화와 가공된 통화 사이에 동일성이 인정될 때에 통화변조로 볼 수 있다면, 우리나라 500원짜리 주화를 가공하여 일본의 500엔짜리 주화로 만들려는 의도를 통화변조의 고의로 볼 수 있을까?

3) 판례와 학설은 위조와 변조의 정도는 일반인으로 하여금 '위조 또는 변조된

통화'를 진정통화로 오인할 수 있는 외관을 갖고 있으면 충분하고, 그 위조 또는 변조의 정도가 반드시 진물에 흡사하여야 한다거나 누구든지 쉽게 그 진부를 식별하기가 불가능한 정도의 것일 필요는 없다고 보고 있다. (대법원 1985.4.23. 선고 85도570 판결; 대법원 1986.3.25. 선고 86도255 판결 등 참조)

① 반드시 진화(眞貨)의 지질, 크기, 문자, 지문, 색채, 인장 또는 기호와 유사해야 통화위조 · 변조에 해당할까?

② '진화(眞貨)로의 오인 가능성'을 통화위조 · 변조의 기준으로 삼는다면, 가공된 화폐가 진화와 비교하여 유사성이나 혼동가능성이 없는 경우 어떤 죄가 성립할 수 있을까? (형법 제207조와 제211조의 구성요건을 비교할 것!)

4) 우리나라 500원짜리를 가공하여 마치 일본의 500엔짜리 주화인 것처럼 일본 자판기에서 사용한다면, 500엔짜리 주화의 법정통용력을 일부 해치는 것은 아닐까? 이처럼 진화(眞貨)와의 혼동가능성은 약하다고 하더라도 '법정통용력을 해칠 정도'를 기준으로 통화위조 · 변조의 성부(成否)를 판단하자는 주장의 타당성 여부를 검토하라.

⑶ 행사할 목적

1) 위조 · 변조한 통화를 '행사할 목적'이 있어야 통화에 관한 죄가 성립한다. 여기서 행사할 목적이란?

2) 다음과 같은 경우 '행사의 목적'이 있다고 볼 수 있을까?

① 학교의 수업용 교재로 사용하려는 의도

② 진열용의 표본으로 사용하려는 의도

③ 장식용 또는 과시용으로 사용하려는 의도

④ 자신의 제조기술을 시험해볼 의도

3) 반드시 '진화(眞貨)'로 유통하려는 의도로 제한하여 해석할 법리적 근거는 없지 않은가?

4) 이미 만들어져 유통되는 통화에 섞여 유통시킬 목적으로 '위화(僞貨)'를 제

조해도 '행사의 목적'이 있다고 보아야 한다는 견해의 장단점을 제시하라.

(4) 내국에서 유통하는 외국통화

1) 형법 제207조 제2항의 내국유통외국통화위조 · 변조죄의 행위객체는 '내국에서 유통하는' 외국통화이다. 여기서 '유통'이란 '사실상' 거래 대가의 지급수단으로 사용된다는 의미로 해석하는 입장(대법원 2003.1.10. 선고 2002도3340 판결 등)과 '법률상'의 의미로 해석해야 한다는 견해가 대립하고 있는데, 양자의 논거를 각각 제시하고 그 타당성 여부를 검토하라.

2) 형법 제207조 제3항의 '외국에서 통용하는' 외국통화의 개념과 비교하라. 유통과 통용의 개념차이를 설명하라.

3) 화폐개혁으로 통용기간이 경과한 스위스 구권화폐는 '내국에서 유통하는' 외국통화의 개념에 포섭되지 않는가? 포섭되지 않는다면 그 이유는 무엇 때문인가?

(5) 위조 · 변조된 통화의 취득

1) 형법 제210조는 위조 · 변조한 내 · 외국의 통화를 취득한 후 그 정을 알고 행사하는 행위를 처벌하고 있다. 여기서 위조 · 변조된 통화의 취득이란 위조 · 변조된 통화라는 사정을 모르고 자기의 점유로 두거나 독자적 처분권을 확보한다는 뜻이다. 그렇다면 이 경우 '위조 · 변조된 통화취득'이 구성요건행위인가 아니면 특별한 책임표지인가?

2) '위조 · 변조된 통화의 취득'은 반드시 적법한 취득에 한하는가?

3) 형법 제207조 제4항의 일반위조통화행사의 죄에 비하여 법정형이 경한 이유는 무엇일까?

(6) 다음과 같이 甲과 乙 및 丙의 죄책을 각각 논하라.

1) 판례의 입장을 견지한다면?

2) 다수설의 견해를 따른다면?

3) 당신의 견해는? 그 논거는?

5. 심화학습

통화에 관한 죄의 성부를 판단함에 있어서 위화(僞貨)에 상응하는 진화(眞貨)의 존재가 반드시 필요한가?

참고문헌

- 조훈, "통화위조죄에서의 위조의 기준," 형사법연구 제18호, 2002
- 최종길, "일반인의 관점에서 통용할 것이라고 오인할 가능성이 있는 외국의 지폐가 형법 제207조 제3항에서 규정한 '외국에서 통용하는 외국의 지폐'에 해당하는지 여부," 대법원판례해설 제50호(2004 상반기)

제5장 유가증권, 우표와 인지에 관한 죄

1. 사 례

1 甲은 판매하려는 의도를 가지고 폐공중전화카드의 자기기록 부분에 전자정보를 조작하여 사용가능한 공중전화카드로 만들었다.

2 乙은 A로부터 전에 미리 A의 서명날인만을 받아놓은 백지약속어음에 발행일 '2009년 3월 1일', 금액 '18억원', 수취인 '甲'이라고 임의로 기재하여 위조한 다음 그 약속어음 1매를 B변호사사무실에서 복사하여 그 사본을 자신이 A를 상대로 제기한 서울지방법원 약속어음금청구사건에서 그 청구를 대여금청구로 변경하면서 그 소변경신청서에 이를 첨부하여 제출하였다.

| 대상판결 |

1 대법원 1998.2.27. 선고 97도2483 판결

2 대법원 1998.2.13. 선고 97도2922 판결

2. 판결요지

[1] 1. 형법 제214조에서 유가증권이라 함은, 증권상에 표시된 재산상의 권리

의 행사와 처분에 그 증권의 점유를 필요로 하는 것을 총칭하는 것인바, 공중전화카드는 그 표면에 전체 통화가능 금액과 발행인이 문자로 기재되어 있고, 자기기록부분에는 당해 카드의 진정성에 관한 정보와 잔여 통화가능 금액에 상당하는 통화를 할 수 있도록 공중전화기를 작동하게 하는 것이어서, 공중전화카드는 문자로 기재된 부분과 자기기록 부분이 일체로써 공중전화 서비스를 제공받을 수 있는 재산상의 권리를 화체하고 있고, 이를 카드식 공중전화기의 카드 투입구에 투입함으로써 그 권리를 행사하는 것으로 볼 수 있으므로, 공중전화카드는 형법 제214조의 유가증권에 해당한다.

2. 폐공중전화카드의 자기기록 부분에 전자정보를 기록하여 사용가능한 공중전화카드를 만든 행위를 유가증권위조죄로 의율한 원심판결을 수긍한 사례.

[2] 위조유가증권행사죄에 있어서의 유가증권이라 함은 위조된 유가증권의 원본을 말하는 것이지 전자복사기 등을 사용하여 기계적으로 복사한 사본은 이에 해당하지 않는다.

3. 판례이해

각 판결이유를 살펴보고 다음의 질문에 대해 검토하시오.

(1) 판결 [1](대법원 1998.2.27. 선고 97도2483 판결)

1) 형법 제214조의 유가증권이란 사법상의 재산권이 화체된 증권으로서 그 증권에 기재된 권리의 행사나 처분에 증권의 점유를 필요로 하는 것을 총칭한다. 그렇다면 공중전화카드는 여기서 말하는 유가증권에 해당하는가?

2) 대법원은 공중전화카드의 작동원리를 공중전화카드를 유가증권으로 인정하는 근거로 설시하고 있는데, 그 논거를 정리해보라.

3) 공중전화카드의 자기기록 부분만을 조작한 것이 유가증권 '위조'로 볼 수 있는가?

⑵ **판결** [2](대법원 1998.2.13. 선고 97도2922 판결)

1) 대법원은 위조유가증권행사죄의 법리에 비추어 볼 때 원심판결이 정당하다고 판단하였다. 그렇다면 원심법원의 무죄판결이유는 무엇인가?

2) 위조된 약속어음의 원본을 제출하는 것과 그것을 전자복사기로 복사한 사본을 제출하는 것이 법리적으로 보면 서로 어떤 차이가 있다는 뜻인가?

3) 유가증권은 일반적으로 문서의 특수한 형태로 이해하고 있다. 그런데 만일 乙의 사본제출행위가 위조유가증권행사가 아니라면, 적어도 일반사문서위조에는 해당되지 않는가?

4. 이론탐구

⑴ 유가증권의 개념과 종류

1) 형법상의 유가증권에 관한 죄에서 '유가증권'이란?

2) 다음의 보기 중에서 유가증권에 해당하는 것은? 유가증권에 해당하지 않는다면, 그 이유는 무엇인가?

① 어음, 수표, 화물상환증, 선하증권, 창고증권, 무기명주권, 기명주권, 채권, 상품권, 승차권, 승마투표권, 극장입장권, 관람권, 복권

② 차용증서, 영수증, 운송장, 기명식승선표, 보험증권, 예금통장, 의복 및 휴대품 보관증, 철도수하물상환증, 출고지시서

③ 우표, 수입인지, 버스토큰, 신용카드, 개찰 후의 열차승차권, 무기명 정기예금증서, 양도성 정기예금증서, 할부구매전표, 정기예탁금증서

3) 유가증권은 법률상의 유가증권과 사실상의 유가증권으로 구분할 수 있다.

위에 열거한 유가증권들을 법률상의 유가증권과 사실상의 유가증권으로 분류하라.

(2) 공중전화카드의 전자기록부분의 변경이 유가증권위조에 해당하는지 여부를 살펴보자.

1) 공중전화카드는 유가증권인가?

① 유가증권을 문서의 특수한 형태로 이해할 때, 공중전화카드가 유가증권이기 위해서는 먼저 문서로서의 요건을 갖추어야 하지 않는가?

② 기계적 방법에 의해서만 그 내용을 알 수 있는 전자기록이나 특수매체기록은 문서로 보지 아니한다. 그렇다면 전자기록을 포함하고 있는 공중전화카드의 문서성은?

③ 공중전화카드에는 재산상의 권리가 화체되어 있다고 말할 수 있는가? 여기서 공중전화카드는 '선불식' 카드임에 유의하자. ('후불식' 전화카드를 절취하여 사용한 사례: 대법원 2001.9.25. 선고 2001도3625 판결과 비교할 것!)

2) 공중전화카드는 문자정보와 전자정보로 구성되어 있다. 그런데 이 중 한 가지 정보만 변경을 가하는 경우 위조나 변조로 볼 수 있을까?

① 공중전화카드의 전자기록부분은 위작 또는 변작하지 않고 문자부분만을 기재하거나 변경한 경우

② 공중전화카드의 문자부분은 위조 또는 변조하지 않고 전자기록만을 변경한 경우

(3) 복사물이 위조범죄의 행위객체가 될 수 있는지 판례와 학설의 입장을 살펴보자.

1) 복사한 문서는 위조문서인가?

① 1989년 전원합의체 판결(대법원 1989.9.12. 선고 87도506 판결)로 종전판례(대법원 1978.4.11. 선고 77도4068 판결)의 입장을 변경하여 전자복사기에 의한 복사행위도 문서작성의 일종임을 인정하였다. 그 이유는? (각 판결이유

참조할 것!)

② 전자복사기에 의한 위조문서복사는 새로운 문서의 창출이나 기존문서를 이용한 가공 · 변개가 아니며, 단순한 재현에 불과하여 원본위조만을 문서위조행위로 보는 소수견해도 있다. 이러한 소수설에 의할 때 위조된 원본을 전자복사기에 의해 복사한 행위에 대한 법적인 책임은?

2) 복사한 통화(지폐)도 위조통화인가?

3) 복사한 유가증권도 위조유가증권인가?

① 위 · 변조의 대상인 유가증권은 '문서의 특수한 형태'로 보는 것이 지배적 견해다. 그렇다면 전자복사기로 문서를 복사하더라도 문서위조가 될 수 있듯이 문서의 일종이라 할 수 있는 유가증권을 복사한 사본도 유가증권위조가 될 수 있지 않을까?

② 복사한 문서도 위조문서이고, 복사한 통화도 위조통화임을 인정하면서 복사한 유가증권은 위조유가증권이 아니라는 주장은 논리일관성이 결여된 것 아닌가?

4) 위조범죄의 특성상 "유가증권위조죄에서 유가증권은 '변조'의 행위객체로서는 기능하나, '위조'행위의 대상으로서는 기능하지 못한다"는 견해에 의할 때 유가증권(문서, 통화 포함) 위조행위의 본질은 무엇인가? "위조범죄의 핵심은 '위조'에 있지, 위조의 '대상물'에 있는 것이 아니다"라는 주장과 결부시켜 보라.

5) 위조범죄의 보호법익은 무엇인가?

6) 복사도 위조방법의 일종으로 보는 견해가 있는 반면, 이러한 법적용은 죄형법정주의(특히 유추적용의 금지원칙)에 반하는 해석이라는 주장도 있다. 어느 견해가 더 타당하다고 생각하는가?

(4) 甲과 乙의 죄책을 논하라.

5. 심화학습

'절취한 타인의 후불식 전화카드를 이용'한 경우(대법원 2001.9.25. 선고 2001도3625 판결)와 [1]의 사례에서 행위객체의 차이점을 분석하라.

참고문헌

- 류전철, "위조범죄의 보호법익으로서 '공공의 신용'과 복사물," 형사판례연구 제13호, 2005
- 오영근, "유가증권위조죄 해석상의 문제점," 형사판례연구 제7호, 1999

제6장 문서에 관한 죄

1. 사 례

甲은 A와 주차문제로 심하게 다투다가 A에 대한 폭행혐의로 경찰의 조사를 받게 되었다. 경찰관 乙은 폭행혐의로 甲을 입건하면서 신분을 확인하기 위하여 신분증을 요구하였다. 그러자 甲은 자신의 인적사항을 속이기 위하여 그 전에 미리 주워서 소지하고 있던 B의 운전면허증을 乙에게 제시하였다.

| 대상판결 |

대법원 2001.4.19. 선고 2000도1985 전원합의체 판결

2. 판결요지

[다수의견] 운전면허증은 운전면허를 받은 사람이 운전면허시험에 합격하여 자동차의 운전이 허락된 사람임을 증명하는 공문서로서, 운전면허증에 표시된 사람이 운전면허시험에 합격한 사람이라는 '자격증명'과 이를 지니고 있으면서 내보이는 사람이 바로 그 사람이라는 '동일인증명'의 기능을 동시에

가지고 있다. 운전면허증의 앞면에는 운전면허를 받은 사람의 성명 · 주민등록번호 · 주소가 기재되고 사진이 첨부되며 뒷면에는 기재사항의 변경내용이 기재될 뿐만 아니라, 정기적으로 반드시 갱신교부 되도록 하고 있어, 운전면허증은 운전면허를 받은 사람의 동일성 및 신분을 증명하기에 충분하고 그 기재 내용의 진실성도 담보되어 있다. 그럼에도 불구하고 운전면허증을 제시한 행위에 있어 동일인증명의 측면은 도외시하고, 그 사용목적이 자격증명으로만 한정되어 있다고 해석하는 것은 합리성이 없다. 인감증명법상 인감신고인 본인 확인, 공직선거 및 선거부정방지법상 선거인 본인 확인, 부동산등기법상 등기의무자 본인 확인 등 여러 법령에 의한 신분 확인절차에서도 운전면허증은 신분증명서의 하나로 인정되고 있다. 또한 주민등록법 자체도 주민등록증이 원칙적인 신분증명서이지만, 주민등록증을 제시하지 아니한 사람에 대하여 신원을 증명하는 증표나 기타 방법에 의하여 신분을 확인하도록 규정하는 등으로 다른 문서의 신분증명서로서의 기능을 예상하고 있다. 한편 우리 사회에서 운전면허증을 발급받을 수 있는 연령의 사람들 중 절반 이상이 운전면허증을 가지고 있고, 특히 경제활동에 종사하는 사람들의 경우에는 그 비율이 훨씬 더 이를 앞지르고 있으며, 금융기관과의 거래에 있어서도 운전면허증에 의한 실명확인이 인정되고 있는 등 현실적으로 운전면허증은 주민등록증과 대등한 신분증명서로 널리 사용되고 있다. 따라서 제3자로부터 신분확인을 위하여 신분증명서의 제시를 요구받고 다른 사람의 운전면허증을 제시한 행위는 그 사용목적에 따른 행사로서 공문서부정행사죄에 해당한다고 보는 것이 옳다.

[반대의견] 공문서부정행사죄는 사용목적이 특정된 공문서의 경우에 그 사용명의자 아닌 자가 사용명의자인 것으로 가장하여 그 사용목적에 따른 행사를 하여야 성립하는 것인바, 운전면허증의 본래의 사용목적은 자동차를 운전할 때에 이를 지니고 있어야 하고 운전 중에 경찰공무원으로부터 제시를 요구받은 때에 이를 제시하는 데 있는 것일 뿐, 그 소지자의 신분의 동일성을 증명하는 데 있는 것은 아니므로, 제3자로부터 신분확인을 위하여 신분증명서의

제시를 요구받고 다른 사람의 운전면허증을 제시한 행위는 운전면허증의 사용목적에 따른 행사라고 할 수는 없고, 따라서 공문서부정사용죄가 성립하지 아니한다. 형법 제230조는 공문서부정행사죄의 구성요건으로 '공무원 또는 공무소의 문서 또는 도화를 부정행사한 자'라고만 규정하여, 문언상으로는 모든 공문서가 행위의 객체에 포함되고 그 사용권한자와 용도가 특정되었는지 여부는 묻지 않는 것으로 되어 있으나, 그 사용권한자와 용도를 특정할 수 없는 공문서의 경우에는 그 부정행사의 개념조차 특정하기 어려워 과연 그러한 경우에도 부정행사죄가 성립될 수 있는지조차 의문시되고, 만일 이를 긍정할 경우 처벌범위가 지나치게 확대될 위험이 있다. 범죄의 구성요건이 추상적이거나, 모호한 개념으로 이루어지거나 또는 그 적용범위가 너무 광범위하고 포괄적이어서 불명확하게 되어 통상의 판단능력을 가진 국민이 그에 의하여 금지된 행위가 무엇인가를 알 수 없는 경우에는 죄형법정주의의 원칙에 위배된다. 무릇 어떠한 공문서가 일정한 자격을 받은 사람임을 증명하려면 그 사람이 자격을 취득하였다는 사실과 더불어 그 동일성을 확인하는 데 필요한 인적사항이 기재되고 사진도 첨부되어야 할 것이므로, 자격증명에는 언제나 동일인증명이 내재되기 마련이다. 이와 같이 자격증명을 위한 공문서에 동일인증명의 기능이 내재되어 있다고 하여 그 본래의 사용목적이 소지자 신분의 동일성을 증명하는 데 있다고 볼 수는 없는 것이다. 주민등록법 제17조의9의 규정 등에 의하면, 주민등록증을 17세 이상의 자에 대한 일반적인 신분증명서로서 규정하고 있음에 비하여, 도로교통법 제68조 등의 규정에 의하면, 운전면허증은 운전면허시험에 합격하여 자동차의 운전이 허락된 자임을 증명하는 공문서로서 그 본래의 사용용도가 운전 중에 경찰공무원으로부터 그 제시를 요구받으면 이를 제시하여 자동차의 운전이 허가된 자임을 증명하도록 그 사용목적이 특정되어 있다. 그 소지자의 인적사항 확인은 자격증명에 따르는 부수적인 기능에 지나지 아니하는 것이다. 현실 거래와 일부 법령이 정한 분야에서 운전면허증이 그 소지자의 인적사항을 확인하는 데 사용되고는 있지만, 이는 어디까지나 운전면허증의 사실적 내지 부수적 용도에 불과하고 본래의 용도라고 할 수 없으며, 그러한 용도로서 널리 사용된다는 사정만으로 사실적 용도 내지 부수적 용도가 본래의 용도로 승화된다고 할 수는 없다. 이러한 사정은 운전면허증 외에도 일정한 자격의 증명에 관한 공문서들로서 여권, 공무원증, 사원증, 학생증 등의 경우에도 마찬가지이다. 그럼에도 불구하고 어떠한 공문서가 그 본래의 사용목적 이외의 용도로 널리 사용된다는 등의 이유를 들어 그러한 사실상 내지 부수적 용도도 본래의 사용목적에 포함된다고 본다면 그 부정행사로 인한 처벌범위가 크게 확대될 것이고, 이는 죄형법정주의의 원칙에 따라 공문서부정행사죄의 행위 객체와 태양을 제한적으로 해석함으로써 그 처벌범위를 합리적인 범위 내로 제한하여 온 종전 판례들과 실질적으로 저촉된다. 문서에 관한 죄는 본래 그 내용이든 형식이든 문서의 진정성립에 대한 사회 일반의 신용을 보호하려는 것인데, 일단 진정하게 성립된 문서의 행사는 그 자체만으로 이와 같은 법익을 침해한다고 보기 어려울 뿐만 아니라, 그 행사로 인하여 다른 법익이 침해되었다면 그 법익 침해에 관한 죄로 처벌할 수 있으므로, 진정한 문서의 행사를 제한 없이 처벌할 필요성이 크다고 하기도 어렵다.

3. 판례이해

판결이유를 살펴보고 다음의 질문에 대해 검토하시오.

(1) 경찰관에게 신분확인용으로 운전면허증을 제시한 행위가 공문서부정행사죄에 해당하는지 여부를 판단함에 있어서 운전면허증의 사용용도가 왜 중요한가?

1) '부정행사'의 개념을 특정하기 위하여?

2) 처벌범위가 지나치게 확대될 위험성이 있기 때문에?

3) 공문서인지 여부를 확인하기 위하여?

(2) 판례의 다수의견에 따르면, 운전면허증은 '자격증명'과 '동일인증명'의 기능을 동시에 가지고 있다고 한다. 이와 달리 반대의견은 운전면허증의 '동일인증명'의 기능은 '자격증명'의 부수적 용도에 불과할 뿐이라고 여기고 있다.

1) '자격증명'과 '동일인증명'의 개념차이를 설명하라.

2) "운전면허증은 주민등록증과 대등한 신분증명서로 널리 사용되고 있다"는 주장은 판례의 어느 의견을 뒷받침해주고 있는가? 그 이유는?

3) "자격증명에는 언제나 동일인증명이 내재되기 마련이다"는 주장은 판례의 어느 의견을 뒷받침하기 위한 논거인가?

4) 운전면허증의 사용용도에 관한 다수의견과 반대의견의 논거를 비교하고, 어느 의견이 더 타당한지 검토하라.

5) 주민등록증과 운전면허증의 용도를 서로 비교하라. 또한 여권, 공무원증, 사원증명서, 학생증과 비교하여 그 사용목적과 용도를 서로 비교하라.

(3) 경찰관으로부터 신분확인을 위하여 신분증명서의 제시를 요구받고 다른 사람의 운전면허증을 제시한 행위에 대해서 다수의견은 운전면허증의 사용목적에 따른 행사로 보는 반면, 반대의견은 이러한 해석이 죄형법정주의원칙에 위배된다고 보고 있다. 반대의견의 논거를 구체적으로 살펴보라.

1) 반대의견은 죄형법정주의 파생원칙 중에서 구체적으로 어떤 원칙에 위배된다고 보는가? 그 이유는?

2) 공문서부정행사죄(형법 제230조)의 행위객체와 행위태양을 제한적으로 해석함으로써 그 처벌범위를 제한하여 온 기존의 판결(대법원 1989.3.28. 선고 88도1593 판결, 대법원 1991.5.28. 선고 90도1877 판결, 대법원 1996.10.11. 선고 96도1733 판결, 대법원 2000.2.11. 선고 99도1237 판결)을 변경하는 것에 대한 비판논거는?

① 절취한 한우를 매도함에 있어 우시장 중개인으로부터 인적 사항을 확인하기 위하여 신분증의 제시를 요구받고 소지하고 있던 타인의 운전면허

증을 제시한 행위(대법원 1989.3.28. 선고 88도1953 판결)

② 형사피의자로서 경찰에서 조사를 받으면서 담당 경찰관으로부터 인적 사항의 확인을 위한 주민등록증의 제시를 요구받고 자신의 인적 사항을 속이기 위하여 다른 사람의 운전면허증을 제시한 행위(대법원 1991.5.28. 선고 90도1877 판결)

③ 주차위반 신고차량이 도난차량임을 확인한 경찰관이 근처에서 기다리고 있다가 피고인이 그 차량을 탑승하려는 순간 그를 인근 식당으로 불러들여 신분확인을 위하여 운전면허증 제시를 요구하자 습득하여 소지하고 있던 타인의 운전면허증을 제시한 행위(대법원 2000.2.11. 선고 99도1237 판결)

3) 위 행위가 공문서부정행사죄의 구성요건에 해당되지 아니할 때 발생할 수 있는 처벌공백의 문제점에 대해서 반대의견은 어떤 입장인가?

(4) 다수의견의 논지를 간략히 요약하고, 아래 사항과 함께 결부시켜 그 논거를 검토하라.

1) 현실적으로 운전면허증이 신분확인용으로 널리 사용되고 있다.

2) 운전면허증의 앞면에 운전면허를 받은 사람의 성명 · 주민등록번호 · 주소가 기재되고 사진이 첨부되며, 뒷면에는 기재사항의 변경내용이 기재되어 있다.

3) 인감증명법상 인감신고인 본인 확인, 공직선거 및 선거부정방지법상 선거인 본인 확인, 부동산등기법상 등기의무자 본인 확인 등 여러 법령에 의한 신분 확인절차에서도 운전면허증은 신분증명서의 하나로 인정되고 있다.

4) 운전면허취득가능연령의 사람들 중 절반 이상이 운전면허증을 소지하고 있고, 특히 경제활동에 종사하는 사람들의 경우에는 그 비율이 훨씬 더 높다.

5) 금융기관과의 거래에 있어서도 운전면허증에 의한 실명확인이 인정되고 있다.

(5) 공문서부정행사죄의 행위객체와 행위태양을 가능하면 제한하여 해석해야 할 필요성이 있음에도 불구하고 다수의견이 운전면허증을 주민등록증과 대등한 신분증명서로 인정하는 이유는 무엇인가?

4. 이론탐구

(1) 공문서부정행사죄와 사문서부정행사죄

1) 공문서부정행사죄(형법 제230조)는 사문서부정행사죄에 비하여 불법이 가중된 구성요건이다. '사문서에 관한 죄'에 비하여 '공문서에 관한 죄'를 더 중하게 처벌하는 입법취지는 무엇인가?

2) '문서에 관한 죄'를 '사문서에 관한 죄'와 '공문서에 관한 죄'로 구별한 후 관련 구성요건들을 모두 살펴보고, 각각의 구성요건을 서로 대치시켜 비교하라. (예: 사문서위조죄⇔공문서위조죄, 사문서부정행사죄⇔공문서부정행사죄)

(2) 공문서부정행사죄와 위조등공문서행사죄

1) 만일 자신의 사진과 지문이 찍힌 다른 사람의 주민등록증을 발급받아 소지하다가 검문경찰관에게 제시하였는데, 주민등록증을 발급할 당시 담당공무원은 주민등록증의 기재내용이 진실과 부합하지 않는다는 사실은 몰랐으나 공문서작성 자체에 대해서는 오해나 착오가 없었다면, 어떤 죄가 성립하는가?

2) 공문서부정행사죄(형법 제230조)가 성립한다는 주장의 논거를 살펴보시오.

3) 위조등공문서행사죄(형법 제229조)가 성립한다는 주장의 논거를 살펴보시오.

① 허위작성공문서행사죄?

② 부실기재등록증행사죄?

(3) 부정행사의 의미

1) 형법 제230조는 "공무원 또는 공무소의 문서 또는 도화를 부정행사한 자"를 공문서부정행사죄로 처벌하도록 규정하고 있다. '부정행사'라는 용어 자체가 갖는 모호함과 추상성 때문에 이 규정이 죄형법정주의(명확성의 원칙)에 위배되는 것은 아닌가?

2) '부정행사'의 개념을 정의하라.

① 공문서부정행사죄의 부정행사

② 사문서부정행사죄의 부정행사

3) 공문서부정행사죄의 가벌성영역이 지나치게 확대되는 것을 방지하기 위하여 공문서부정행사죄의 행위객체인 '공문서'의 개념을 '사용용도가 특정되어 있는 공문서'로 좁게 해석해야 하는 것이 타당한가? 이 점에 관하여 학설과 판례의 입장은 어떠한가?

4) 공문서부정행사죄에서 "부정행사"의 존부를 판단함에 있어서 해당 공문서에 대한 사용권한의 유무와 사용용도의 부합 여부를 기준으로 다음과 같이 구별하여 검토하라.

① 사용권한이 없는 자가 본래의 사용용도에 따라 공문서를 사용한 경우

② 사용권한이 없는 자가 본래의 사용용도와 달리 공문서를 사용한 경우

③ 사용권한이 있는 자가 본래의 사용용도에 따라 공문서를 사용한 경우

④ 사용권한이 있는 자가 본래의 사용용도와 달리 공문서를 사용한 경우

(4) 운전면허증을 운전자격증명의 용도가 아닌, 형사피의자의 신분확인(동일인증명)의 용도로 사용하는 것도 운전면허증이라는 공문서의 본래의 용도에 따른 행사라고 해석하는 것은 죄형법정주의(유추적용의 금지)에 반한다는 주장의 논거를 제시하고, 그 타당성 여부를 검토하라.

(5) 甲의 운전면허증 제시행위는 공문서부정행사에 해당하는가?

5. 심화학습

(1)허위공문서작성죄의 행위주체는 공무원이어야 한다. 다음의 경우 이 죄의 성립여부를 검토하라. (대법원 1992.1.17. 선고 91도2837 판결 참조)

1) '작성권한 있는 공무원'이 그 정을 모르는 비공무원을 이용하여 허위공문서를 작성함.

2) '작성권한 있는 공무원'이 그 내용이 허위임을 알지 못하는 '작성권한 없는 공무원'을 이용하여 허위공문서를 작성함.

3) 비공무원이 '작성권한 있는 공무원'으로 하여금 허위의 내용을 진실로 믿게 하여 허위공문서를 작성하게 함.

4) '작성권한 없는 공무원'이 '작성권한 있는 공무원'으로 하여금 허위의 내용을 진실로 믿게 하여 허위공문서를 작성하게 함.

(2)절취한 후불식 전화카드를 사용하여 공중전화를 건 행위의 죄책을 논하라 (대법원 2002.6.25. 선고 2002도461 판결 참조).

1) 사문서부정행사죄의 구성요건에 해당하는가?

2) 컴퓨터 등 사용사기죄의 구성요건에 해당하는가?

3) 편의시설부정이용죄의 구성요건에 해당하는가?

⟫⟫ 참고문헌

• 권기훈, "공문서 본래의 용도에 따른 사용이 아닌 경우 공문서부정행사죄의 성립 여부," 대법원판례해설 45호(2003 상반기)

• 김태명, "간접정범 규정의 해석과 허위공문서작성죄의 간접정범," 형사법연구 제22호, 2004

• 류석준, "절취한 타인의 후불식 전화카드를 이용한 경우 대가지급의 의미와 편의시설부정이용죄의 성부," 형사법연구 제24호, 2005

• 송승은, "문서의 부정행사죄에 있어서 '부정행사'의 개념," 비교형사법연구 제10권 제1호, 2008

- 윤영철, "형법 제230조(공문서부정행사죄)에 있어서 '부정행사'의 개념," 비교형사법연구 제5권 제1호, 2004
- 이정원, "진정한 문서작성을 유발한 자의 형사책임," 중앙법학 제5집 제3호, 2003
- 이정훈, "형법상 문서와 전자기록과의 관계," 비교형사법연구 제5권 제2호, 2004
- 천진호, "공문서부정행사죄에 있어서 부정행사," 형사법연구 제17호, 2002
- 탁희성, "문서죄의 객체로서 전자기록의 포섭가능성 및 그 한계," 형사정책연구 제19권 제3호(2008 가을호)
- 황태정, "전자기록 부정행사의 형사책임," 형사법연구 제19권 제4호, 2007

제7장 인장에 관한 죄

1. 사　례

甲은 2009년 2월 3일 A의 승용차를 절취한 다음 그 번호판을 떼어내어 갖고 다니다가 2009년 3월 1일 저녁 7시경 B렌트카 C영업소로부터 빌린 대형승용차의 앞뒤 번호판을 떼고 A의 승용차번호판을 대신 부착하였다. 그리고 그날 밤 2시경 甲은 A의 승용차 번호판을 부착한 대형승용차를 타고 서울 강남의 S호텔 주차장에 도착하였다.

| 대상판결 |

대법원 1997.7.8. 선고 96도3319 판결

[따름판례] 대법원 2006.9.28. 선고 2006도5233 판결

[비교판례] 대법원 1981.12.22. 선고 80도1472 판결

2. 판결요지

[1] 형법 제238조 제1항에서 규정하고 있는 공기호인 자동차등록번호판의 부

정사용이라 함은 진정하게 만들어진 자동차등록번호판을 권한 없는 자가 사용하든가, 권한 있는 자라도 권한을 남용하여 부당하게 사용하는 행위를 말하는 것이고, 같은 조 제2항에서 규정하고 있는 그 행사죄는 부정사용한 공기호인 자동차등록번호판을 마치 진정한 것처럼 그 용법에 따라 사용하는 행위를 말하는 것으로 그 행위개념을 달리하고 있다.

[2] 부정사용한 공기호인 자동차등록번호판의 용법에 따른 사용행위인 행사라 함은 이를 자동차에 부착하여 운행함으로써 일반인으로 하여금 자동차의 동일성에 관한 오인을 불러일으킬 수 있는 상태 즉 그것이 부착된 자동차를 운행함을 의미한다고 할 것이고, 그 운행과는 별도로 부정사용한 자동차등록번호판을 타인에게 제시하는 등 행위가 있어야 그 행사죄가 성립한다고 볼 수 없다.

3. 판례이해

판결이유를 살펴보고 다음의 질문에 대해 검토하시오.

(1) 피고인 甲의 행위는 A 소유의 자동차번호판을 부착한 행위(부착행위)와 이를 운전한 행위(운전행위)로 구분할 수 있다. 甲의 부착행위와 운전행위에 대한 법적용에 있어서 상고심과 원심의 판결내용이 서로 일치하는 점과 일치하지 않는 점은 무엇인가?

1) 甲의 부착행위는 형법 제239조 제1항의 공기호의 '부정사용'에 해당한다?

2) 甲의 운전행위는 형법 제239조 제2항의 부정사용공기호의 '행사'에 해당한다?

(2) 대상판결은 원심판결과 달리 부정사용공기호의 '행사'의 개념을 어떻게 이해하고 있는가?

(3) 원심판결이 근거로 들고 있는 대법원 1981.12.22. 선고 80도1472 판결(허가량을 초과하여 벌채한 나무에 임산물 생산확인용 철제극인이 타기되었다고 하여도 동 나무를 산판에 적치하거나 반출하였다 하여 곧 부정사용공기호행사죄가 성립되지 아니함)에도 불구하고 대법원은 甲의 행위가 부정사용공기호행사죄가 성립한다고 판시하였다. 그 이유는?

(4) 대상판결을 참조한 대법원 2006.9.28. 선고 2006도5233 판결의 내용을 요약하라.

4. 이론탐구

(1) 형법 제21장 '인장에 관한 죄'에서 "인장, 서명, 기호"의 개념을 각각 정의하라.

(2) 사인(私人)의 자동차번호판이 '공기호', 즉 '공무원 또는 공무소의 기호'에 해당하는 이유는 무엇인가?

(3) 형법 제238조 제1항의 공기호부정사용의 죄에서 '부정사용'의 개념을 정의하고, 甲이 A의 자동차번호판을 탈착하여 절취한 다음 이를 다시 자신이 렌트한 자동차에 부착시킨 행위가 공기호의 '부정사용'에 해당하는지 검토하라.

(4) 형법 제238조 제1항의 공기호부정사용의 죄에 해당하기 위해서는 범행고의가 있어야 함은 물론이고 이와 더불어 부정사용공기호를 '행사할 목적'이 있어야 한다. 甲이 A의 자동차번호판을 탈착하여 자신이 렌트한 자동차에 부착시킬 때 이러한 '행사할 목적'이 있었다고 볼 수 있는가?

(5) 형법 제238조 제2항의 부정사용공기호의 '행사'죄에 있어서 '행사'의 개념이 무엇인지 설명하라.

1) 공기호부정사용의 죄에 있어서 '사용'의 개념과는 어떤 차이가 있는가?

2) 대상판결은 행사의 개념을 "부정사용한 공기호인 자동차등록번호판을 마치 진정한 것처럼 그 용법에 따라 사용하는 행위"를 의미한다고 했다. 여기서 "그 용법에 따라 사용하는 행위"의 의미가 무엇인가?

(6) 甲의 자동차번호판 부착행위와 그 차량을 운행한 행위는 각각 무슨 죄에 해당하는가?

5. 심화학습

만일 기본사례에서 甲의 행위가 '공기호부정사용의 죄'와 '부정사용공기호의 행사의 죄'에 모두 해당한다면, 이는 법조경합, 상상적 경합, 실체적 경합 중 어느 것에 해당할까?

참고문헌

- 신동운, "공기호부정사용죄와 부정사용공기호행사죄의 관계, 공기호부정사용죄 및 부정사용공기호행사죄의 성립범위와 죄수론," 고시연구 제24권 제11호(1997.10)
- 지대운, "절취한 자동차등록번호판을 다른 차량에 부착하고 운행한 것이 부정사용공기호행사죄에 해당하는지 여부," 21세기 사법의 전개: 송민 최종영 대법원장 재임기념(2005.9)

제8장 성풍속에 관한 죄

I. 간 통 죄

1. 사 례

피고인 甲(남편)의 배우자인 고소인 A가 피고인 甲 및 피고인 乙의 간통을 의심하던 중 01:00경 피고인들이 乙의 집으로 함께 들어가는 것을 목격하고 경찰에 신고하여 경찰관이 피고인들을 체포하게 되었으나 당시 피고인들이 모두 옷을 입고 방안에 앉아 있다가 체포되었으므로 간통사실을 완강히 부인하였다. 이에 고소인이 경찰서에서 남편인 甲에게 간통사실을 자백하라고 하면서 이를 서면으로 작성하도록 요구하였으나 甲이 乙과의 간통사실에 대한 자백을 하지 않자 A가 甲에게 용서해 줄테니 간통사실을 시인하는 내용을 기재하라고 계속 요구하였다. 한편 담당경찰관도 甲에게 A가 용서하여 준다고 하니 간통사실을 시인하고 서로 화해한 다음 집으로 돌아가라고 권유하였고, 이에 甲은 고소인 A가 용서하는 것으로 알고 乙과 1회 간음하였다는 내용을 첨가한 자백서를 작성한 다음 A에게 교부하였는데 A는 이를 받아 담당경찰관에게 제출하면서 甲이 범행을 시인하였으니 처벌해 줄 것을 요구하였다.

| 대상판결 |

대법원 1991.11.26. 선고 91도2049 판결

2. 판결요지

[1] 원심판결

먼저 이 사건의 제1심법원은 피고인 등을 유죄로 인정하여 각 징역 8월을 선고하였다(단 피고인들이 고소인이 피고인을 유서하였다는 점에 관하여 법률적 주장을 한 것으로는 보이지 않는다). 그런데 원심법원(서울형사지법 1991.7.5. 선고 91노2257 판결)은 위와 같은 사실을 인정하면서 고소인이 내심으로는 피고인들의 간통을 유서할 의사가 없음에도 불구하고 남편인 피고인의 자백을 받기 위하여 간통을 유서하겠다는 의사표시를 하였으며 피고인이 이를 진실한 것으로 믿고 범행을 자백하게 된 것임을 알 수 있는바, 설사 고소인의 내심의 의사는 간통을 유서할 생각이 없었다고 하더라도 객관적으로 유서의 의사표시를 하고 피고인이 이를 진실한 것으로 믿은 이상 이는 형법 제241조 제2항 단서의 배우자가 간통을 유서한 때에 해당한다는 이유로 피고인 등에 대한 공소를 기각한다는 판결을 선고하였다.

[2] 대법원 판결

위 원심판결에 대하여 검사는 고소인이 "범죄사실을 자백하면 용서하겠다"는 내용의 의사표시를 하게 된 동기, 목적, 경위 등에 비추어 그 의사표시가 유서에 해당한다고 보기 어려우므로 원심이 민법상의 비진의 의사표시에 관한 법리를 적용한 것은 법리오해의 위법에 해당한다는 이유로 상고하였다. 대법원은 이에 대하여 원심이 판시한 바와 같은 의사표시에 있어서 이른바 표시주의의 이론은 가족법 관계에는 적용할 수가 없고, 또한 단순한 외면적인 용서의 표현이나 유서를 하겠다는 약속만으로는 유서를 하였다고 인정하기 어렵다는 등의 이유로 원심판결을 파기 환송하였다.

3. 판례이해

판결이유를 살펴보고 다음의 질문에 대해 검토하시오.

(1) 고소인 A가 甲에게 "범죄사실을 자백하면 용서하겠다"고 한 의사표시는 유서에 해당하는가?

(2) 원심이 A의 위와 같은 의사표시를 표시주의에 의하여 이를 유서에 해당한다고 해석하였는바, 그 당부는?

(3) 대법원이 간통죄에서는 의사표시에 관한 표시주의 원칙이 적용되지 않는다고 보았는바, 그 논거의 타당성과 당부는?

(4) 피고인 甲이 A의 의사표시를 진실한 것으로 믿고 자신의 간통사실을 자백한 경우 그러한 신뢰를 보호할 필요가 있는가?

4. 이론탐구

(1) 간통죄의 의의 및 보호법익

1) 간통의 의미와 성립요건은?

2) 간통죄의 보호법익에 대한 학설과 판례의 현황은?

(2) 간통죄의 구성요건, 위법성, 책임

1) 간통죄의 주체와 상간자의 주체에는 제한이 있는가?

2) 간통죄의 주체인 '배우자 있는 자'란 법률상 배우자만을 의미하는가? 아니면 사실상 배우자까지 포함하는가? (대법원 1980.4.8. 선고 79도1848 판결)

3) 구강성교나 항문성교, 애무, 키스도 간통행위에 포함되는가?

4) 접대부나 창녀 등 음행의 상습있는 부녀와 금품을 제공하고 성행위를 하는 경우 간통죄에 해당되지 않는다고 생각한 경우 법률의 착오에 해당하는가?

5) '유서'의 의미와 체계적 지위는?

6) 유서와 종용의 차이 및 그 법적 효과는?

⑶ 간통죄의 죄수 및 타죄와의 관계

1) 간통죄의 죄수결정의 기준은?

2) 같은 상대방과 같은 시간, 장소에서 수회에 걸쳐 성교행위를 했을 때 죄수는?

3) 같은 상대방과 시간을 달리하여 수회의 성교행위를 했을 때 죄수는? (대법원 1989.9.12. 선고 89도54 판결, 대법원 1985.8.20. 선고 85도1171 판결)

4) 배우자 있는 자가 부녀를 강간한 경우 강간죄와 간통죄의 관계는?

5) 남편의 부재중 그 처의 승낙하에 주거에 들어가 간통한 경우 간통죄와 주거침입죄의 관계는? (대법원 1984.6.26. 선고 83도685 판결)

⑷ 간통죄의 처벌조건 및 소추조건

1) 간통죄의 고소의 유효기간은?

2) 아내가 재판상 이혼원인에 해당하는 부정한 행위를 한 경우 그 사정만으로 남편의 간통죄에 대한 아내의 고소가 고소권남용에 해당하는가? (대법원 2002.7.9. 선고 2002도2312 판결)

3) 종용과 유서의 차이는?

4) 판례에서 간통에 대한 사전동의로서 종용이 인정된 경우를 정리하라.

5) 간통에 대한 유서는 명시적으로만 가능한가, 아니면 묵시적으로도 가능한가?

6) 피고소인들이 수년간 동거하면서 간통하고 있음을 고소인이 알면서 특별한 의사표시나 행동을 하지 않은 경우 간통의 유서가 인정되는가? (대법원 1999.8.24. 선고 99도2149 판결)

5. 심화학습

(1) 헌재의 간통죄 위헌심판의 논리를 분석하고 비판하라(헌재 1990.9.10. 선고 89헌마82 결정, 헌재 1993.3.11. 선고 90헌가70 결정).

(2) 간통에 대한 남편과 아내의 고소율을 각각 비교하고 간통죄가 여성을 보호하는 기능을 제대로 수행하고 있는지 검토하라.

참고문헌

- 오세빈, "간통에 대한 고소와 유서의 요건 및 효력," 형사재판의 제문제, 제2권, 2000
- 유원규, "간통에 있어서의 유서," 대법원 판례해설 제16호(1991 하반기)
- 이민걸, "간통한 부녀 및 상간자가 부녀의 자녀에 대한 관계에서 불법행위 책임을 부담하는지 여부(소극) (2005.5.13. 선고 2004다1899 판결 : 공2005상, 938)," 대법원판례해설 제54호(2005 상반기)

II. 음화 등 반포죄

1. 사 례

甲은 '팬티신문'이라는 웹사이트를 직접 운영하면서 자신의 웹사이트에 접속하는 사람들의 수가 많아야 팬티회사로부터 많은 광고료를 받을 수 있다는 계산 아래, 그 초기화면의 좌측 하단에다가 'free photo', 'nippon', 'sixnine 주식회사', '섹스룰렛', '야한 박물관', '야설' 등의 링크 표지를 집중적으로 나열해 놓았다. 그리고 ① 이용자가 위 'free photo' 표지를 클릭하면 곧바로 'persiankitty'라는 외국의 웹사이트 초기화면이 나오고, 그 초기화면에는 서양 여성의 음부가 드러난 음란영상과 함께 일부의 음란영상을 무료로 더 볼 수 있도록 하였다. ② 또한 甲은 이용자가 위 'nippon' 표지를 클릭하면 원심 공동피고인 乙이 운영하는 웹사이트 중 일본여성 등이 나오는 음란영상들을 모아놓은 웹페이지에 바로 연결되도록 하였다. ③ 뿐만 아니라 甲은 이용자가 위 'sixnine 주식회사' 표지를 클릭하면 乙이 운영하는 웹사이트 중 151개의 음란소설을 모아놓은 웹페이지에 연결되는데, 위 음란소설 등은 원래 'sixnine adult 주식회사'라는 명칭 아래 유포되었던 관계로, 甲은 이 부분 링크 표지의 이름을 위와 같이 'sixnine 주식회사'로 붙여 놓았다. ④ 이용자가 위 '야설' 표지를 클릭하면 공소외 A가 운영하는 웹사이트 중 54개의 음란소설을 모아놓은 웹페이지에 연결되는데 음란소설을 속칭 야설이라고 하므로, 甲은 이 부분 링크 표지의 이름을 위와 같이 '야설'이라고 붙여 놓았던 사실, 그리고 위와 같이 링크된 웹사이트들은 실제로 불특정 · 다수인이 위 링크를 이용하여 아무런 제한 없이 음란한 부호 등에 바로 접할 수 있도록 하였다.

| 대상판결 |

대법원 2003.7.8. 선고 2001도1335 판결

2. 판결요지

음란한 부호 등으로 링크를 해 놓는 행위자의 의사의 내용, 그 행위자가 운영하는 웹사이트의 성격 및 사용된 링크기술의 구체적인 방식, 음란한 부호 등이 담겨져 있는 다른 웹사이트의 성격 및 다른 웹사이트 등이 음란한 부호 등을 실제로 전시한 방법 등 모든 사정을 종합하여 볼 때, 링크를 포함한 일련의 행위 및 범의가 다른 웹사이트 등을 단순히 소개 · 연결할 뿐이거나 또는 다른 웹사이트 운영자의 실행행위를 방조하는 정도를 넘어, 이미 음란한 부호 등이 불특정 · 다수인에 의하여 인식될 수 있는 상태에 놓여 있는 다른 웹사이트를 링크의 수법으로 사실상 지배 · 이용함으로써 그 실질에 있어서 음란한 부호 등을 직접 전시하는 것과 다를 바 없다고 평가되고, 이에 따라 불특정 · 다수인이 이러한 링크를 이용하여 별다른 제한 없이 음란한 부호 등에 바로 접할 수 있는 상태가 실제로 조성되었다면, 그러한 행위는 전체로 보아 음란한 부호 등을 공연히 전시한다는 구성요건을 충족한다고 봄이 상당하며, 이러한 해석은 죄형법정주의에 반하는 것이 아니라, 오히려 링크기술의 활용과 효과를 극대화하는 초고속정보통신망 제도를 전제로 하여 신설된 구 전기통신기본법 제48조의2(2001.1.16. 법률 제6360 호 부칙 제5조 제1항에 의하여 삭제, 현행 「정보통신망이용촉진 및 정보보호 등에 관한 법률」 제65조 제1항 제2호 참조) 규정의 입법취지에 부합하는 것이라고 보아야 한다.

3. 판례이해

판결이유를 살펴보고 다음의 질문에 대해 검토하시오.

(1) 이 판례 이전에 "음란한 영상화면을 수록한 컴퓨터 프로그램파일을 컴퓨터 통신망을 통하여 전송하는 방법으로 판매한 행위"에 대하여 형법 제243조를 적용하여 처벌하였는가? (대법원 1999.2.24. 선고 98도3140 판결)

(2) 컴퓨터 프로그램을 문서, 도화, 필름 기타 물건에 포함시킬 수 있는가?

(3) 이 판례에서 종전의 전시개념을 넓게 해석하여 음란정보를 직접 제공하지 않고 음란정보를 제공하는 사이트를 링크해주는 행위를 전시라는 개념에 포함시켰다. 허용되는 해석인가?

(4) 원심판결(수원지법 2001.2.15. 선고 99노4573) 판결의 논지와 주된 논리를 요약하라.

(5) 대법원판결의 논지와 주된 논리를 요약하라.

(6) 피고인을 음란물전시의 정범으로 처벌할 수 없다면 방조범의 책임은 인정할 수 있는가?

4. 이론탐구

(1) 음화 등 반포죄의 보호법익은 무엇인가?

(2) 청소년과 성인에 대한 음란물전시를 구분하여 처벌할 필요가 있는가? 있다면 그 구분기준은 무엇인가?

(3) 성인들의 경우에는 자신의 의사에 반한 음란물노출에 대해서만 처벌한다면 음란물을 인터넷 사용자 스스로 클릭한 경우 음란물정보 제공행위의 가벌성을 인정할 수 있는가?

5. 심화학습

학문성, 예술성을 가진 작품의 경우에도 음란성을 인정할 수 있는가? 다음의 판례들을 참조하여 답하라.

[관련판례1] 비록 명화집에 실려 있는 그림이라 할지라도 이것을 예술·문학 등 공공의 이익을 위해서가 아닌 성냥갑 속에 넣어 판매할 목적으로 그 카드사진을 복사 제조하거나 시중에 판매하였다면 명화를 모독하여 음화화시켰다 할 것이고 그림의 음란성 유무는 객관적으로 판단해야 할 것이다. (대법원 1970.10.30. 선고 70도1879 판결)

[관련판례2] 공연윤리위원회의 심의를 마친 영화작품이라 하더라도 이것을 영화관에서 상영하는 것이 아니고 관람객을 유치하기 위하여 영화장면의 일부를 포스터나 스틸사진 등으로 제작하였고, 제작된 포스터 등 도화가 그 영화의 예술적 측면이 아닌 선정적 측면을 특히 강조하여 그 표현이 과도하게 성감을 자극시키고 일반인의 정상적인 성적 정서를 해치는 것이어서 건전한 성풍속이나 성도덕 관념에 반하는 것이라면 그 포스터 등 광고물은 음화에 해

당한다. (대법원 1990.10.16. 선고 90도1485 판결)

참고문헌

- 박희영, "인터넷의 유포범죄와 링크 제공자의 형사책임," 비교형사법연구 5권 2호, 2003
- 서보학, "유해정보사이트에 링크해 놓은 경우의 형사책임," 법률신문 3205호(2003.9)
- 심희기, "온라인상의 범죄행위에 대한 오프라인상의 범죄이론 연장의 가부 : 링크(link)를 포함한 일련의 연결수단부여행위와 공연전시," 고시연구 제30권 제12호(2003.12)
- 오영근, "인터넷상 음란정보 전시의 개념," 법률신문 제3213호(2003.10)
- 정현미, "인터넷상 음란정보 전시 및 링크의 형사책임," 형사판례연구 제12호, 2004

III. 공연음란죄

1. 사 례

공연기획자 甲은 A유업의 홍보부장 乙로부터 자사의 신제품 요구르트 홍보 퍼포먼스를 하여 달라는 부탁을 받고 A사의 새로운 요구르트 '머거봐'의 홍보를 위하여 전라의 여성 누드모델 丙, 丁, 戊와 일반 관람객, 기자 등 수십명이 있는 자리에서, 알몸에 밀가루를 바르고 무대에 나와 분무기로 요구르트를 몸에 뿌려 밀가루를 벗겨내는 방법으로 알몸을 완전히 드러낸 채 음부 및 유방 등이 노출된 상태에서 무대를 돌며 관람객들을 향하여 요구르트를 던지는 공연을 연출하였다.

| 대상판결 |

대법원 2006.1.13. 선고 2005도1264 판결

2. 판결요지

요구르트 제품의 홍보를 위하여 전라의 여성 누드모델들이 일반 관람객과 기자 등 수십명이 있는 자리에서, 알몸에 밀가루를 바르고 무대에 나와 분무기로 요구르트를 몸에 뿌려 밀가루를 벗겨내는 방법으로 알몸을 완전히 드러낸 채 음부 및 유방 등이 노출된 상태에서 무대를 돌며 관람객들을 향하여 요구르트를 던진 행위는 공연음란죄에 해당한다.

3. 판례이해

판결이유를 살펴보고 다음의 질문에 대해 검토하시오.

(1) 누드모델 丙, 丁, 戊의 알몸 퍼포먼스는 '공연한' 행위인가?

(2) 공연기획자 甲의 변호인이 음란한 행위는 성행위에 국한하는 것이므로 위 누드모델의 알몸 퍼포먼스는 음란한 행위에 해당하지 않는다고 주장한다면 그 당부는?

(3) 여기서 공연음란죄의 정범은 누구이고 교사범은 누구인가?

4. 이론탐구

(1) 음란한 행위는 성행위에 국한되는가?

(2) 위 퍼포먼스가 음란행위 정도에 이르지 않고 신체의 과다노출 정도에 불과할 때에는 어떠한 죄가 성립할 수 있는가?

(3) 음란행위의 죄수판단기준은? 영업적으로 공연음란행위를 한 경우 죄수는?

5. 심화학습

(1) 말다툼을 한 후 항의의 표시로 엉덩이를 노출시킨 행위는 음란한 행위에 해당하는가? (대법원 2004.3.12. 선고 2003 도6514 판결)

(2) 고속도로에서 다른 운전자에게 행패를 부리다가 신고를 받고 출동한 경찰관이 이를 제지하려고 하자, 시위조로 주위에 운전자 등 사람이 많이 있는 가운데 옷을 모두 벗어 알몸의 상태로 바닥에 드러눕거나 돌아다닌 경우 본죄가 성립하는가? (대법원 2000.12.22 선고 2000 도4372 판결)

참고문헌

• 박강우, "공연음란죄에 대한 비판적 고찰," 안암법학 제25호(상권), 2007
• 이경재, "공연음란죄와 과다노출행위의 구분," 이재상교수 화갑기념논문집, 2002
• 이인호, "대법원의 음란개념과 새로운 해석관점," 법률신문(2003.1.20)
• 조국, "공연음란죄의 내포와 외연," 형사판례연구 제10호, 2002

제9장 도박과 복표에 관한 죄

I. 도 박 죄

1. 사 례

사기도박단 '싹쓰리'의 두목 甲은 화투의 조작에 숙달하여 원하는 대로 끝수를 조작할 수 있는 고도의 화투기술자(이른바 타짜) 乙을 고용하여 丙이 운영하는 여관의 객실에서 대기업 사장 A, 병원장 B, 변호사 C를 상대로 사기도박을 벌여 A, B, C에게 각각 3억원, 2억원, 1억원의 재산상 손실을 입혔다. 돈을 잃은 A, B, C가 甲에게 바둑내기를 청하여 오자 한판당 3천만원의 내기바둑을 두어 (이때 실제급수가 1급인 甲은 3급이라고 속이고) 역시 A, B, C에게 모두 5판을 이기고 한판을 져 도합 1억2천만원의 재산상 이익을 취득하였다.

| 대상판결 |

대법원 1985.4.23. 선고 85도583 판결

2. 판결요지

화투의 조작에 숙달하여 원하는 대로 끝수를 조작할 수 있어서 우연성이 없음에도 피해자를 우연에 의하여 승부가 결정되는 것처럼 오신시켜 돈을 걸게 하여 이를 편취한 행위는 이른바 기망방법에 의한 도박으로서 사기죄에 해당한다.

3. 판례이해

판결이유를 살펴보고 다음의 질문에 대해 검토하시오.

(1) 위 甲, 乙의 행위는 사기죄에 해당하는가? 도박죄에 해당하는가?

(2) 도박장을 개장한 丙의 행위는 도박개장죄에 해당하는가 아니면 도박죄의 방조범에 불과한가?

4. 이론탐구

(1) 도박죄의 보호법익

도박죄의 보호법익에 관하여 ① 자기 또는 타인의 재산을 위태롭게 하는 특수한 형태의 재산죄라는 견해(독일), ② 공공도덕이나 질서유지를 위해 처벌하는 공안죄라는 견해(영국, 미국, 프랑스), ③ 건전한 기업활동의 기초가 되는 국민의 근로관념이나 공공의 미풍양속 내지 근로라는 사회의 경제도덕이라는 견해가 대립한다. 어느 견해가 타당한가? 판례의 태도는? (대법원 1983.3.22. 선고 82도2151 판결)

(2) 도박죄의 구성요건, 위법성, 책임

1) 도박죄의 구성요건상 재물은 재물과 재산상 이익을 모두 포함하는가?

2) 재물에 금전, 부동산, 동산, 채권, 유가증권, 무체재산권 등도 포함되는가?

3) '일시 오락의 정도'가 의미하는 바는? 구성요건해당성 배제사유인가, 아니면 사회상규에 위배되지 않는 정당행위인가? (대법원 1983.3.22. 선고 82도2151 판결)
4) 일시오락의 정도를 판단하는 기준은? (도박의 시간과 장소, 도박에 건 재물의 가액, 도박가담자들의 사회적 지위와 재산정도, 도박으로 얻은 재물의 용도, 도박의 동기와 도박 자체의 흥미성 등) 관련판례를 정리하여 보라.
5) 일시오락의 정도를 판단함에 있어 재물의 근소성보다 도박행위자의 주관적 판단이나 부수적 상황에 따라야 한다는 견해가 제기되는바(재물의 근소성여부는 각자의 재산상황을 고려하지 않고는 알 수 없기 때문에), 이 견해의 당부는?
6) 도박죄의 본질로서 우연성이 일방에게만 존재하는 사기도박의 경우 도박죄가 성립하는가? (대법원 1985.11.12. 선고 85도2096 판결)
7) 당구, 테니스, 골프 등의 운동경기나 장기, 바둑, 마작 등과 같은 경기는 승부가 참여자의 기능과 기량에 의하여 결정되므로 우연성이 없어 도박죄가 성립하지 않는다는 견해(서울남부지법 2005.2.18. 선고 2004고단4361 판결)가 있다. 그 당부는?
8) 도박죄의 기수시기는? 도박행위에 착수할 때인가 아니면 승패가 결정되거나 현실로 재물의 득실이 발생해야 하는가? 일단 실행에 착수하면 현실적으로 승부가 결정되지 않아도 성립된 도박죄에는 하등 영향이 없는가?
9) 도박자금을 제공하여 준 경우(대전지법 2003.8.27. 선고 2003고정51 판결) 도박죄의 방조범이 성립하는가?
10) 도박죄의 죄수 판단기준은? 예컨대 한 자리에서 화투를 10판 친 경우 도박죄의 죄수는?
11) 상습도박죄에서 상습성의 판단기준은 무엇인가? 도박을 생업으로 하는 도박사나 놀음꾼 등에 한하지 않고 달리 일정한 직업이 있고 그 직업에 의하여 생계를 꾸려나가는 자라도 상습자가 되는 데 지장이 없는가?
12) 상습자라면 1회의 도박행위로도 상습도박죄가 성립하는가?

13) 상습성이 없는 자가 우연히 수차 도박행위를 반복한 경우 죄수는?

14) 상습도박죄를 인정한 판례와 부정한 판례를 정리하여 비교하라.

(3) 도박개장죄

1) 도박개장죄가 성립하려면 도박개장의 고의 이외에 영리의 목적이 있어야 하는가?

2) 이때 영리의 목적이란 도박개장의 직접적 대가(구전, 수수료, 입장료)만을 의미하는가, 아니면 도박개장을 통하여 간접으로 얻게 될 이익을 위한 경우도 인정되는가? 예컨대 룸살롱을 경영하는 자가 입장료나 수수료 대신 고가의 주류와 안주를 소비시킬 목적으로 그 중 일실을 도박장소로 제공한 경우에도 도박개장죄가 인정되는가?

3) 도박의 주재자가 되어 그 장소에 대한 지배권이 있어야 도박개장죄가 성립한다면, 단순히 도박장소를 제공하거나 편의를 주는 데 불과한 경우에는 영리의 목적이 있더라도 도박죄의 방조가 성립하는 데 불과하는가?

4) 도박장을 개설할 목적으로 사람을 유인하는 행위를 하였으나 유인받은 자가 응하지 아니하였거나 집회하지 아니하여 아직 도박행위에 착수하지 아니한 경우에는 도박개장죄의 미수로 보아야 하는가? 아니면 영리의 목적으로 도박을 개장함으로써 본죄는 기수에 이르고 현실로 도박이 행하여질 것을 요하지 않는가?

5. 심화학습

(1) 온라인 도박죄의 성립여부

1) 현금이나 신용카드결제를 통하여 부여받은 전자화폐가 아닌 이른바 게임머니 또는 사이버머니를 걸고 온라인 보드게임을 하는 경우도 형법상

도박죄가 성립하는가? 나아가 온라인 보드게임회사에 도박개장죄의 성립을 물을 수 있는가?

2) 판례 중에는 온라인게임상의 아이템을 재산상 이익으로 파악하는 견해(서울지법 서부지원 2000.11.18. 선고 2000 고단1366 판결)가 있는바, 그 당부는?

3) 게임머니가 환금성 내지 환가성을 가질 때 재물성을 인정할 수 있는가?

4) 현재 온라인 보드게임에 관한 판례들(대법원 2002.4.12. 선고 2001 도5802 판결, 대법원 2003.9.5. 선고 2002 도6303 판결)은 유료의 온라인 보드게임 사이트의 경우, 월정액을 내든지(그 금액의 다소를 불문하고), 참가비를 받든지를 불문하고 그 금액에 상응하는 게임머니를 충전하거나 게임의 결과로 취득한 게임머니를 현금과 1:1로 교환가능하다는 점(환금성)을 근거로 도박죄의 성립을 인정하고 있는바, 그 당부는?

(2) 온라인 도박죄의 정범과 공범의 문제

1) 춘천지법 2002.12.18. 선고 2002노525 판결에서 보면 해외에 온라인 카지노 사이트운영자들과 파트너십계약을 체결하고 자사의 홈페이지에 위 카지노에 접속할 수 있는 링크를 한 경우에도 도박개장죄의 정범이 성립한다고 보고 있다. 그 당부는?

2) 다음으로 서울중앙지법 2002.8.22. 선고 2002고단6760(항소심은 2002노8799) 판결에서는 도박사이트 운영프로그램을 개발 · 업그레이드 해주거나 유지 · 보수하는 대가로 일정액을 받은 경우 및 그 사이트의 활성화를 위해 계획안을 마련하는 등의 행위는 도박개장의 방조범이 성립한다고 보고 있다. 그 당부는?

3) 만약 온라인 보드게임 회사가 직접적으로 회원들에게 환금성을 보장해주지 않는 경우라 할지라도 실제 게임이용자 간에 현금이 오고가는 경우, 이를 알고도 묵인한 게임회사에게 도박죄의 방조범을 인정할 수 있을 것인가?

4) 게임회사에서 환금성을 보장하지 않고 또 게임머니의 거래를 금지하고

있는 상황에서 이른바 중계사이트에서 게임머니의 환금이 이루어지는 경우, 중계사이트 회사에게 도박죄의 방조범을 인정할 수 있는가?

참고문헌

- 송승은, "인터넷도박의 법적 규제에 관한 고찰," 인터넷법률 제36호, 2006
- 이정훈, "온라인도박의 형사책임: 온라인 보드게임을 중심으로," 중앙법학 제6집 제3호, 2004
- 진계호, "도박죄에서의 문제점," 형사법연구 제10호, 1997

제 4 편

국가적 법익에 대한 죄

제1장 내란의 죄

1. 사 례

전직 대통령 甲과 그 추종자들이 1979년 12월 12일 발생한 군사반란의 사건과 1980년 5월 18일 발생한 광주사건을 통해 정권을 장악하고 헌법개정절차 등을 통하여 구법질서를 무너뜨리고 새로운 법질서를 수립하는 데에 성공하였다.

| 대상판결 |

대법원 1997.4.17. 선고 96도3376 전원합의체 판결

2. 판결요지

[1] 5 · 18 내란행위자들이 비상계엄을 전국으로 확대하는 등 헌법기관인 대통령, 국무위원들에 대하여 강압을 가하고 있는 상태에서, 이에 항의하기 위하여 일어난 광주시민들의 시위는 국헌을 문란하게 하는 내란행위가 아니라 헌정질서를 수호하기 위한 정당한 행위였음에도 불구하고 이를 난폭하

게 진압함으로써, 대통령과 국무위원들에 대하여 보다 강한 위협을 가하여 그들을 외포하게 하였다면, 그 시위진압행위는 내란행위자들이 헌법기관인 대통령과 국무위원들을 강압하여 그 권능행사를 불가능하게 한 것으로 보아야 하므로 국헌문란에 해당한다.

[2] 내란죄의 구성요건인 폭동의 내용으로서의 폭행 또는 협박은 일체의 유형력의 행사나 외포심을 생기게 하는 해악의 고지를 의미하는 최광의의 폭행 · 협박을 말하는 것으로서, 이를 준비하거나 보조하는 행위를 전체적으로 파악한 개념이며, 그 정도가 한 지방의 평온을 해할 정도의 위력이 있음을 요한다.

법령이나 제도가 가지고 있는 위협적인 효과가 국헌문란의 목적을 가진 자에 의하여 그 목적을 달성하기 위한 수단으로 이용되는 경우에는 비상계엄의 전국확대조치가 내란죄의 구성요건인 폭동의 내용으로서의 협박행위가 되므로 이는 내란죄의 폭동에 해당하고, 또한 그 당시 그와 같은 비상계엄의 전국확대는 우리나라 전국의 평온을 해하는 정도에 이르렀음을 인정할 수 있다.

[3] 범죄는 '어느 행위로 인하여 처벌되지 아니하는 자'를 이용하여서도 이를 실행할 수 있으므로, 내란죄의 경우에도 '국헌문란의 목적'을 가진 자가 그러한 목적이 없는 자를 이용하여 이를 실행할 수 있다.

[4] 내란목적살인죄는 국헌을 문란할 목적을 가지고 직접적인 수단으로 사람을 살해함으로써 성립하는 범죄라 할 것이므로, 국헌문란의 목적을 달성함에 있어 내란죄가 '폭동'을 그 수단으로 함에 비하여 내란목적살인죄는 '살인'을 그 수단으로 하는 점에서 두 죄는 엄격히 구별된다. 따라서 내란의 실행과정에서 폭동행위에 수반하여 개별적으로 발생한 살인행위는 내란행위의 한 구성요소를 이루는 것이므로 내란행위에 흡수되어 내란목적살인의 별죄를 구성하지 아니하나, 특정인 또는 일정한 범위 내의 한정된 집단에 대한 살해가 내란의 와중에 폭동에 수반하여 일어난 것이 아니라 그것 자체가 의도적으로 실행된 경우에는 이러한 살인행위는 내란에 흡수될 수 없

고 내란목적살인의 별죄를 구성한다.

[5] 내란죄는 국토를 참절하거나 국헌을 문란할 목적으로 폭동한 행위로서, 다수인이 결합하여 위와 같은 목적으로 한 지방의 평온을 해할 정도의 폭행 · 협박행위를 하면 기수가 되고, 그 목적의 달성 여부는 이와 무관한 것으로 해석되므로, 다수인이 한 지방의 평온을 해할 정도의 폭동을 하였을 때 이미 내란의 구성요건은 완전히 충족된다고 할 것이어서 상태범으로 봄이 상당하다.

[6] 5 · 18 내란과정으로서의 비상계엄의 전국확대는 일종의 협박행위로서 내란죄의 구성요건인 폭동에 해당한다.

3. 판례이해

(1) 12 · 12사건과 5 · 18사건에서 정권을 장악한 전직 대통령과 그 추종자들을 형법상의 범죄를 적용하여 처벌할 수 있는가? 처벌할 수 있다면 어느 범죄를 적용할 수 있는가?

(2) 군대의 조직에서는 상관의 명령에 절대복종해야 한다는 것을 전제로 군사령관의 명령을 받고 광주에서 민간인을 살해한 군인을 처벌할 수 있는가? 명령을 지시하고 직접적으로 민간인을 살해하지 않은 상관에 대해서도 처벌할 수 있는가?

4. 이론탐구

(1) 내란죄가 성립하기 위해서는 객관적 구성요건으로 '폭동'의 행위가 충족되어

야 한다. '폭동'에 대해 검토하시오.

(2) 폭동에 수반하여 살인 · 강도 · 방화 등의 행위가 있는 경우, 살인죄, 강도죄, 방화죄가 별도로 성립하는지에 대해 검토하시오.

(3) 내란죄는 목적범이므로 주관적 구성요건으로 고의 이외에 특정한 목적을 필요로 한다. 목적 중 '국헌을 문란할 목적'에 대해 검토하시오.

(4) 형법 제88조는 내란목적 살인죄를 규정하고 있다. 형법 제87조의 폭동에 수반하는 살인과 제88조를 비교 · 검토하시오.

(5) 내란죄에서 간접정범이 성립할 수 있는 경우를 예를 들어 설명하시오.

(6) 사례에서 甲의 죄책은?

》》 참고문헌

• 오영근, "내란죄의 간접정범과 간접정범의 본질," 형사판례연구 제10권, 2002

제2장 외환의 죄

I. 간 첩 죄

1. 사 례

甲은 캐나다에서 반한신문인 민중신문사에서 잡부 겸 광고수집업무를 담당하고 있는 자로서 국내 일간지와 잡지, 방송 등을 통하거나 범민련 등 재야운동단체 사무실 등을 출입하면서 입수한 자료들을 탐지 · 수집하였으며, 이러한 자료들을 종합한 국내 총선관련 정당 및 재야단체들의 입장, 국회의원 선거결과, 대통령후보들의 성향 등을 분석하여 북한에 입국하여 전달하였다.

| 대상판결 |

대법원 1997.11.20. 선고 97도2021 전원합의체 판결

2. 판결요지

국가보안법 제4조 제1항 제2호 (나)목에 정한 기밀을 해석함에 있어서 그 기밀은 정치, 경제, 사회, 문화 등 각 방면에 관하여 반국가단체에 대하여 비밀로 하거나 확인되지 아니함이 대한민국의 이익이 되는 모든 사실, 물건 또는 지

식으로서, 그것들이 국내에서의 적법한 절차 등을 거쳐 이미 일반인에게 널리 알려진 공지의 사실, 물건 또는 지식에 속하지 아니한 것이어야 하고, 또 그 내용이 누설되는 경우 국가의 안전에 위험을 초래할 우려가 있어 기밀로 보호할 실질가치를 갖춘 것이어야 할 것이나, 다만 국가보안법 제4조(목적수행)가 반국가단체의 구성원 또는 그 지령을 받은 자의 목적수행행위를 처벌하는 규정이므로 그것들이 공지된 것인지 여부는 신문, 방송 등 대중매체나 통신수단 등의 발달 정도, 독자 및 청취의 범위, 공표의 주체 등 여러 사정에 비추어 보아 반국가단체 또는 그 지령을 받은 자가 더 이상 탐지 · 수집이나 확인 · 확증의 필요가 없는 것이라고 판단되는 경우 등이라 할 것이고, 누설할 경우 실질적 위험성이 있는지 여부는 그 기밀을 수집할 당시의 대한민국과 북한 또는 기타 반국가단체와의 대치현황과 안보사항 등이 고려되는 건전한 상식과 사회통념에 따라 판단하여야 할 것이며, 그 기밀이 사소한 것이라 하더라도 누설되는 경우 반국가단체에는 이익이 되고 대한민국에는 불이익을 초래할 위험성이 명백하다면 이에 해당한다.

3. 판례이해

(1) 국내일간지와 방송 등에서 이미 알려진 사실이 국가기밀에 해당할 수 있는지에 대해 검토하시오.

(2) 甲이 수집한 국내자료를 종합하여 북한에 제공한 행위가 적국에 간첩하는 행위로 볼 수 있는지 검토하시오.

4. 이론탐구

(1) 간첩죄의 성립요건인 국가기밀의 범위와 한계에 대해 검토하시오.

(2) 형법 제98조는 간첩행위로 3가지의 유형을 규정하고 있다. 이러한 유형 중 간첩방조에 대해 검토하시오.

(3) 사례에서 甲의 죄책은?

참고문헌

- 김성천, "간첩죄," 형사판례연구 제9권, 2001
- 박상기, "간첩죄에 관한 소고," 형사정책연구 제71호-1, 2007

제3장 공무원의 직무에 관한 죄

I. 직무유기죄

1. 사 례

파출소 소속경찰관 甲은 상호불상의 식당 앞에서 순찰을 하던 중 식당 주인으로부터 방치되어 있는 오토바이 1대를 치워달라는 신고를 받았다. 甲은 오토바이를 습득물 처리지침에 따라 처리하지 않고 오토바이센터를 운영하는 A에게 연락을 하여 오토바이를 가져가 보관하도록 하였다.

| 대상판결 |

대법원 2002.5.17. 선고 2001도6170 판결

2. 판결요지

경찰관이 장기간에 걸쳐 여러 번 오토바이를 오토바이 상회 운영자에게 보관시키고도 경찰관 스스로 소유자를 찾아 반환하도록 처리하거나 상회 운영자에게 반환 여부를 확인한 일이 전혀 없고, 상회 운영자로부터 오토바이를 보내준 대가 또는 그 처분대가로 돈까지 지급받았다면, 경찰관의 이와 같은 행위

는 습득물을 단순히 상회 운영자에게 보관시키거나 소유자를 찾아서 반환하도록 협조를 구한 정도를 벗어나 상회 운영자에게 그 습득물에 대한 임의적인 처분까지 용인한 것으로서 습득물 처리지침에 따른 직무를 의식적으로 방임 내지 포기하고 정당한 사유 없이 직무를 수행하지 아니한 경우에 해당한다.

3. 판례이해

(1) 甲이 습득물처리지침을 따르지 않고 습득된 오토바이를 A에게 보관하게 한 행위를 직무유기로 볼 수 있는가?

(2) 甲이 습득물처리지침에 따르지는 않았으나, 오토바이 상회 운영자인 A에게 습득된 오토바이를 보관하게 한 후 임의적으로 주인을 찾아준 경우에도 甲을 처벌할 수 있는가?

4. 이론탐구

(1) 직무유기죄는 그 행위의 주체가 공무원이어야 하는 진정직무범죄이다. 공무원의 의의와 범위에 대해 검토하시오.

(2) 직무유기죄의 행위는 직무수행을 거부하거나 직무를 유기하는 것이다. 직무유기가 인정되는 행위와 부정되는 행위유형을 예를 들어 설명하시오.

(3) 공무원이 위법사실을 발견하고 직무상 의무에 따른 적절한 조치를 취하지 아니하고 위법사실을 은폐할 목적으로 허위공문서를 작성, 행사한 경우 허위공문서작성 및 동 행사죄와 직무유기죄의 관계를 검토하시오.

(4) 사례에서 甲의 죄책은?

5. 심화학습

(1) 형법 제126조에 규정된 피의사실공표죄의 보호법익은 국가의 범죄수사권과 피의자의 인권이다. 연쇄살인범과 같이 사회적으로 비난을 받는 흉악범죄에 대한 피의사실을 공판청구 전에 공표한 경우 피의자의 인권보호를 어느 정도까지 주장할 수 있는지 논하시오.

(2) 검찰의 고위 간부 甲은 특정 사건에 대한 수사가 계속 중인 상태에서 해당 사안에 관한 수사책임자의 잠정적인 판단 등 수사팀의 내부 상황을 수사 대상자측에 전달하였다. 이 사안에서 甲의 행위를 처벌할 수 있는 근거에 대해 검토하시오.

참고문헌

- 김성돈, "직무유기죄와 범인은닉 등," 고시계 제48권 제3호(2003.3)
- 원혜욱, "수사과정에서의 범죄보도와 프라이버시 보호," 사법 제8호(2009.6)

II. 직권남용죄

1. 사 례

甲은 3년 동안 5급사무관승진 예비심사에서, 당시 인사계장 또는 총무과장의 직에 있었음을 이용하여 직접 또는 A를 통하여 사전에 예비심사위원들에게 특정승진대상자들에게 높은 점수를 주거나 낮은 점수를 주도록 부탁하였다. 인사상 불이익을 당할 것을 우려한 예비심사위원들은 甲의 부탁대로 심사평정을 하였다.

| 대상판결 |

대법원 2007.7.13. 선고 2004도3995 판결

2. 판결요지

직권남용죄는 폭행 또는 협박을 수단으로 하여야만 성립하는 것이 아니라 공무원이 그 일반적 직무권한에 속하는 사항에 관하여 직권의 행사에 가탁하여 실질적, 구체적으로 위법 · 부당한 행위를 한 경우에 성립하며 그 일반적 직무권한은 반드시 법률상의 강제력을 수반하는 것임을 요하지 아니하며, 그것이 남용될 경우 직권행사의 상대방으로 하여금 법률상 의무 없는 일을 하게 하거나 정당한 권리행사를 방해하기에 충분한 것이면 된다.

3. 판례이해

(1) 폭행이나 협박의 수단을 사용하지 않은 甲의 행위에 대해서 직권남용죄를 성립시킬 수 있는가 검토하시오.

(2) 甲의 행위가 '직권을 남용'한 행위에 해당하는가 검토하시오.

4. 이론탐구

(1) 직권남용죄의 객관적 구성요건인 행위에는 의무 없는 일을 하게 하거나 권리행사를 방해하는 행위가 포함된다. 직권남용행위에 해당하는 행위를 예를 들어 설명하시오.

(2) 직권남용죄의 기수와 미수시기에 대해 검토하시오.

(3) 사례에서 甲의 죄책은?

5. 심화학습

(1) 경찰관 甲은 즉결심판 피의자인 A의 정당한 귀가요청을 거절한 채 다음 날 즉결심판 법정이 열릴 때까지 A를 경찰서 보호실에 강제유치시키려고 함으로써 A를 경찰서 내 즉결피의자 대기실에 10~20분 동안 있게 하였다. 이 사안에서 A가 경찰서 내 즉결피의자 대기실에 있었던 시간은 10~20분에 불과하더라도 甲에 대해 불법체포 · 감금죄를 인정할 수 있는가 검토하시오.

(2) 대법원은 2005.5.26. 선고 2005도945 판결에서 검사 및 검찰수사관의 범죄혐의자들에 대한 폭행과 가혹행위가 직권을 남용한 과도한 물리력의 행사로서 사회통념상 용인될 수 있는 정당행위에 해당한다고 볼 수 없다고 판시하였다. 이 사안에 적용된 규정인 형법 제125조의 폭행 · 가혹행위죄의 구성요건인 폭행과 가혹행위에 대해 검토하시오.

참고문헌

• 이민걸, "직권남용죄에 있어서의 주체와 직권남용의 의미," 형사판례연구 제13호, 2005

III. 뇌 물 죄

1. 사 례

재개발주택조합의 조합장인 甲은 그 재직 중 고소하거나 고소당한 사건의 수사를 담당한 경찰관 乙에게 액수 미상의 프리미엄이 예상되는 그 조합아파트 1세대를 분양해 주었다. 다만, 그 아파트가 당첨자의 분양권 포기로 조합에서 임의분양하기로 된 것으로서 예상되는 프리미엄의 금액이 불확실하였다.

| 대상판결 |

대법원 2002.11.26.선고 2002도3539 판결

2. 판결요지

[1] 뇌물죄에서 뇌물의 내용인 이익이라 함은 금전, 물품 기타의 재산적 이익뿐만 아니라 사람의 수요 욕망을 충족시키기에 족한 일체의 유형, 무형의 이익을 포함한다고 해석되고, 투기적 사업에 참여할 기회를 얻는 것도 이에 해당한다.

[2] 공무원이 뇌물로 투기적 사업에 참여할 기회를 제공받은 경우, 뇌물수수죄의 기수 시기는 투기적 사업에 참여하는 행위가 종료된 때로 보아야 하며, 그 행위가 종료된 후 경제사정의 변동 등으로 인하여 당초의 예상과는 달리 그 사업 참여로 아무런 이득을 얻지 못한 경우라도 뇌물수수죄의 성립에는 영향이 없다.

3. 판례이해

(1) 甲이 乙에게 자신에게 유리하게 수사해 줄 것을 조건으로 금전이 아닌 투자의 기회를 부여한 것을 뇌물죄의 뇌물로 볼 수 있는가 검토하시오.

(2) 경제사정의 변동으로 乙이 甲으로부터 분양받은 아파트가 전혀 이익을 남기지 못하게 된 경우라면, 甲에게 증뢰죄를 인정할 수 있는가 검토하시오.

4. 이론탐구

(1) 뇌물죄란 공무원 또는 중재인이 직무행위에 대한 대가로 법이 인정하지 않는 이익을 취득하였을 경우 성립하는 범죄이다. 뇌물죄의 행위의 주체인 공무원, 중재인의 의의와 범위에 대해 검토하시오.

(2) 뇌물죄의 구성요건인 직무관련성이 인정되는 경우와 부정되는 경우를 대법원의 판결내용을 중심으로 검토하시오.

(3) 뇌물죄의 구성요건인 부당한 이익이 인정될 수 있는 범위에 대해 검토하시오.

(4) 사례에서 甲의 죄책은?

5. 심화학습

(1) 형법 제129조 제2항에 규정된 사전수뢰죄의 행위의 주체가 되는 '공무원 또는 중재인이 될 자'의 범위에 대해 검토하시오.

(2) 공무원이 직무집행의 의사 없이 타인에게 해악을 고지하여, 그로 인하여 외포심을 일으킨 타인으로 하여금 재물을 공여하게 한 경우 성립될 범죄에 대해 검토하시오.

(3) 형법 제132조에 규정된 알선수뢰죄는 공무원이 그 지위를 이용하여 다른 공무원의 직무에 속한 사항을 알선하고 뇌물을 수수 · 요구 · 약속한 경우에 성립하는 범죄이다. 여기서 '공무원이 그 지위를 이용하여'의 요건에 대해 검토하시오.

참고문헌

- 민중기, "수뢰죄와 증뢰죄의 관계 – 편면적 성립이 가능한지 여부 –," 형사재판의 제문제, 제3권, 2001
- 허근영, "수뢰죄에서의 '직무'의 범위," 형사재판의 제문제, 제2권, 2000

제4장 공무방해에 관한 죄

I. 공무집행방해죄

1. 사 례

경찰관 A 등 3명은 지명수배되어 있는 상태의 甲이 처와 함께 ○○모텔에 투숙한 것을 확인하고 甲을 검거하기 위하여 새벽 1시에 마스터키로 모텔방 문을 열고 들어가서 甲의 이름을 부른 다음, 그 지명수배사실 및 범죄사실을 말하고 신분증 제시를 요구하였다. 그런데 甲은 자신은 甲이 아니고 동생인 乙이라고 주장하면서 乙 명의의 운전면허증을 제시하였기 때문에 A 등은 신원확인절차를 하면서 甲의 지문을 확인하려 하자 甲은 태도를 돌변하여 욕설을 하면서 주먹으로 유리창을 깨뜨리고 유리조각을 쥐고 경찰관들이 다가오지 못하도록 앞으로 휘둘렀다. 이에 A 등은 甲을 제압하기 위하여 서로 엉켜서 20분간의 몸싸움을 하기에 이르렀고, 이 과정에서 A등은 甲이 휘두른 유리조각에 찔리거나 손가락 부위 등에 상해를 입게 되었다.

| 대상판결 |

대법원 2007.11.29. 선고 2007도7961 판결

2. 판결요지

경찰관들이 미란다 원칙상 고지사항의 일부만 고지하고 신원확인절차를 밟으려는 순간 범인이 유리조각을 쥐고 휘둘러 이를 제압하려는 경찰관들에게 상해를 입힌 경우, 그 제압과정 중이나 후에 지체없이 미란다 원칙을 고지하면 되는 것이므로 위 경찰관들의 긴급체포업무에 관한 정당한 직무집행을 방해한 경우에 해당한다.

3. 판례이해

본 사례의 원심(대구고법 2007.8.30. 선고 2007노233 판결)에서는 대법원의 판결과는 달리 경찰관 A 등이 甲을 체포하는 과정에서 지명수배사실과 범죄사실만을 고지하고 진술거부권과 변호인선임권을 고지하지 않은 행위를 적법한 직무집행이 아니라고 판시하였다. 원심과 대법원 판결내용의 차이를 비교 · 분석하시오.

4. 이론탐구

(1) 공무집행방해죄는 직무를 집행하는 공무원을 폭행 · 협박함으로써 성립하는 범죄이다. 본죄가 성립하기 위한 직무집행의 범위에 대해 검토하시오.

(2) 직무집행방해죄가 성립하기 위해서는 직무집행이 적법하여야 한다. '적법성'의 의의와 요건에 대해 검토하시오.

(3) 공무집행방해죄의 구성요건적 행위인 폭행의 의의 및 정도에 대해 검토하시오.

(4) 사례에서 甲의 죄책은?

5. 심화학습

대법원은 2008.6.26. 선고 2008도1011 판결에서 "구 병역법상 지정업체에서 전문연구요원으로 근무할 의사가 없음에도 허위내용으로 편입신청이나 파견근무신청을 하여 관할관청의 승인을 받은 경우 공무집행방해죄가 성립한다"고 판시하고 있다. 본 판결에서 성립을 인정한 공무집행방해죄와 형법 제136조 제1항에 규정된 공무집행방해죄는 그 행위의 수단에 있어서 차이가 있다. 그 차이에 대해 비교 · 검토하시오.

⟫ 참고문헌

- 이완규, "공무집행방해죄에 있어서 직무집행의 적법성," 형사판례연구, 제3권, 1996
- 이정원, "위계에 의한 공무집행방해죄의 적용범위," 비교형사법연구, 2003

제5장 도주와 범인은닉의 죄

I. 도주의 죄

1. 사 례

甲은 자신의 동생인 乙이 1987.8.5.「폭력행위 등 처벌에 관한 법률」 위반 피의사건으로 서산경찰서 유치장에 구속 수감된 후 같은 달 9. 19:00경 乙이 자해하여 서울병원을 거쳐 용병원에 후송되어 있다가 경비경찰리 등에게 폭행을 가하고 위 병원 유리창 등을 손괴한 후 탈주한 후 자신의 승용차(서울 0가 3518 벤츠)를 타고 도피할 생각으로 1시간 가량 위 승용차를 찾기 위하여 시내를 배회하다가 찾지 못하자 같은 날 01:30경 같은 시 동문동 소재 甲이 경영하는 대설룸살롱에 있던 甲에게 같은 시 석남동 소재 서산중학교 정문 앞까지 위 승용차를 갖다 주도록 전화를 하자 乙의 도주를 방조할 것을 결심하였다. 그리하여 甲은 같은 달 10. 01:30경 서산시 동문동 소재 甲이 경영하던 대설룸살롱에서, 甲이 보관중이던 乙 소유의 서울 0가3518호 벤츠 승용차의 열쇠와 현금 1,000원을 丙에게 주면서 그에게 택시를 타고 가 위 승용차를 운전하여 같은 시 소재 서산중학교 정문 앞 노상까지 가서 위 차를 乙에게 인도해 주도록 하여 그의 도주를 도왔다.

| 대상판결 |

서울형사지법 1990.8.8. 선고 90고단453 판결

2. 판결요지

형법상 방조라 함은 정범의 구성요건 실행행위를 가능하게 하거나 용이하게 하는 행위 또는 정범에 의한 법익침해를 강화하는 행위를 말하는 것으로서 정범의 실행행위 전후에 걸쳐 있을 수 있는 것이나 정범의 실행행위가 이미 종료된 경우에는 방조라는 개념이 있을 수 없다 할 것인바, 유치장에 수감도중 자해행위로 병원에 후송되어 치료를 받던 피의자가 유리창을 깨뜨리고 병원을 탈출한 후 간수자의 추적을 받음이 없이 약 1시간 동안 자신의 승용차를 찾아 시내를 배회하던 중 피고인으로부터 승용차를 제공받아 도주하였다면 당시 위 피의자는 이미 간수자의 실력적 지배를 이탈한 상태이었다 할 것이므로 피고인의 위와 같은 승용차 제공행위는 정범인 위 피의자의 특수도주죄가 종료된 이후에 이루어진 것으로서 그에 대한 방조행위로 볼 수 없다.

3. 판례이해

판결이유를 살펴보고 다음의 질문에 대해 검토하시오.

(1) 乙에게 특수도주죄가 성립하는 이유는?

(2) 乙이 정신장애자로서 처음부터 정신병원에서 치료감호처분을 받던 중 탈주하였다면 형법상의 도주죄에 해당하는가?

(3) 판결요지 중 “병원을 탈출한 후 간수자의 추적을 받음이 없이 약 1시간 동안 자신의 승용차를 찾아 시내를 배회하던 중 피고인으로부터 승용차를 제공받아

도주하였다면 당시 위 피의자는 이미 간수자의 실력적 지배를 이탈한 상태이었다"를 간단히 줄여서 표현한다면?

(4) 乙이 위 병원을 탈출할 당시 위 병원에는 A, B, C 3명의 경비경찰리가 감시하고 있었으나 乙을 체포하려 하지 아니하고 방치하였다면 A, B, C에게 성립하는 범죄는?

4. 이론탐구

(1) 도주죄의 주체인 '법률에 의하여 체포 또는 구금된 자'에 해당하는 자를 구체적으로 열거하고, 구인된 피고인 또는 피의자가 도주죄의 주체가 될 수 있는지에 대한 학설을 소개하고 자신의 견해를 밝히시오.

(2) 도주죄의 구성요건행위로서 부작위에 의한 도주도 가능한가?

(3) 도주죄의 기수시기를 설명하고, 도주죄의 기수범이 체포당하게 되자 폭행·협박을 하여 도주를 계속하게 되면 어떠한 죄책에 해당하는가?

(4) 구속 중인 폭력조직의 두목을 탈주시키기 위하여 부하조직원들이 재판을 위하여 두목을 호송 중인 차량을 습격하였으나, 이러한 첩보를 미리 입수한 구치소에서 두목을 다른 차량으로 호송하고 예정되었던 호송차량에 경찰병력을 배치시켜 부하조직원들을 모두 체포하였다. 이 경우 부하조직원들에게 성립하는 죄책은?

5. 심화학습

사법경찰관이 피의자를 수사관서까지 동행한 것이 사실상의 강제연행, 즉 불법체포에 해당하고, 불법체포로부터 6시간 정도 경과한 후에 이루어진 긴급체포 또한 동행의 형식 아래 행해진 불법 체포에 기하여 사후적으로 취해진 것에 불과하여 위법한 것으로 판단되는 상황에서 피의자가 도망하였다면 도주죄가 성립하는지 검토하시오. (대법원 2006.7.6. 선고 2005 도6810 판결 참조)

참고문헌

- 김성돈, "특수도주죄 및 범인은닉죄의 공범," 고시계(2002.6)
- 신동운, "도주죄–도주원조 : 형제 탈주 사건," (판례백선)형법각론, 1999

II. 범인은닉과 범인도피의 죄

1. 사　례

甲(피고인)은 도로교통법위반(음주운전) 등의 현행범으로 체포된 乙이 주○현의 인적 사항을 모용하면서 타인 행세를 하고 있다는 사실을 乙의 인적 사항이 신원보증서에 허위로 기재된 것을 보고 알았으나, 乙이 다른 범죄로 기소중지중이어서 자신의 신원이 밝혀지면 이미 기소중지중인 다른 범죄로 인하여 체포상태에서 벗어날 수 없게 될 것을 두려워한 나머지 타인으로 행세하려는 것인 줄은 모르고, 단지 다른 이유로 자신의 인적 사항을 감추는 것으로만 생각하여 그와 같은 사실을 경찰관에게 알리지 아니하고 그 신원보증서에 그대로 서명 · 무인하여 乙이 석방되었다.

| 대상판결 |

대법원 2003.2.14. 선고 2002도5374 판결

2. 판결요지

[1] 형법 제151조 소정의 범인도피죄에서 '도피하게 하는 행위'는 은닉 이외의 방법으로 범인에 대한 수사, 재판 및 형의 집행 등 형사사법의 작용을 곤란 또는 불가능하게 하는 일체의 행위를 말하는 것으로서 그 수단과 방법에는 어떠한 제한이 없고, 또한 위 죄는 위험범으로서 현실적으로 형사사법의 작용을 방해하는 결과가 초래될 것이 요구되지 아니하지만, 같은 조에 함께 규정되어 있는 은닉행위에 비견될 정도로 수사기관의 발견 · 체포를 곤란하게 하는 행위 즉 직접 범인을 도피시키는 행위 또는 도피를 직접적으로 용이하게 하는 행위에 한정된다고 해석함이 상당하고, 그 자체로는 도피시키는 것을 직접적인 목적으로 하였다고 보기 어려운 어떤 행위의 결과 간접적으로 범인이 안심하고 도피할 수 있게 한 경우까지 포함되는 것은 아니다.

[2] 원래 수사기관은 범죄사건을 수사함에 있어서 피의자나 참고인의 진술 여하에 불구하고 피의자를 확정하고 그 피의사실을 인정할 만한 객관적인 제반 증거를 수집 · 조사하여야 할 권리와 의무가 있는 것이므로, 참고인이 수사기관에서 범인에 관하여 조사를 받으면서 그가 알고 있는 사실을 묵비하거나 허위로 진술하였다고 하더라도, 그것이 적극적으로 수사기관을 기만하여 착오에 빠지게 함으로써 범인의 발견 또는 체포를 곤란 내지 불가능하게 할 정도의 것이 아니라면 범인도피죄를 구성하지 않는다.

[3] 수사절차에서 작성되는 신원보증서는 체포된 피의자 석방의 필수적인 요건이거나 어떠한 법적 효력이 있는 것은 아니고, 다만 피의사건이 비교적 경미한 경우 피의자와 일정한 관계에 있는 신원보증인이 수사기관에 대하

여 피의자의 신분, 직업, 주거 등을 보증하고 향후 수사기관이나 법원의 출석요구에 사실상 협조하겠다는 의사를 표시하는 것으로서 피의자나 신원보증인에게 심리적인 부담을 줌으로써 수사기관이나 재판정에의 출석 또는 형 집행 등 형사사법절차상의 편의를 도모하는 것에 불과하여 보증인에게 법적으로 진실한 서류를 작성·제출할 의무가 부과된 것은 아니므로, 신원보증서를 작성하여 수사기관에 제출하는 보증인이 피의자의 인적 사항을 허위로 기재하였다고 하더라도, 그로써 적극적으로 수사기관을 기망한 결과 피의자를 석방하게 하였다는 등 특별한 사정이 없는 한, 그 행위만으로 범인도피죄가 성립되지 않는다고 한 사례.

3. 판례이해

판결이유를 살펴보고 다음의 질문에 대해 검토하시오.

(1) 체포된 피의자를 석방하는 경우 수사절차에서 작성되는 신원보증서의 법적 의미 및 효력에 관하여 위 대상판결에서 제시하는 내용을 정리하시오.

(2) 형법 제151조 제1항의 '은닉'행위와 '도피하게 하는 행위'의 의미를 비교하여 설명하시오.

(3) 위 기본사례에서 '乙이 다른 범죄로 기소중지중이어서 자신의 신원이 밝혀지면 이미 기소중지중인 다른 범죄로 인하여 체포상태에서 벗어날 수 없게 될 것을 두려워한 나머지 타인으로 행세하려는 것'인 줄을 甲이 알고도 피의자의 인적 사항이 허위로 기재된 신원보증서에 그대로 서명·무인하여 乙이 석방되었다면 甲의 죄책에 어떤 차이가 발생할 수 있는가?

(4) 甲이 신원보증서에 자신의 주민등록번호와 주소를 허위로 기재하였다면 甲의 죄책에 어떤 차이가 발생하는가?

4. 이론탐구

(1) 범인은닉 · 도피죄의 성격과 보호법익의 보호정도는?

(2) 본범 乙을 甲이 도피하게 한 후, 甲의 범행에 대하여 丙이 공범으로 가담하는 것이 가능한가?

(3) 범인이 제3자를 교사하여 자기를 은닉 · 도피하게 한 경우 범인은닉 · 도피죄의 교사범이 성립하는가?

(4) 이 죄의 객체인 '벌금 이상의 형에 해당하는 죄를 범한 자'를 해석하고, 객체에 해당하는 자인가가 쟁점이 되었던 판례를 검토하여 객체로 인정된 경우와 부정된 경우를 열거하시오.

(5) 이 죄에 대한 친족간의 특례의 적용요건을 설명하고, 친족이 제3자를 교사하여 범인은닉죄를 범하게 한 경우 친족에게 이 죄의 교사범이 성립하는가?

(6) 범인이 범한 죄의 내용은 알았으나, 그 죄의 법정형이 벌금 이상의 형에 해당한다는 사실은 모르고 범인을 은닉했다면, 범인은닉죄의 고의가 인정되는가?

5. 심화학습

(1) 甲은 '乙이 다른 범죄로 기소중지중이어서 자신의 신원이 밝혀지면 이미 기소중지중인 다른 범죄로 인하여 체포상태에서 벗어날 수 없게 될 것을 두려워한 나머지 타인으로 행세하려는 것'으로 짐작하고 피의자의 인적 사항이 허위로 기재된 신원보증서에 서명 · 무인하였으나 乙은 기소중지자가 아니고, 단지 부과될 벌금을 피하기 위하여 타인의 성명을 모용한 것에 불과한 것이었다면, 甲의 죄책은?

(2) 甲(피고인 1), 乙(피고인 2), 丙(원심 공동피고인 1), 丁(원심 공동피고인 2)이 서로 공모하여 丁이 이 사건 사고를 낸 운전사인 양 수사관서에 허위 신고

한 후 진범인 A(원심 공동피고인 3)가 자수하기 전에, 甲이 이러한 사실을 인식하면서, 丁과 A를 만나 이들의 범인도피상태를 이용하여 자신도 범인도피행위에 참여하였다면, 甲에게 범인도피죄가 성립하는가, 성립한다면 범인도피죄의 단독범인가 공동정범인가? (대법원 1995.9.5. 선고 95도577 판결 참조)

참고문헌

- 김일수, "범인은닉죄의 해석론과 입법론," 고려대학교 법학논집 제31권, 1995
- 이승련, "참고인의 허위진술과 범인도피죄," 형사판례연구[12], 2004
- 정현미, "범인은닉죄의 해석론의 비교법적 접근," 비교형사법연구 제8권 제2호, 2006

Ⅲ. 위증과 증거인멸의 죄

1. 사 례

甲은 A에게 A 소유의 건물에 대한 소유권이전등기 소요서류를 구비하여 주면 이를 B에게 보이고 자금을 지원받아 가등기 등으로 담보된 채무와 매매잔대금을 정리해주겠다고 거짓말을 하여 위 등기서류를 교부받은 다음 甲의 처 이름으로 소유권이전등기를 마침으로써 사기, 공정증서원본불실기재, 동 행사죄를 범하였다는 이유로 수원지방법원에 구속 · 기소되어 위 사건이 계류중이었는바, 1983.6.29 서울지방법원 북부지원에서 위 A에 대한 배임사건의 증인으로 소환을 받아 선서한 다음 증언함에 있어 위에서 본 바와 같이 A를 속인 뒤 소유권이전등기서류를 교부받아 그의 처 이름으로 등기이전을 하였음에도 불구하고 "당시 A가 위 건물에 다른 채권자들이 압류하게 될지 모르고 또 인감시효도 만료되어가니 빨리 자기 앞으로 명의를 이전해가라고 독촉을 하여 위 건물의 소유권을 자신의 처 앞으로 이전한 것이다"라고 기억에 반하는 허위의 진술을 하였다.

| 대상판결 |

대법원 1987.7.7. 선고 86도1724 전원합의체 판결

2. 판결요지

[1] 위증죄는 선서를 한 증인이 허위진술을 함으로써 성립하는 죄이며 국가의 재판권, 징계권을 적정하게 행사하기 위한 것이 그 주된 입법이유이다.

[2] 증인으로 선서한 이상 진실대로 진술한다고 하면 자신의 범죄를 시인하는 진술을 하는 것이 되고 증언을 거부하는 것은 자기의 범죄를 암시하는 것이 되어 증인에게 사실대로의 진술을 기대할 수 없다고 하더라도 형사소송법상 이러한 처지의 증인에게는 증언을 거부할 수 있는 권리를 인정하여 위증죄로부터의 탈출구를 마련하고 있는 만큼 적법행위의 기대 가능성이 없다고 할 수 없으므로 선서한 증인이 증언거부권을 포기하고 허위의 진술을 하였다면 위증죄의 처벌을 면할 수 없다. (전원합의체 판결 : 본 판결로 1961.7.13 4294 형상194 판결 폐기)

3. 판례이해

판결이유를 살펴보고 다음의 질문에 대해 검토하시오.

(1) 위 판결요지에서 제시한 위증죄의 보호법익을 설명하시오.

(2) 위 판결요지에서 위증죄의 주체를 '선서를 한 증인'으로 표현하고 있는데, 위증죄의 구성요건에는 '법률에 의하여' 선서한 증인으로 되어 있다. '법률에 의하여'의 의미를 해석하시오,

(3) "진실대로 진술한다고 하면 자신의 범죄를 시인하는 진술을 하는 것이 되고 증언을 거부하는 것은 자기의 범죄를 암시하는 것이 되어 증인에게 사실대로의 진술을 기대할 수 없다고 하더라도 형사소송법상 이러한 처지의 증인에게는 증언을 거부할 수 있는 권리를 인정하여 위증죄로부터의 탈출구를 마련하고 있는 만큼 적법행위의 기대 가능성이 없다고 할 수 없다"고 판단하였는데, 이에 대하여 "진실대로 진술한다고 하면 자신의 범죄를 시인하는 진술을 하는 것이 되고 증언을 거부하는 것은 자기의 범죄를 암시하는 것이 되는 경우라면, 위증죄를 범하지 아니할 것을 기대하기 어려운 사정으로 평가할 수 있다"는 반론의 가능성을 검토하시오.

4. 이론탐구

(1) 위증죄의 주체인 '선서한 증인'이란?

(2) 허위의 개념에 관한 학설 및 판례의 입장을 설명하고 자신의 견해를 밝히시오.

(3) 허위의 개념에 관한 객관설과 주관설이 실질적으로 차이가 나는 경우를 들어 양자의 당부를 판단하시오.

(4) 위증죄의 기수시기는?

5. 심화학습

(1) '허위의 사실을 진술하다'와 '허위의 진술을 하다'가 구별되는지, 구별된다면 어떻게 구별될 수 있는가?

(2) "피고인이 갑을 모해할 목적으로 을에게 위증을 교사한 이상, 가사 정범인 을에게 모해의 목적이 없었다고 하더라도, 형법 제33조 단서의 규정에 의하여 피고인을 모해위증교사죄로 처단할 수 있다"고 한 '대법원 1994.12.23. 선고 93도1002 판결'의 판단근거를 정리하여 제시하고, 단순위증교사죄가 성립한다는 입장에서 판결의 논지를 비판해보시오.

(3) 자기의 형사사건에 관하여 타인을 교사하여 위증죄를 범하게 하는 것은 이러한 방어권을 남용하는 것이라고 할 것이어서 교사범의 죄책을 부담케 함이 상당하다고 판시한 '대법원 2004.1.27. 선고 2003도5114 판결'에 대하여 비판해보시오.

(4) 명예훼손죄의 '사실의 적시'와 위증죄의 '허위의 진술'을 비교하시오.

참고문헌

• 문채규, "위증죄의 성격과 진술의 허위성," 형사법연구 제13호, 2000
• 이형국, "위증죄의 제문제," 한일형사법의 과제와 전망(이한교 교수 정년기념논문집), 2000
• 윤종행, "증거인멸죄에서의 주요 쟁점," 연세법학연구 제8집 제2권, 2000

제6장 무고의 죄

1. 사 례

甲은 "A(피고소인 공소외 1)가 1998.11.3. 자신과의 사이에 자신이 1999년부터 2008년까지 10년간 A 소유의 전답을 경작·관리함과 아울러 A 소유의 임야에 자생하는 송이를 채취하고, A에게 그 대가를 지급하기로 하는 내용의 토지경작관리계약을 체결하였는데, A가 2002.7.경 B, C 등에게 이 사건 임야에 자생하는 송이의 채취권을 이중으로 넘겨주어 자신으로 하여금 손해를 입게 하였으므로 A를 엄벌하여 달라"고 고소하였다.

| 대상판결 |

대법원 2007.4.13. 선고 2006도558 판결

2. 판결요지

[1] 타인에게 형사처분을 받게 할 목적으로 '허위의 사실'을 신고한 행위가 무고죄를 구성하기 위하여는 신고된 사실 자체가 형사처분의 원인이 될 수

있어야 할 것이어서, 가령 허위의 사실을 신고하였다 하더라도 그 사실 자체가 형사범죄로 구성되지 아니한다면 무고죄는 성립하지 아니한다.

[2] "피고소인이 송이의 채취권을 이중으로 양도하여 손해를 입었으니 엄벌하여 달라"는 내용의 고소사실이 횡령죄나 배임죄 기타 형사범죄를 구성하지 않는 내용의 신고에 불과하여 그 신고내용이 허위라고 하더라도 무고죄가 성립할 수 없다고 한 사례.

3. 판례이해

(1) 무고죄는 허위의 사실을 신고할 것을 요구하는데, 위 사례에 대하여 대상판결이 무고죄의 성립을 부정하면서 신고사실의 허위 여부를 심리하지 않은 이유는?

(2) 甲의 고소사실이 A의 배임죄 성립에 충분하다고 할 때, 甲에게 무고죄가 성립하기 위해서 더 충족되어야 할 요건들을 검토하시오.

4. 이론탐구

(1) 고소인이 수사기관의 추문에 대하여 참고인으로 대답하면서 허위의 진술을 한 경우에는 무고죄가 성립하지 않는다는 것이 판례의 입장인데(대법원 1990.8.14. 선고 90도595 판결 참조), 판례입장의 근거를 제시하고 그 타당성 여부를 논하시오.

(2) 무고죄는 허위의 신고를 누구에게 하여야 하는가?

(3) 무고죄에서 신고한 사실의 허위성 판단의 기준은?

(4) 허위의 사실을 신고함으로써 무고죄가 성립하기 위해서 신고 된 사실이 갖추어야 할 내용이나 성질을 설명하시오.

(5) 무고죄에서 '형사처분 또는 징계처분을 받게 할 목적'에서 목적의 의미에 대한 '89도890' 판결의 입장을 설명하고, 그것에 대하여 평가하시오.

(6) 무고죄의 기수시기는?

5. 심화학습

(1) 무고에 있어서 피무고자의 승낙 여부가 무고죄의 성립에는 영향을 미치지 못하는 이유를 설명하시오(대법원 2005.9.30. 선고 2005 도2712 판결 참조).

(2) 신고사실이 진실하다고 생각하였으나, 동시에 허위일 가능성이 있다는 미필적 인식을 가진 상태에서 신고하였는데 신고사실이 허위로 밝혀진다면 무고죄가 성립할 수 있는가? (대법원 1988.9.27. 선고 88도99 판결 참조)

참고문헌

- 심재무, "무고죄 해석론의 비교법적 접근," 비교형사법연구 제9권 제1호, 2007
- 윤종행, "피무고자의 승낙과 무고죄의 성부," 비교형사법연구 제8권 제1호, 2006
- 이존걸, "무고죄의 고의와 목적에 관한 연구," 법학연구(한국법학회) 30집, 2008

※ 판례색인

[대법원판례]

[하급심판례]

[헌법재판소판례]

사항색인

ㅅ

[저자 소개]
박광민(성균관대학교 법학전문대학원 교수, 법학박사)
문채규(부산대학교 법학전문대학원 교수, 법학박사)
원혜욱(인하대학교 법학전문대학원 교수, 법학박사)
한영수(아주대학교 법학전문대학원 교수, 법학박사)
박강우(충북대학교 법학전문대학원 교수, 법학박사)

»» 로스쿨 **형법각론**

2009년 8월 20일 초판 인쇄
2009년 8월 25일 초판 발행

저 자 박광민 · 문채규 · 원혜욱 · 한영수 · 박강우
발행인 이 방 원
발행처 세창출판사
서울 서대문구 냉천동 182 냉천빌딩 4층
전화: 723-8660 팩스: 720-4579
E-mail: sc1992@empal.com
Homepage: www.sechangpub.co.kr
신고번호: 제300-1998-3호

정가 20,000원

ISBN 978-89-8411-282-7 93360